汉语教育国际化理论与实践研究丛书

丛书主编 吴 坚

汉语作为第二语言教学的理论与实践

陈 珺 著

科学出版社

北京

内 容 简 介

　　本书结合近几年国际中文教育的发展趋向，较系统地论述了"汉语作为第二语言教学"作为教育学与语言学、心理学等多个学科交叉的特色学科，在理论领域和实践领域近年来研究和探讨的最新发展动向；探讨了有效教学、教学后方法时代的文化现实主义和折衷主义、以成果为导向的教学设计、教学目标的行为目标描述法、"以评为学，以评促学"的教学评价观念、教师技能培养中的教学内容知识和技术教学内容知识等重要问题。

　　本书可供从事国际中文教育的教师志愿者及本土教师自学或研究使用，也可供高校国际中文教育专业的本科生、研究生参阅。

图书在版编目（CIP）数据

汉语作为第二语言教学的理论与实践 / 陈珺著. —北京：科学出版社，2023.6

（汉语教育国际化理论与实践研究丛书 / 吴坚主编）

ISBN 978-7-03-075857-6

Ⅰ. ①汉…　Ⅱ. ①陈…　Ⅲ. ①汉语-对外汉语教学-教学研究　Ⅳ. ①H195.3

中国国家版本馆 CIP 数据核字（2023）第 108997 号

责任编辑：郭勇斌　彭婧煜　杨路诗 / 责任校对：贾伟娟
责任印制：张　伟 / 封面设计：黄华斌

科学出版社 出版
北京东黄城根北街 16 号
邮政编码：100717
http://www.sciencep.com

北京中石油彩色印刷有限责任公司 印刷
科学出版社发行　各地新华书店经销

*

2023 年 6 月第 一 版　开本：720 × 1000　1/16
2023 年 6 月第一次印刷　印张：16 1/2
字数：333 000
定价：128.00 元
（如有印装质量问题，我社负责调换）

教育部中外语言交流合作中心 2022 年度国际中文教育基地项目"服务海外本土中文教师的国际中文教育学科构建与应用拓展研究"成果

广东省普通高校哲学社会科学汉语学习与国际推广重点实验室项目（2015WSYS009）资助

华南师范大学研究生课程思政示范课程成果

丛 书 序

新时代背景下，汉语国际教育事业承担着新的时代使命和任务，需要进一步系统地反思和研究汉语国际教育理论和实践体系。汉语教育国际化为汉语国际教育理论和实践的改革与创新提供了新的领域和新的视角。汉语教育国际化既是汉语国际教育发展的趋势，也是教育国际化发展的重要组成部分，是新时代"讲好中国故事，传播好中国声音"，树立中国在国际舞台文化形象的重要抓手，助力中外人文交流事业发展，为"一带一路"建设和人类命运共同体的构建提供强有力的支撑。2019 年 12 月，国际中文教育大会上，中共中央政治局委员、国务院副总理孙春兰指出："语言是沟通交流的桥梁纽带，各国对学习中文的需求持续旺盛，汉语人才越来越受到欢迎。现在很多国家将中文纳入国民教育体系，在大中小学开设汉语课程，支持企业、社会组织参与中文教育，促进了中外人文交流、文明互鉴和民心相通。……中国政府把推动国际中文教育作为义不容辞的责任……构建更加开放、包容、规范的现代国际中文教育体系。"①

现代国际中文教育体系的构建需要通过政策给予保障。为此，我国政府采取了各项政策措施，积极支持和服务汉语国际教育理论和实践研究，既为汉语国际教育在全球的永续发展提供政策指引和政策保障，也极力地服务于世界各国汉语教育的本土化、特色化、信息化和创新发展。例如，2016 年，中共中央办公厅、国务院办公厅印发《关于做好新时期教育对外开放工作的若干意见》，加强在汉语推广和非通用语种学习中的互帮互助，推进与世界各国语言的互通，并把"讲好中国故事，传播好中国声音"作为教育对外开放的重要内容。2016 年，教育部也牵头制订了《推进共建"一带一路"教育行动》，指出支持更多社会力量助力孔子学院和孔子课堂建设，加强汉语教师和汉语教学志愿者队伍建设，全力满足沿线国家汉语学习需求。同年，文化部发布的《文化部"一带一路"文化发展行动计划（2016—2020 年）》指出，助推"一带一路"沿线国家和地区积极参与文化交流与合作，推动中华文化"走出去"，扩大中华文化的国际影响力。2017 年，中

---

① 《孙春兰：深化国际中文教育让世界更加了解中国》，https://baijiahao.baidu.com/s?id=1652487903915301335&wfr= spider&for=pc。

共中央办公厅、国务院办公厅印发《关于加强和改进中外人文交流工作的若干意见》，指出着力加大汉语国际推广力度，支持更多国家将汉语教学纳入国民教育体系，努力将孔子学院打造成国际一流的语言推广机构。做大做强"互联网+人文交流"，通过丰富媒体交流形式、打造具有国际影响力的全媒体和文化传播机构，阐释中国道路，增强中国文化形象的亲近感。2019 年，中共中央办公厅、国务院办公厅印发了《加快推进教育现代化实施方案（2018—2022 年）》，提出要优化孔子学院区域布局，加强孔子学院能力建设，全面提高办学水平，加大汉语国际教育工作力度。2019 年，中共中央、国务院印发了《中国教育现代化 2035》，强调促进孔子学院和孔子课堂特色发展。这些政策，在一定程度上，反映了加快汉语教育国际化理论和实践研究的重要性和必要性。

全球化社会中，汉语国际教育系统时刻处于动态变化发展中，我们要从新时代背景、新使命和新任务出发，开启汉语国际教育新征程，不断促进汉语国际教育的改革与创新。这不仅是汉语国际教育自身发展的必然趋势，也是世界各国对汉语国际教育的质量诉求。当前，汉语国际教育发展中出现的种种问题反映了加快推进汉语国际教育改革与创新的紧迫性。因此，教育部国别和区域研究基地-华南师范大学东南亚研究中心组织撰写了"汉语教育国际化理论与实践研究丛书"。本丛书对新时代背景下汉语教育国际化理论和实践进行系统反思和研究，以期加快推进汉语国际教育工作，加强孔子学院能力建设和特色发展，进而更好地满足世界各国人民学习汉语的需求，为促进中外人文交流事业和构建人类命运共同体贡献力量。

"汉语教育国际化理论与实践研究丛书"共有 7 册。每一册都围绕各自的研究视角对汉语国际教育发展中的前沿问题进行系统而深入的研究。比如，教育国际化背景下汉语国际教育如何改革与发展？在汉语作为第二语言教学中，需要遵循什么样的教学规律和学习规律？汉语作为第二语言教学有哪些不同于其他语言的特征？新教育技术会对汉语学习方式产生哪些新影响？我们如何培养新时代汉语国际教育硕士人才？中美比较视角下我国如何培养高质量的国际汉语教师？国际汉语教师培养模式的改革走向是什么？从教育治理视角来看，我们如何科学有效地进行汉语国际教育管理？新媒体时代汉语国际教育传播的制度和策略是什么？基于传统演进、社区影响与政策议程的考察，孔子学院跨文化传播机制的运行状况及其优化路径是什么？这些问题是本丛书主要解决的问题，而这些问题既体现了我国汉语国际教育发展的战略需求，也反映了汉语国际教育改革与实践中所面临的困境，需要我们进行全方位的解剖和探讨。

本丛书力求系统地展现汉语教育国际化的理论和实践，从多个视角和多个学科反思和研究汉语国际教育的相关问题，既有历史和现状，也有未来和展望；既有整体性和宏观性，也有局部性和微观性；既有理论基础，也有实践案例；既有问题意识和批判意识，也有政策意识和前沿意识；融入了新时代、新媒体、"一带一路"倡议、"互联网+"等新要素，涵盖了汉语国际教育理论和实践研究中可能出现的各种新问题和新方案。

吴　坚

2022 年 6 月 20 日

于华南师范大学

前　　言

　　"汉语作为第二语言教学"是国际中文教育专业中的核心课程，但多年来，无论是在教学中，还是在教材编写上，这门课都存在着与"汉语技能教学""汉语要素教学"混淆不清的问题。作为国际中文教育师资培养的重要课程，这门课最重要的任务是培养未来教师教学的宏观意识、大局意识和先进的教学理念。只有具备了先进的教学理念，具备了正确的语言观、语言教学观和语言习得观，教师们才能在面对迥异的教学对象和千变万化的教学环境时，根据实际情况，在教学理念的指导下，不断学习新的知识和教学技能，发现新的教学资源，创新教学模式、教学设计和教学方法，摸索出适合自己和教学对象的特定教学方法。

　　2020 年被称为国际中文教育转型元年，到如今，国际中文教师普遍尝试并熟悉了线上教学模式，相关的研究也大都高度认可网络教学在国际中文教学中的价值。教育技术和教学资源在国际中文教学中得到了前所未有的重视。

　　然而以往的汉语作为第二语言教学领域普遍较为重视汉语本体及汉语教学方面的理论成果，而对教师专业教育、教师培养、汉语教学知识的结合方面的探讨较为缺乏。2022 年发布的《国际中文教师专业能力标准》适应新时代国际中文教育发展新趋势新要求，突出师德为先、素养为基、学习者为本、跨文化能力为重等国际中文教师发展理念，以中文作为第二语言教学、教师专业发展、教师评价等理论为基础，强调教师终身发展，突出教师跨文化交际能力与数字技术应用能力，以国际中文教师胜任力模型为基础，通过专业理念、专业知识、专业技能、专业实践和专业发展 5 个一级指标和 16 个二级指标将国际中文教师应具备的知识、技能、态度以及专业发展等能力划分为初级、中级、高级三个水平，对每一级水平进行了详细描述。

　　本书力求较为全面地吸收国内外外语教育学和教师教育、教师发展领域研究的新成果，较系统地探讨国际中文教育的教师教育、新手教师培养方面的问题。希望能够将近年来与国际中文教育相关的理论与实践研究成果，转化为可指导本专业的学生或新手教师学习的教学内容知识，在理论研究与中文教学应用之间搭起一座桥梁。

　　汉语作为第二语言教学首先要求教师建立起正确的语言观、语言教学观和语言习得观。

从语言观来看，汉语作为第二语言教学的教师需要懂得不同时代的人学习语言有不同的目标。如古人学习拉丁语是为了学习古代典籍，注重书面语和翻译，因而产生了语法翻译法。而在工业革命和第二次世界大战时期，学习语言则是为了快速掌握口头交际能力，注重听说和口语交际，直接法和听说法适应了当时语言教学的需求。现代人学习语言低龄化趋势明显，学习外语的门数也从一门到多门，学习第二语言已经成为训练思维方式、获取信息和资源、适应多元化和国际化发展的一种需要。基于活动、任务和基于内容的各种教学法应运而生。在外语教学的后方法时代，第二语言教师应关注在多元文化环境下如何培养学生的多元语言能力和多元文化观念，关注学生的身份认同问题，根据教学环境、教学需求灵活地制定教学计划，进行教学设计，运用教学方法。第二语言教师还需要了解人类语言的一些普遍规律。如哪些属于核心语法，其规则是无标记的语言规则；哪些属于外围语法，是有标记的语言规则。还要熟悉目的语规则，如要教汉语非母语者普通话语音，就要掌握普通话的声母、韵母、声调等知识系统。此外，学习者的母语知识也是需要的。要擅长利用汉外对比和偏误分析来预防和诊治学生学习中的难点。

从语言教学观来看，汉语作为第二语言教学的教师需要了解教育学相关的知识和发展，教育学理论的发展对语言教学有极大的促进作用。一方面，建构主义的教学观使我们从原来以教师为中心的单向知识传输，转变为注重体验学习、合作学习、探究式学习的以学生为主体、教师为主导的双主体式教学。而学习也不仅仅是以知识为中心，教育的目标是多层次性的，因此语言学习的教学目标也应包含知识目标、能力目标、文化目标、情感目标和学习策略等多元目标。另一方面，教学评价从语言测试、测量学起步，如今也走向了社会化，注重"以评为学，以评促学"的多元过程化评价观念，让教师们在设计教学方案之初就将教学目标和教学评价相结合，开展以成果为导向的逆向设计。而电化教学和网络多媒体教育技术，则是现代语言教学的必要工具。具备搜索并创造丰富的适合学习者使用的教学资源的能力，成为网络时代汉语作为第二语言教学的教师的基本素养。

从语言习得观来看，汉语作为第二语言教学的教师还需要了解与学生学习相关的生理规律、心理规律和社会学规律，懂得学生是如何学会语言的。不了解学，就没办法科学地教。第二语言习得研究认为第二语言教学的效果受到学习者的年龄、语言学能、学习态度和动机、学习环境中输入的质量和数量、第一语言的迁移等多方面的影响。认知心理学认为，人类的学习是通过规则学习和样例学习两个系统完成的。语言教学除了注重语法规则（规则学习）外，也要注重词汇的搭配规律及其上下文、交际时常用的固定套语及程式、交际中常用的约定俗成的搭配样例（样例学习）等。语言组块也叫语块，是一种语言处理方式。人类进行语言处理、记忆、储存时，往往利用大量的预制语块（通常是由一系列固定搭配成分组合而成），使大脑有限的记忆单位扩大，可以存储和记忆更多的信息。社会心理学家发现教师及学习者的文化身份认同会对其外语学习发生重要的影响，个人语体风格的形成以及语言转换的过程取决于心理上的身份认同与排斥。学习外语的过程实际上也是一个接触外来文化和价值观的过程，外来文化和价值观会与原有的民族文化、民族价值观发生冲突和调和。在全球化的语境下，学会多种语言已经是一个趋势，多语者的身份认同发展与学习者的语言学习动机和态度相互作用。

　　可见，第二语言教学研究需要语言学、教育学、心理学、生理学、人类学、社会学方面的知识，才能深入进行；语言教师懂得这些学科的基本知识，才能取得更好的教学效果。

　　本书参考了十多种重要的第二语言教学概论、外语教育学的专著和数百篇有代表性的论文（详见各章参考文献）。承蒙周小兵、方小燕、王葆华、吴坚、李利、刘书慧等专家、教授对有关章节提供宝贵资料和建设性意见；华南师范大学国际文化学院的研究生们为本书的案例提供了许多宝贵的海外一手材料，并提出了一些很有价值的建议；华南师范大学东南亚研究中心、华南师范大学汉语学习与国际推广重点实验室、科学出版社对本书的出版予以大力支持。在此一并表示感谢！

陈　珺

2023 年 3 月

目　录

第一章 绪 论

第一节 汉语作为第二语言教学的基本概念

在了解汉语作为第二语言教学之前，我们先要对与其相关的一些概念有清晰的认识。如什么是母语、外语和传承语？什么是第一语言和第二语言？它们之间存在什么样的联系和区别？在什么条件下，一个人可以成为一个真正的双语（多语）者？第一语言教学和第二语言教学有何异同点？

一、母语（本族语）、外语与传承语（祖语）

母语（mother tongue or native language），又称本族语，一般是指从小开始接触并持续运用到青少年时期或之后的语言。家庭的教育一般是通过母语来传授的，母语对于人的思维发展及以后的语言学习存在很大的影响。

外语（foreign language）与母语相对，即非本国人使用的语言。外语是从国家角度定义的，而不是从民族的角度定义。对少数民族而言，如果有自己的语言，同时学习国家的通用语，也很少称之为外语学习，而多称之为通用语学习或第二语言学习。

在人口流动不多的时期，母语一般就是一个人最先接触的语言，但是随着民族通婚以及全球移民活动的增加，母语的概念也开始出现了很多分歧。

传承语（heritage language），也有学者称之为祖语言、继承语、祖籍语等。最早指加拿大的非官方语言或土著语言，在美国的学界中多用来指移民用语、土著语言或非英语的殖民语言。郭熙（2017）将"祖语"定义为社会主体语言之外作为语言文化传承的祖辈语言。它不等同于母语，许多海外的二代或三代华人需要用学习第二语言的方式来学习汉语，他们有些人甚至不认同汉语是自己的母语。但用传承语或祖语这一概念就没有问题。传承语也不一定是民族共同语、国家通用语或标准语，海外华人很多是用方言来进行文化习得与传承的。如澳大利亚华人多说粤语，印度尼西亚华人多用闽南语、客家话或潮汕话。传承语包括移民传承语、原住民传承语、（非通用语的）殖民者传承语、多民族国家内某些少数民族语言或方言等。祖语传承、祖语保持、祖语教育和教学目标都是需要进一步研究和探讨的问题。

案例 1：中国蒙古族男性与汉族女性通婚之后，他们的孩子既说蒙古语也说汉语，蒙古语和汉语到底哪个才是孩子的母语？如果这个孩子只说父亲教的蒙古语，但到上学时上汉族学校学汉语，他学的汉语是母语还是外语？

案例 2：原中国籍的父母移民美国后，生的孩子是美国籍，从小父母教他说英语，希望他尽快融入美国的英语环境。那么汉语是这个孩子的母语还是外语呢？

思考：人们如何认定自己的民族身份？又如何根据自己的民族身份来认定自己的母语？

分析：我们认为**"母语"（"本族语"）和"外语"都带有很强的认同观念，与"民族身份的认定"有很大的关系**，也就是说这三个概念与个人或群体的归属感和文化认同有很强的关系。

以案例 1 蒙汉民族通婚的情况为例，如果在这个家庭及周围社会环境中父亲的蒙古语和母亲的汉语使用的机会差不多，孩子很可能认为蒙古语和汉语都是自己的母语。而相反，如果有一方的语言比较强势，如在家庭和周围环境中都使用父亲的语言，极少机会说母亲的语言，有可能孩子就会认为只有蒙古语才是自己的母语。但是身在中国，学习汉语是学习国家的通用语，不会被认为是学习外语。这与蒙古国的喀尔喀蒙古族人学习汉语是完全不同的。

而以案例 2 中国的移民群体为例，我们会发现世界各国的华人在"汉语是否是自己的母语"这个问题上会因不同的移居国、不同的家庭环境、不同代际的移民而出现很大的差异。从国别来看，在马来西亚很多华人即使经历多代依旧认为汉语是自己的母语，马来语和英语是移居国的通用语；而多代移民后在美国、澳大利亚等国家长大的华人，很多自认英语是自己的母语，而称汉语为祖语或传承语。从移民家庭环境来看，有些家庭坚持移民后仍在家说汉语，有些家庭很早就在家改用移居国的通用语。坚持在家庭或学校使用汉语的家庭可能仍认定汉语是自己的母语，而在无汉语家庭环境中长大的孩子较大可能认定移居国的语言才是自己的母语，而将汉语认定为祖语甚至外语。

母语在一般情况下根据国籍和民族来判断，然而在复杂的通婚和移民情况下，母语则与语言学习者的自我族群身份认同有很大的关系。当一个人或一个群体对所说或所学的语言有很强的文化认同，对该语言所属的民族有很强的族群归属感，一般会认定这种语言为自己的母语。当这种语言已经边缘化或弱化，但依然有一定的文化传承，则会被认定为传承语（祖语）。

二、第一语言和第二语言

第一语言（first language）是指一个人出生之后最先接触并获得的语言。比如一个人出生之后首先接触并学会了英语，英语就成为他的第一语言。一个人的第一语言通常是他的母语。但第一语言也有可能不同于母语，不同于本族语。

就多数人而言，母语是他们的第一语言。但由于种种原因，有些人习得的第一语言并非母语，如中国少数民族的小孩在汉族地区长大，首先习得了汉语，汉语是他的第一语言，却不是他的母语。对于那些移居国外的人来说，其子女出生后首先接触并获得的语言可能也不是母语，如移居美国的华侨，其子女可能从小就先学说英语，他们的第一语言是英语，而母语汉语却不会说或说得很少。

第一语言是语言学的概念，按获得语言的顺序来对语言进行分类，而母语则更多地牵涉到民族学问题。第一语言一般是人们在幼年时期在自然环境下自然而然地习得的。

第二语言（second language）指人们在获得第一语言以后再学习和使用的另一种语言。第二语言是个泛指的概念，它包括个人学习的第二甚至第三、第四语言。第二语言可以在不同的环境中获得：如果一个人是在课堂上学习，他就是在"课堂环境"，也称"正规指导"下学习获得第二语言的；如果他不参加正式的课堂学习，而是在工作或生活中，在与母语者的交往中学习该语言，他的第二语言就是在"自然环境"下自然习得的。

案例：小英的父亲是韩国人，母亲是中国人，父母在中国相识结婚，小英3岁前生活在中国，爸爸在家跟小英说韩语，但其他人都和小英说汉语。3岁前，小英会说一点儿韩语，汉语非常流利。3岁后，小英随父母到韩国生活。母亲仍坚持在家和她说汉语，但是周围人都说韩语，而且小英上学后也逐渐都改说韩语，长大后她只会说简单的汉语，韩语更加流利。请问哪种语言是小英的第一语言？如果长大后，小英到中国学习汉语，这属于第一语言学习还是第二语言学习？

思考：第一语言的获得需要多长时间？第一语言有没有可能发生变化？

分析：第一语言和第二语言同样也不是一个一刀切的概念，因为语言能力的获得需要较长的时间和语言环境。语言学习有一个关键期，一般认为12岁左右为语言学习的关键期（也有学者称之为临界期）。在关键期前开始学习语言才有可能达到母语者的水平。年龄越小，越有可能达到母语者的水平。这是因为在语言关键期前，儿童的第一语言仍处于发展建构之中，如果改变其语言环境，他的语言能力会比较容易发生变化。而在关键期之后，第一语言的构建基本已经完成，大脑功能单侧化基本形成，再学习新的语言就会受到第一语言的影响。

案例中的小英，出生在中国，3 岁前会说一点儿韩语，汉语非常流利，汉语无疑是她的第一语言，而韩语当时未能发展到双语的程度，只是她的第二语言。但是因为她 3 岁后回到韩国，语言环境发生了变化，两种语言在她大脑中的地位也发生了变化，长大后小英的韩语更加流利，而汉语能力减退了。这是因为在关键期之前，她的第一语言的地位并不是完全固定不变的，也是有可能变化的。到成年之后，她稳定下来的第一语言是韩语，而不是汉语。

三、双语与多语

双语（bilingualism）和多语（multilingualism）是语言学上的专用名词，有狭义和广义之分。

狭义的双语者或多语者是在年龄很小时学习两种或多种语言的人，他们拥有两套或多套"语言系统"，可以自由实现双语或多语之间的来回切换。两种或多种语言对他们来说并没有外语和母语之分。能够真正达到这种程度的双语或多语者，其学习语言的年龄、语言使用的环境及语言使用的机会都有很大的限制，如果学习者不是在很小的时候开始学习，两种或多种语言没有相似比例的语言环境和使用条件，都很难成为真正的双语者（多语者）。双语者或多语者会说两种或多种语言，几乎同样熟练，但这些语言是同时学会的，很难从时间上分出先后。第一语言和第二语言两个概念不能涵盖这种现象。

从广义上来说，现代人多学习多种语言，如中国人从小在说方言的基础上，学习普通话、英语等，长大再学习第二语言，他们也可以称为广义上的双语者或多语者，纯粹的单语者在现代社会里已经越来越少。某些国家或地区如新加坡"由于民族的、社会的、历史的原因……同时使用两种或两种以上的公用语言（法定语言），这两种或多种公用语言至少在理论上是完全平等的"（田惠刚，1994），这也可以称为一个国家或地区的双语或者多语现象。

四、习得与学习

"习得"与"学习"这两个术语对应英语中的 acquisition 和 learning。习得指无意识地在自然环境下自然而然地获得语言。而学习指有意识地学习语言，一般是在课堂正规指导环境下，重在掌握语言的形式和规则。"习得"与"学习"的区别见表 1-1。

表 1-1　"习得"与"学习"的区别

	习得	学习
获得方式	自然交际 关注语言传达的意义	对语言的正式学习 关注语言形式
心理过程	下意识，内隐学习	有意识，外显学习
知识类型	内隐性的语言知识 难以用语言表达的程序性知识	外显性的语言知识 可以明确阐述的陈述性知识
储存区域	大脑左半球语言区	在大脑左半球，不一定在语言区
功能	用于语言的自动加工 是语言理解与生成的主要源头	主要用来监控语言的加工过程 用于语言输出的监控和调整

在 20 世纪 70 年代以前，人们对这两个术语的使用界限区分得很清楚，"习得"指儿童学习其母语（或第一语言），而"学习"指成人学习第二（或第三、第四）语言。70 年代以后，越来越多的学者不赞成用"习得"与"学习"来区分第一语言学习和第二语言学习。第一语言学习和第二语言学习中都存在这两种不同的学习方式。

第一语言的语音多为自然而然地习得，胎儿在未出生前就能感受语音和普通声音的区别，而婴儿在出生后还未学会说话之前，就会对母语的音位比较敏感，而对不区分意义的非母语的音位丧失感知能力，一般在 3—4 岁时就会逐渐掌握第一语言的所有语音。而在学生进入正规学校前，就已经通过大量的自然语言使用"习得"了大量的词汇并掌握了基本的句法，但是这些都是在无意识状态下习得的，所以对语法的掌握是知其然，不知其所以然。很多母语者也无法准确描述自己语言的语法现象和规律。词汇的学习是终身的，即使是母语者，也需要经历长期的学习，来掌握更为准确的表达和丰富的词汇。而母语者，在表达中也可能出现语法错误，尤其是在书面语的使用上，需要进一步规范的语法学习。

第二语言的学习者以前多为成人，因此传统第二语言教学认为成人主要是用有意识地"学习"的方式来学习语言。因为在传统的课堂教学环境中学习第二语言时，成人无可避免地受到第一语言的影响。这在语音和语法学习方面表现尤为明显，成人往往要将第一语言和第二语言进行对比，总结规则，归纳规律，并根据规则进行反复地练习。但是人们也发现，即使是成人，也可能在目的语环境中，自然而然地习得一些词汇和语法。随着时代的发展，第二语言学习者低龄化的现象越来越普遍。很多学龄前儿童开始学习第二语言（如英语），这更促使人们思考在第二语言教学中，针对不同年龄段的第二语言学习者，到底应该以有意识的"学习"方式还是以无意识的"习得"方式来促进第二语言学习的效果。

第二节　学科发展：从"对外汉语教学"
到"国际中文教育"

在中国汉语教学的历史上，曾经使用过多个学科名称：从最早的"对外汉语教学"，到后来的"对外汉语教育学""汉语国际教育""汉语作为第二语言教学""国际中文教育"等多种名称。其实每种名称都代表着各个时期对这一学科的认识和看法。

一、对外汉语教学

20 世纪 50 年代至 21 世纪初，中国多采用"对外汉语教学"这一说法，指的是在中国对外国人的汉语教学，教学对象是到中国来的外国人，学习环境是中国的目的语环境，而汉语对这些外国人来说是一种外语。那个时期的对外汉语教学仅限于对外国人的语言教学和技能训练，相应的学科研究和基础还比较薄弱。中国高校开设的对外汉语教学本科专业所招收的对象为中国学生，多设置于中国语言文学的一级学科之下，隶属于汉语言文学下的语言学及应用语言学。此时期有关对外汉语教学的理论的代表作有吕必松《对外汉语教学概论（讲义）》（1999）、赵金铭《对外汉语教学概论》（2004）、周小兵和李海鸥《对外汉语教学入门》（2009）。

赵金铭的《对外汉语教学概论》提出了对外汉语教学研究的四层次论。

第一层次——本体论：从事汉语本体研究，其理论基础为语言学。

第二层次——认识论：从事汉语习得与认知研究，其理论基础为心理学。

第三层次——方法论：从事教学理论与方法研究，其理论基础为教育学。

第四层次——工具论：从事现代科技手段应用于教学与学习研究，其理论基础为计算语言学和现代教育技术。

传统的观念多认为对外汉语教学是语言学及应用语言学的分支（吕必松，1999；赵金铭，2004）。长期以来，对外汉语教学界重视汉语本体要素知识，将教学法作为汉语言知识的附加技能。有学者已经逐渐意识到对外汉语教学交叉学科的特点，周小兵和李海鸥（2009）认为汉语作为第二语言教学是多学科交叉的结果，其基础学科有神经生理学、语言学、心理学、教育学等。

二、对外汉语教育学

刘珣（2000）提出了"对外汉语教育学"的概念，将语言教学扩大到教育语言学的范畴。刘珣认为："'教育'的内涵要比'教学'丰富得多，指从德智体美全方面培养人的社会活动。对留学生的培养也要根据国际教育的惯例，进行德智体美全面发展的综合素质教育。因此，本学科的研究任务也就不仅仅限于教学一个方面，而是包括教育原理和教育规律、各学科、国家政策和设备等内、外部要素。"

刘珣将对外汉语教育学的学科体系分为三层次。

第一层次：理论基础部分。语言学、心理学、教育学、文化学、社会学、哲学。

第二层次：学科理论体系——属于本学科范围内的学科理论体系，包括基础理论和应用研究。

  基础理论：

   A 对外汉语语言学

   B 汉语习得理论

   C 对外汉语教学理论

   D 学科研究方法学

  应用研究

第三层次：教育实践。

国内汉语教学界从教育学的视角对外语教学的性质进行讨论的不多，但国外和国内的外语教学界对此的探讨却是早就在进行了。Spolsky（1978）认为把外语教学归属于应用语言学容易引起误解，让人以为是语言学的应用，因此提出"教育语言学"，其研究范畴见图1-1。他指出，语言学与教育学没有直接的关系。应用语言学的内涵也远比把语言学应用于教育广泛得多。

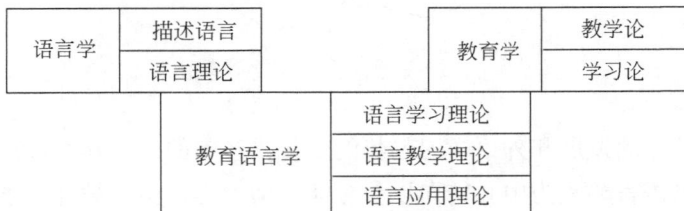

语言学	描述语言		教育学	教学论
	语言理论			学习论
		语言学习理论		
教育语言学		语言教学理论		
		语言应用理论		

图1-1　教育语言学研究范畴

束定芳和庄智象（1996）认为，外语教学属于应用语言学（applied linguistics）而不是语言学的应用（linguistics applied）。外语教学必须建立自己的语言理论和描写模式，同时必须全面考察所有可能影响外语教学过程的因素，结合外语教学在具体实施过程中的环境因素，制定出外语教学的原则，并设计出贯彻这些原则的方法和手段。夏纪梅（1999）从语言学、应用语言学、教育学、心理学、系统论、第二语言习得理论这些相关学科和理论入手，探究外语教学（含语言教学）的学科属性、理论依据和研究课题。教育语言学这一概念的提出，打破了原有的"汉语本体"、"应用语言学"分支的中心论，将外语教学置于更为广阔的视野，越来越多的学者开始重视对学习者如何学、教师如何教的研究，在教学中的语言研究也更重视教学语法与汉语本体语法的区别。

随着外语教育的蓬勃发展，很多学者提出外语教育学这一新的学科概念，即一门关于"外语教育"的学科，而非一门关于外语的教育研究（夏纪梅，1999；辛广勤，2006；王文斌，李民，2018），认为其应该具有独立的学科地位。外语教育学所研究的范围见图 1-2。

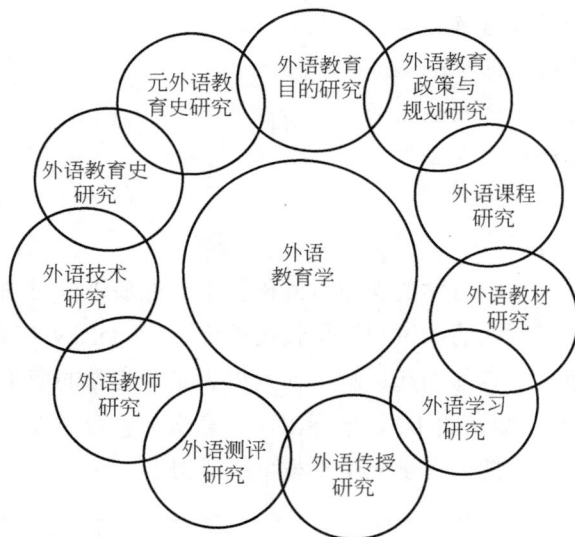

图 1-2　外语教育学研究议题体系图

随着全球化的发展和外语学习趋势的变化，多国的外语学习标准都将语言教学从以往的以语言要素为中心转向以交际能力为中心，由以教师教学为中心转向关注对学生自主学习、终身学习能力的培养。外语教学由原来单一的语言能力培养导向，转向促进多元文化理解、拓展全球视野、增进国际交流、培养抽象思维和逻辑思考能力的外语教育。外语教育的内涵大大增加，成为多国外交、教育、经济交流中的重要一环。除成年人的通用汉语教学外，"汉语+职业""职业+汉语"

"汉语+专业"以及进入多国教育体系的低龄化汉语教学,成为 21 世纪国际中文教育的新风向标。

三、汉语国际教育

2007 年 1 月,在国务院学位委员会第二十三次会议上通过设置汉语国际教育硕士专业学位。"汉语国际教育"是指面向海外母语非汉语者的汉语教学。汉语国际教育硕士专业学位英文名称为 "master of teaching Chinese to speakers of other languages"(MTCSOL)。根据专业指导目录,汉语国际教育硕士属于教育学类硕士。随着"汉语国际教育"这一名称在硕士阶段逐渐为人们所广泛接受,2012 年起,根据《教育部普通高等学校本科专业目录(2012 年)》和《普通高等学校本科专业设置管理规定》,多数高校将原"对外汉语""中国文化传播""华文教育"等专业整合为"汉语国际教育"专业,将其置于中国语言文学一级学科之下,为二级学科。亦有极少数院校将其设置在教育学之下,为教育学类专业。

汉语国际教育这一名称的出现,标志着汉语教学的范围由中国国内逐渐扩展到全世界。随着中国改革开放的发展,世界各地的孔子学院和孔子课堂大量出现,每年都有大量的汉语教师和汉语志愿者被派往海外,因此汉语教学的对象由以前在中国的外国人逐步扩大到包括海外母语非汉语者,也包括在海外的第一语言非汉语的华裔后代。

但是"汉语国际教育"到底是学科名称还是专业名称?李向农和贾益民(2011)曾发文探讨:"学科有两个含义:一是作为知识体系的科目和分支。它与专业的区别在于它是偏就知识体系而言,而专业偏指社会职业的领域。一个专业可能要求多种学科的综合,而一个学科可在不同专业领域中应用。学科的第二个含义是高校教学、科研等的功能单位,是对教师教学、科研业务隶属范围的相对界定。学科建设中'学科'的含义偏指后者,但与第一个含义也有关联。长期以来学科和专业的概念经常被混淆,专业被等同于二级学科。""专业和学科是不同的,但也密切相关,相辅相成。专业应以学科为依托、为后盾;学科的发展又以专业为基础。""专业主要为学科承担人才培养的任务和发展的基础,更主要的是为社会的发展提供高素质的劳动者。"

从全国汉语国际教育硕士专业学位教育指导委员会发布的《全日制汉语国际教育硕士专业学位研究生指导性培养方案》中的培养目标和课程设置方案我们可以看出,"汉语国际教育"有非常明显的以社会职业需求为导向的特点。

《全日制汉语国际教育硕士专业学位研究生指导性培养方案》的课程设置

1. 核心课程（重在提升学生的汉语教学技能、文化传播技能、跨文化交际技能）

（1）学位公共课程（6学分）

政治（2学分）

外语（4学分）

（2）学位核心课程（12学分）

汉语作为第二语言教学（4学分）

第二语言习得（2学分）

国外汉语课堂教学案例（2学分）

中华文化与传播（2学分）

跨文化交际（2学分）

2. 拓展课程（8学分，分为三大模块）

（1）汉语作为外语教学类（4学分）

汉语语言要素教学

偏误分析

汉外语言对比

课程设计

现代语言教育技术

汉语教材与教学资源

（2）中华文化传播与跨文化交际类（2学分）

中国思想史

国别与地域文化

中外文化交流专题

礼仪与国际关系

（3）教育与教学管理类（2学分）

外语教育心理学

国外中小学教育专题

教学设计与管理

汉语国际推广专题

3. 训练课程（4学分）

教学调查与分析（1 学分）

课堂观察与实践（1 学分）

教学测试与评估（1 学分）

中华文化才艺与展示（1 学分）

4. 教学实习（6 学分）

5. 学位论文（2 学分）

由此可见，"汉语国际教育"最早出现时是一个专业的名称，这个专业的发展目标是为汉语教学培养师资人才，包括汉语为母语的教学者（即母语者教师）和汉语为非母语的教学者（即本土教师）这两类培养对象。

这个专业的培养需要多个基础学科的支撑，主要支撑学科有外语语言学（如"第二语言教学""第二语言习得"）、中国语言文学（如"汉语言文字学""中国文学"）、心理学（如"教育心理学""认知心理学"）、教育学（如"教学设计""课堂活动设计""课堂管理"）、文化学和传播学（如"中华文化传播""跨文化交际"）等。"长期以来，对外汉语教学分别在中国语言文学一级学科下的语言学及应用语言学、汉语言文字学，外国语言文学一级学科下的外国语言学及应用语言学，以及教育学一级学科下的课程与教学论等学科、专业下，开展教学研究和学科建设，并招收研究生，也都取得了显著的成果。"（李向农和贾益民，2011）

作为一个学科，汉语国际教育的内涵和其名称一样长期未得到正确的认识和解读。吴应辉（2010）认为汉语国际教育是一门关于国际汉语教学和中国语言文化传播的学科。崔希亮（2015）认为汉语国际教育是一个专业，关于这个专业的学科属性，学界存在着不同的认识，这种不同的认识影响了这个专业的人才培养目标、培养规格。他认为汉语国际教育的学科定位是交叉性的，很难简单地归之于某个单一学科。从这个意义上可以说它是一门"独立的学科"。它的学科基础是语言学（理论语言学、应用语言学）、汉语言文字学、教育学、认知科学和现代教育技术。宁继鸣（2018）对汉语国际教育作为"事业"和"学科"的双重属性进行了反思，认为作为国家事业的汉语国际教育随着孔子学院走出国门，发展迅速，事业繁荣。然而作为学科，其建设相对滞后，尤其是学科属性与定位争议较大。2018 年《世界汉语教学》编辑部组织了一个小型专家研讨会，受邀专家就"汉语国际教育知识体系的特色与构建"进行了深入讨论。虽然大家对具体的学科研究领域和理论框架仍各持己见，众说纷纭，但是汉语国际教育的交叉属性却已经逐渐为大家所认同。

从"对外汉语教学""对外汉语教育学""汉语国际教育"这几个名称的发展

来看，我们已经可以看到其焦点在于"对外汉语"与"汉语国际"、"教学"与"教育"之争，也就是对象和内容之争。

从教学的对象上来看，在新时代我们的教学对象当然不仅仅是来中国的外国人，更大的市场应该是广阔的海外。"汉语国际"和"汉语作为第二语言"无疑比"对外汉语"更加准确。

从包含内容上来看，教育的内涵、外延都无疑比教学要宽泛丰富得多。作为人才培养的专业名称而言，教育这个词要准确得多。但是作为"汉语国际教育"这个专业下的一门主干课程或重要支撑学科，"汉语作为第二语言教学"则更为准确。"汉语作为第二语言教学"所涵盖的内容应该包括"针对汉语为第二语言的学习者，教学者在教学过程中所应该了解的教学理论、教学策略、教学模式、教学发展历史和常见的教学方法"（刘珣，2014）。

四、国际中文教育

2019 年 12 月，国际中文教育大会在长沙成功举办。此后，"国际中文教育"开始广泛使用。2020 年 6 月，中国国际中文教育基金会宣告成立。

"国际中文教育"这一名称的提出具有重要的历史和现实意义，但同时也引起了一些讨论和争议。有学者认为国际中文教育主要有三大类：国内的"对外汉语教学"、海外的"汉语国际教育"和海外的"华文教育"。国际中文教育应重视并区分国际中文传播和海外华语传承。但是"国际中文教育"不能简单等同于传统的"对外汉语教学"（面向国内）或后来的"汉语国际教育"（面向国外）以及华文教育的合流。邵滨和刘帅奇（2020）认为"国际中文教育"的出现，是对当前汉语国际教育发展现状的高度总结，并显示出对未来发展趋势的预判。对外汉语教学、汉语国际教育中对"汉语"的定义非常明确，即面向外国人教学的汉语。"汉语"特指汉族的语言，而且在大多数情况下，专指普通话。但实际上在海外的华人中有使用多种方言的情况，外国人也可能专门学习粤语等方言。"汉语"侧重于语言，而"中文"既可涵盖口头语、书面语，也可包括文字和文学。

"国际中文教育"这一概念中"中文"的内涵比"汉语"更丰富，目前大多特指汉族的语言文字，但在未来有可能进一步拓展，如从特指普通话到涵盖诸多汉语方言，从特指汉族语言文字扩大为中国语言文字，从特指汉语言文学扩展为中国语言文学。"国际中文教育"中"国际""中文""教育"三者的顺序具有一定的科学性，不可随意改变。"国际"强调范围，"中文"与"教育"是内容与类型。"国际"居首，强调的是世界各国的情况，"国际中文教育"指的是世界各国的中文教育。对于各国来说，中文教育不仅是一种外语教学，其中也蕴含着教育的功能，因此"教育"比"教学"更为准确。

2021 年 12 月，国际中文教育博士专业学位点被列入国务院学位委员会《博士、硕士学位授予和人才培养学科专业目录（征求意见稿）》，国际中文教育拟被列为交叉学科下的一级学科。2022 年 9 月，国务院学位委员会、教育部下发《研究生教育学科专业目录（2022）》，文件中将"汉语国际教育"改为"国际中文教育"。

许多学者对国际中文教育学科理论体系与知识体系构建展开了热烈的讨论。吴应辉和梁宇（2020）认为国际中文教育学科的交叉性决定其理论体系的丰富性和开放性，其框架和内容可从不同视角进行设计。其理论体系可从学科基本理论、学科应用理论、区域/国别/语别中文教育特色理论和学科交叉融合理论四方面加强建设，详见图 1-3。

国际中文教育学科理论体系				
主要组成部分	学科基本理论	学科应用理论	区域/国别/语别中文教育特色理论	学科交叉融合理论
主要内容	国际中文教育通论	第二语言教学法	东南亚国家中文教育	国际中文教育与国家软实力
	国际中文教育研究方法	中文语言要素教学	中亚国家中文教育	国际政治与中文教育
	中文国际传播研究理论与方法	教师与教学资源	西亚北非阿拉伯国家中文教育	国际经济贸易合作与中文教育
	国际中文教育史	中文教育标准	西班牙语国家中文教育	不同文明背景下的中文教育
	国家政策与中文教育	中文测试	马来西亚华文教育	国际中文教育项目管理
	教育评估（师资、教材、教学等评估）	二语习得	韩国中文教育	……
	……	汉外比较	日本中文教育	
		跨文化交流等理论	泰国中文教育	
		……	……	

图 1-3　国际中文教育学科理论体系

拟设二级学科见图 1-4。

王治敏和胡水（2022）则认为国际中文教育具有中国语言文学和教育学一级学科的学科特征，可以成为特色交叉学科门类下的一级学科。恢复国际中文教育（汉语国际教育）之前合并多个二级学科方向，吸收教育学的课程与教学论（040102），把中国语言文学中语言学及应用语言学（50102）的教学应用研究纳入国际中文教育学科，同时也可考虑增加语言智能与技术、语言工程等特色方向，不断加强信息化、智能化、在线教育人才培养的分量（图 1-5）。

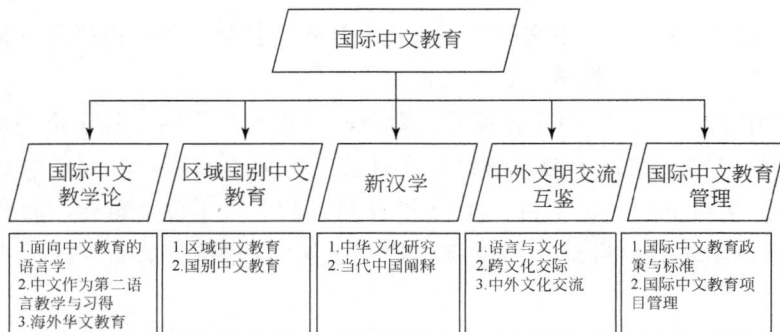

图 1-4　国际中文教育拟设二级学科

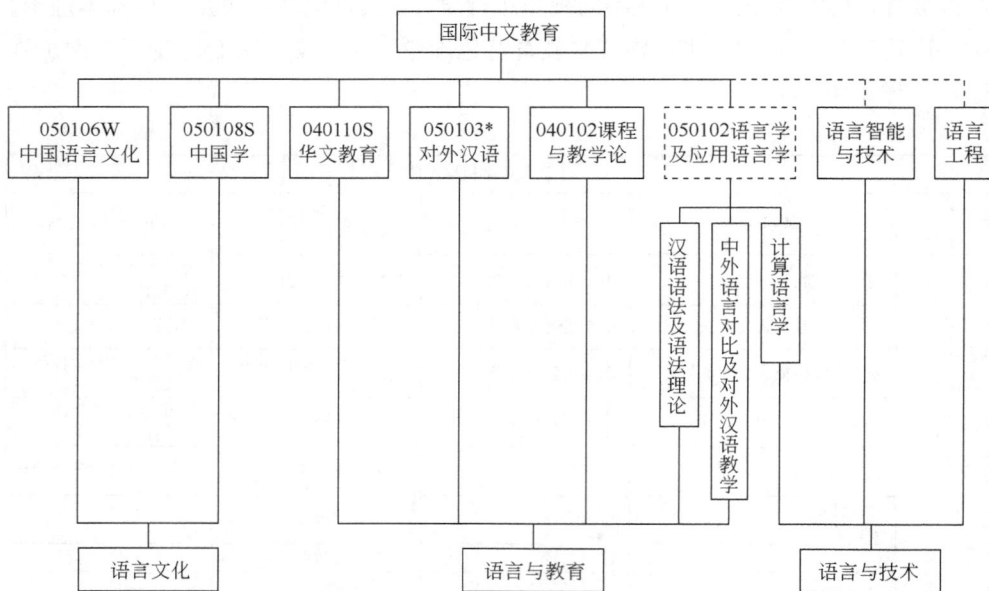

图 1-5　国际中文教育学科内涵设计

　　虽然各位学者对国际中文教育下设的二级学科有不同的考虑，但是都认同国际中文教育的主干学科是中国语言文学与教育学两个一级学科，此外还涉及外国语言文学、心理学、新闻传播学、哲学、中国史、世界史、民族学等其他一级学科。学界对国际中文教育的知识体系构建并未达成一致，也并未形成成熟的、共识性的观点。国际中文教育的知识体系的构建，需要在本硕博三个培养层次上进行区分，以及做好层次之间的衔接。加速国际中文教育前沿理论的知识转化，突出主干学科的同时充分体现多学科的交叉融合，及时反映新兴技术的发展应用。

第三节　培养汉语作为第二语言教学的宏观意识

周健（2011a，2012）曾指出，汉语国际教育要注重培养汉语作为第二语言教学的宏观意识和教学策略。"汉语教学的宏观意识，主要指的是汉语教师在汉语教学中的宏观眼光和总体把握，指的是语言观、语言习得观和语言教学观。我们始终认为教学活动背后的对语言和语言获得的基本认识和教学理念才是语言教学之魂。"

语言观，就是对所教语言的认识，也就是对教什么的认识。教语言应该教什么？教语言知识、语言技能、语言交际还是思维方式？所教的语言有什么独特之处？

语言教学观，也就是对应该怎么教的认识。都是教汉语，但是汉语作为第一语言与作为第二语言有什么不同？教母语与教传承语有什么不同？在目的语环境中教，与在非目的语环境中教有什么不同？教师应该如何根据教学环境、教学对象和教学的需求来选择适合的教学内容，制定教学策略？

语言习得观，也就是对学生怎么学的认识。为什么同样的教学内容、教学方法、教师，有的学生学得好，有的学生学得不好？制约学习效果的因素有哪些？学习者的语言习得有着自身的规律，教学的顺序应尽量符合学习者的自然发展顺序，而不能按照汉语本体研究的系统来进行教学。

自20世纪60年代以来，现代语言教学受到了语言习得研究、认知心理学以及教育学这三大领域科学研究成果的极大影响。"就第二语言习得领域而言，在过去的五十年中，研究者通过各种实验研究，如语言对比、错误分析、语言普遍原则、认知心理学、语言获得过程等方面的实验，对不同语言的习得顺序、习得速度、语言输入及输出的作用、课堂过程、学习策略等方面进行了系统研究，得出了不少定论。这些研究成果形成了第二语言教学领域的部分教学原则。"（靳洪刚，2011）

就认知心理学来看，研究者从普遍学习理论，人类认知过程，大脑记忆、储存、加工等语言的处理过程，记忆储存方式，输入频率，视觉、听觉凸显性，反例对比等方面，提出具体的语言学习理论及第二语言教学策略，极大地影响了第二语言课堂过程及学习过程的教学原则。

就教育学来看，研究者强调教学要以学习者为中心，要让学习者参与学习过程，进行各种合作及个人化的教学，强调教学与实际经验结合起来。从这一理论出发形成了多种第二语言教学方法，它们强调以学生为中心，以沟通为目的，通过任务教学的方式达到第二语言教学的目的。

靳洪刚（2011）在此基础上提出了现代语言教学的十大原则，包括：以任务为语言教学基本单位；强调语言应用，采用"体验学习"；提供丰富的语言输入；提供详尽的扩展性输入；利用人类信息记忆及处理规律，进行组块教学；注重语言结构的练习；进行有大量输入基础上的有效输出；纠错反馈；尊重学习者的语言发展规律；提倡合作学习及个人化教学。这里的十大原则中，"以任务为语言教学基本单位""体验学习""个人化""合作学习"这些理念与原则与教育学的发展与理念密切相关，而"详尽的扩展性输入""有效输出""纠错反馈""学习者的语言发展规律"则与语言习得领域的研究成果密切相关，"组块教学"和"注重语言结构的练习"则与认知心理学、语言习得研究都密切相关。

作为一名汉语作为第二语言教学的国际中文教师，应该对这三个方面的研究都具有一定的宏观意识，并能够在这些理论和原则的指导下，从汉语的特点出发，针对特定的教学对象和学习目的，确定最佳的教学方法和教学策略。

一、语言观——教什么与相关教学策略

语言学家们对"语言"从社会、心理、思维、文化等不同的角度给出了不同的定义。语言学之父索绪尔提出语言研究的重大问题是区分语言和言语，"语言"是说话的规则，是语言的共核部分，"言语"是在实际中说出来的话。转换生成学派的语言学家乔姆斯基认为"语言是一组有限或无限句子的集合，其中每个句子的长度都是有限的，并由一组有限的成分构成"。社会语言学家韩礼德（Halliday）所代表的系统功能流派认为语言是"做事"的一种方式，他所强调的是语言和社会之间关系密切，语言是一种社会生活方式，是一种功能。美国结构主义语言学家萨丕尔给语言的定义是："语言是人类特有的、非本能的交际方法，是表达思想、感情和愿望等主观意志的符号系统。""语言是工具而思维是产品，没有语言，思维是不可能的。"

不同的定义体现出语言学家们不同的语言观。他们有的将语言看作一种知识、一套符号规则；有的将语言看作一种社会行为、交际行为；有的将语言看作一种思维的工具；有的将语言看作一种文化的载体。这些都体现了语言某一方面的特性，这些语言学家也从不同的角度对语言进行研究。

而作为一位语言教师，也必须根据自己的教学对象和需求目标，来判断哪一种语言观更适合自己的教学。例如，处于基础教育阶段的儿童在学校里学习外语（第二语言）往往并非出于自己的选择，而只是国家、学校或者家长的一种要求，

他们学习语言并没有长远的目标，在文化多元共存的今天，他们多是通过学习第二语言了解世界，了解另一种文化，获得另一种看世界的思维和角度。在这一视角下，语言与内容相结合，语言代表的是一种文化和思维工具。而成人学习第二语言，往往有非常明确的目标，如为了找工作、做生意，要求学习时间短，急学先用，注重实用和交际；为了升学、获得奖学金，在中国的大学学习各种不同专业的学生往往需要比较系统地掌握第二语言，注重语言知识和语言本身的系统性。这也就决定了在教学中，对不同的教学对象而言，其"语言教学内容"的重点排序并不相同。

汉语作为第二语言教学的教师，需要了解人类语言的一些普遍规律。例如，哪些属于核心语法，其规则是无标记的语言规则；哪些属于外围语法，是有标记的语言规则。

还需要熟悉目的语规则，了解汉语作为第二语言最突出的特点是什么，与其他的语言最大的差别在哪里，哪些方面不用特别教，哪些方面需要特别重视，如何针对汉语的特点展开教学。如要教汉语非母语者普通话语音，就要掌握普通话的声母、韵母、声调等知识系统，知道汉语是一种单音节语言，一字一音节，不加声调的音节 400 多个，加上声调 1200 多个，汉语是一种声调语言；汉语中的词汇以双音节为主，但在实际使用中，单音节词的使用频率很高。要教汉字，就要了解汉字的结构、部件、字源、字理，知道汉语的汉字大多就是一个语素，具有很强的造词能力。汉字是一种表意文字，对许多使用表音文字的国家的学习者而言，入门较为困难。要教语法，就必须了解汉语的语法点以语序和虚词为主，较少形态变化。这些特点，哪些对于汉语非母语者而言是难点，可以用什么教学方式降低其学习难度，增强其信心？哪些是可利用的优点，让汉语学习变得更容易？这些都是汉语作为第二语言教学的教师应该了解并掌握的。

此外，学习者的母语知识也是需要的。要擅长利用汉外对比和偏误分析来预防和诊治学生学习中的难点。汉语作为第二语言教学，不但要求将汉语规则解释清楚，而且要求将学习者母语的规则解释清楚，还要求将汉语和学习者母语的异同区分清楚。这样，才能了解学习者什么时候、可能出现什么错误，才能很好地解释错误原因，有的放矢地进行有效的教学。

二、语言教学观——怎么教与相关教学策略

语言教学，其性质是教学，因此受到普通教育学规律的制约。汉语作为第二语言教学的教师也需要了解教育学相关的知识和发展，教育学理论的发展对语言

教学有极大的促进作用。

　　教育是以教授知识为主，还是以培养能力为主，如何协调这两方面的因素，是教育学一直关注的问题，因而在汉语作为第二语言的教学目标中要明确地描述"知识、能力、文化和情意策略"四个方面的目标，掌握与评测相结合、可形成指标、可量化的行为目标描述法。建构主义的教学观强调以学习者为中心，教师为学生搭建脚手架，不断靠近学习者的最近发展区，让学生从借助外物和他人调节转变为最终具备自主学习和终身学习的能力。在语言教学过程中，注重体验学习、合作学习、探究式学习都成为教学中的重要原则。

　　统计学和测量学也是教学评价和测试研究中不可缺少的，"以评为学，以评促学"的多元过程化评价观念，让教师们在设计教学方案之初就将教学目标和教学评价相结合，开展以成果为导向的逆向设计。

　　在信息技术高速发展的今天，汉语教学的形式更加丰富，不少学习者会利用互联网、手机 APP 学习汉语，那么在网络实时或非实时的教学中，教师应该如何将技术与教学相结合，更好地促进教学也成为"怎么教"中技术层面的一个新的发展方向。电化教学和网络多媒体教育技术，是现代语言教学的必要工具。具备搜索并创造丰富的适合学习者使用的教学资源的能力，成为网络时代汉语作为第二语言教学的教师的基本素养。

　　美国教育学家舒尔曼（Shulman, 1986）首先提出了教学内容知识（pedagogical content knowledge，PCK），也就是将教学知识与学科知识结合起来，形成能真正指导教学的管理技能与课堂技巧。随着教育技术的发展，Koehler 和 Mishra（2005）在此基础上增加了与技术知识相关的元素，提出整合技术的教学内容知识框架（technological pedagogical and content knowledge，TPACK），突出了技术在教学中的作用。TPACK 包括内容知识（CK）、教学知识（PK）、技术知识（TK）、教学内容知识（PCK）、技术内容知识（TCK）、技术教学知识（TPK）、技术教学内容知识（TPACK）七方面的知识，是一个相互交织的整合体，见图 1-6。

　　作为语言教师，我们更应该了解语言教学的一些特殊性。如学生学习语言，并不只是为了了解语言知识，而是通过学习语言知识，掌握语言能力，用这种语言来"做事"，完成任务或工作。任务型教学法，强调"做中学""用中学"，而不是课堂上教师"教你学"；强调在大量的语言使用中掌握语言能力，将陈述性的"语言知识"转化为程序性的"语言能力"。

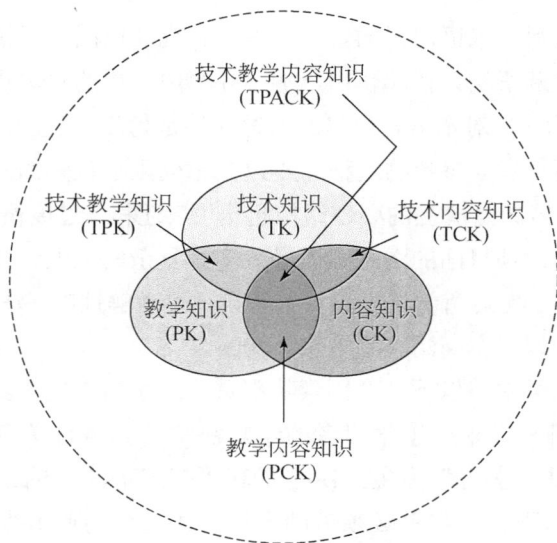

图 1-6　TPACK 结构

三、语言习得观——怎么学与相关教学策略

　　语言习得观，涉及一个人们思考已久的问题：语言是怎么被学会的？关于儿童语言发展和获得的理论主要有三个：先天论、后天论和相互作用论。先天论的代表人物是乔姆斯基，他认为儿童的语言能力是与生俱来的，每个人都有使用语言与他人沟通和交往的能力，婴儿的语言获得是通过语言习得的先天机制由普通语法向个别语法转化的过程。后天论又称为环境论，强调后天学习环境对语言发展的影响，一些主张后天论的研究者认为儿童语言通过模仿和强化获得，是一系列刺激反应的结果，因此认为环境是影响儿童语言发展的重要因素。相互作用论主要包括认知相互作用论和社会相互作用论，认为语言的发展是在儿童先天的语言能力与环境、认知、社会发展等方面的相互作用中产生的结果。在语言教学中多认为相互作用论是较有说服力的理论。

　　而经过长时间的研究，学界一般认为无论第二语言学习者的母语背景是什么，第二语言的习得顺序与过程与第一语言大体一致。教师的教学并不能改变第二语言学习者习得的顺序和过程，但是教学可加速或延缓其习得速度。母语与第二语言的习得顺序与过程受到以下这些因素的影响：输入频率、认知难度、语言的普遍性、语言的标记性、主体认知成熟度及语言知识背景等。

　　"母语和二语习得的主要区别是：母语习得时间长但较稳定，很少偏误。二语习得时间短但多变异，偏误率高，像漏用、泛化、混用偏误类型都常见。这似乎反映了整个母语习得和二语习得的普遍性差异。究其原因，母语习得更多的是潜在的语言结构（普遍语法）在起作用，加上环境中大量的对本语言项目正确、可理解性的（$i+1$）输入，对本语言项目的习得应该是稳步推进的（即所谓通过输入激活语言机制并逐步建立参数的过程）。不过儿童受限于认知的发展使习得时程较长。而二语习得更多的是潜在的心理结构起作用（迁移、过度概括等策略），难免语际间的干扰及语内项目间的混淆进而导致多种复杂的偏误。且许多项目在同时或较短时间内学习，但对所学语言项目的正确、可理解性的（$i+1$）输入量却远远低于母语习得，故偏误率高。"（丁雪欢，2006）

　　在第二语言教学中，以下三个因素特别重要：学习者的年龄、目的语语言环境、学习者的动机和需求。①学习者的年龄决定了其语言学习的方式是以"习得"为主，还是以"学习"为主，决定了其"普遍语法"的语言学习机制是否可及，在学习第二语言时是否必须借助母语。语言学习临界期前后的第二语言教学有很大的不同，在临界期以前的儿童第二语言教学，更多应借鉴"习得"式的教学，而在临界期之后的青少年乃至成人第二语言教学，学习者年龄越大，就越习惯于"学习"式的教学。但即使是在临界期之后，也应该合理地利用"学习"与"习得"两种不同的学习方式各自的优长。②是否有目的语语言环境影响学习速度和效果。语言环境对于语言学习的重要性不言而喻，狼孩的例子证明人的大脑虽然天生有学习语言的机制，但是在临界期前如果没有合适的语言环境与互动，语言能力将会消失。目的语环境也分为社会的大环境与学校或家庭的小环境。如在中国学习汉语，从社会的大环境来说，是使用汉语这个目的语的大环境，但是有些外国学生在中国国际学校里学习，在学校里说英语，在家里说自己的母语，那他们的小环境也是非目的语的。而在国外的一些华人，如在美国、加拿大学习汉语，从社会的大环境来说是非目的语环境，但是这些华人上的是沉浸式华语学校，在某些家庭里也还会说普通话或方言，他们的小环境是目的语的。目的语环境会大大提高语言输入的丰富性，如果缺乏目的语环境，语言输入的数量和频率会大大降低。③学习者的动机和需求。只有学习者有持久迫切学习的欲望，教师提供的学习内容和方式是学生感兴趣和需要的，才能让语言教学长时间保持好效果。

　　因此，好的汉语作为第二语言教学应该做到以下几点。

　　（1）了解学生学习汉语的自然发展顺序，使教学顺序尽量符合其自然发展顺序，加速学生习得而非起到逆向而行的反作用。

　　以汉语的趋向补语为例，按汉语本体的分类分为简单趋向补语和复合趋向补语，从带宾语的情况可分为带宾语和不带宾语的两种情况，从意义上看趋向补语有本义和引申义。不少教材会按简单趋向补语本义（不带宾语—带宾语，如"上去"—"上楼去"）—复合趋向补语本义（不带宾语—带宾语，如"拿出来"—"拿出一本书来"）—简单趋向补语引申义（不带宾语—带宾语，如"考上"—"考上大学"）—复合趋向补语引申义（不带宾语—带宾语，如"下起来了"—"下起雨来了"）这样的顺序来教学生，效果不理想。基于语料库的研究发现，表示引申意义的趋向补语，特别是单音节的趋向补语，其习得难度并不比"动词+趋向补语"带宾语的项目大。而带宾语的趋向补语，不管是本义还是引申义，错误率到中高级阶段都比较高。按照学习者的学习情况来看，不带宾语的简单趋向补语引申义（如"考上"）的学习，可以早于带宾语的简单趋向补语本义（如"上楼去"）的句式学习。

（2）尽可能地创设情境，为学生提供大量丰富的可理解性输入。

第二语言教师的教学语言与普通教师相比有许多不同。普通教师多用母语来传授知识，而第二语言教师所用的教学语言既是学习的内容本身也是学习的工具。教学语言到底应用"母语"还是"第二语言"是经常被讨论的问题。教师的教学语言要随着学生第二语言能力的提高进行动态调整，从开始的语速慢、词汇和语法简单，适当用母语或媒介语解释，到逐渐提高语速，提高词汇和语法难度，减少使用母语或媒介语。第二语言教师应该给学生提供大量丰富的可理解性输入（comprehensible input）。可理解性输入并不是简单地简化语言，扩展性输入要比简化输入有效得多。语言输入必须丰富，体现在以下几个方面（靳洪刚，2011）：①信息量及信息质量的丰富性：语言输入应提供大量系统的、不杂乱的、有规律地重复的信息，如重复核心功能、核心词汇及结构的材料。有经验的教师会自己创造多个情景，让学习者接触语言，利用不同的语言输入练习进行输入加强。②语言材料种类的丰富性：语言输入采用多种媒体呈现（multiple modality）。③语言技能种类的丰富性：设计活动要考虑综合使用语言技能，视听结合、听说结合或读写结合。④提问方式的丰富性：教师在课上与学生互动时，要使用丰富多样的提问，要将教学提问和信息提问相结合、浅层提问与深层提问相结合。

（3）注意成人与儿童第二语言教学的区别。

面向儿童的第二语言教学，除了语言本身的难度等级外，还需要注意儿童的多元智能与认知能力的发展。如有些面向幼儿园的汉语教材，在汉字认读和书写方面的要求过高，即使是母语儿童也难以掌握。有些小学的汉语教材，参照成人的教材很早就教时间（时、分、刻），未注意一年级的小学生在认识时间和时间的计算上都存在问题。

而面向成人的第二语言教学，既要有语法规则的讲解和语言结构的练习，也要有语言实际的运用。与本体研究型的理论语法不同，面向第二语言的语法教学应该是以交际为目的的，重描写、讲条件、重实用。要特别注意与学生的母语进行对比，对容易引起混淆的项目进行比较分析。郑懿德和陈亚川（1991）指出："如果把对本族学生讲语法比作引导学生看一座楼哪里是卧室哪里是客厅的话，那么对外国学生讲语法就好比是教他们用零件摆积木，用砖瓦盖房子。"

参 考 文 献

崔希亮，2015. 关于汉语国际教育的学科定位问题［J］. 世界汉语教学，29（3）：405-411.

丁雪欢，2006. 母语与二语习得顺序/过程的异同及其原因分析：基于英汉语中习得顺序/过程研究结果的考察［J］. 语言文字应用，（2）：81-88.

郭熙，2017. 论祖语与祖语传承［J］. 语言战略研究，（3）：10-19.

靳洪刚，2011. 现代语言教学的十大原则［J］. 世界汉语教学，25（1）：78-98.

李向农，贾益民，2011. 对外汉语与汉语国际教育：专业与学科之辨［J］. 湖北大学学报（哲学社会科学版），38（4）：21-25.

李晓琪，黄立，刘元满，等，2002. 英语、日语、汉语第二语言教学学科研究［M］. 北京：中国大百科全书出版社.

刘珣，2000. 对外汉语教育学引论［M］. 北京：北京语言文化大学出版社.

刘珣，2014. 汉语国际教育与对外汉语教学［J］. 国际汉语教学研究，（1）：3-4.

陆俭明，2005. 对外汉语教学与汉语本体研究的关系［J］. 语言文字运用，（1）：58-62.

吕必松，1987. 对外汉语教学探索［M］. 北京：华语教学出版社.

吕必松，1999. 对外汉语教学概论（讲义）［M］. 北京：国家教委对外汉语教师资格审查委员会办公室.

吕文华，1999. 对外汉语教学语法体系研究［M］. 北京：北京语言文化大学出版社.

宁继鸣，2018. 汉语国际教育："事业"与"学科"双重属性的反思［J］. 语言战略研究，3（6）：6-16.

亓华，2010. 试论设立"汉语国际教育与传播学"一级学科的必要与可能［J］. 语言教学与研究，（3）：1-8.

邵滨，刘帅奇，2020. 说说"国际中文教育"［N］. 语言文字报，2020-12-02（2）.

盛炎，1990. 语言教学原理［M］. 重庆：重庆出版社.

束定芳，庄智象，1996. 现代外语教学：理论、实践与方法[M]. 上海：上海外语教育出版社.

田惠刚，1994. 谈双语—多语现象［J］. 语言教学与研究，（1）：143-152.

王魁京，1998. 第二语言学习理论研究［M］. 北京：北京师范大学出版社.

王琦，2020. 国际汉语职前教师的 TPACK、技术态度、技术整合自我效能关系研究［J］. 西北师大学报（社会科学版），57（5）：127-135.

王文斌，李民，2018. 外语教育属于什么学科？——外语教育学构建的必要性及相关问题探析

［J］．外语教学，39（1）：44-50.

王治敏，2020. 推动国际中文教育成为一级学科或特色交叉学科为当务之急［EB/OL］．（2020-11-22）［2021-04-29］．http://zhaopin.jiaohanyu.com/news/20210429/898.html.

王治敏，胡水，2022. 交叉学科背景下国际中文教育学科发展的困境与出路［J］．华文教学与研究，（1）：86-95.

吴应辉，2010. 国际汉语教学学科建设及汉语国际传播研究探讨［J］．语言文字应用，（3）：35-42.

吴应辉，梁宇，2020. 交叉学科视域下国际中文教育学科理论体系与知识体系构建［J］．教育研究，41（12）：121-128.

吴勇毅，2014. 汉语国际教育学科研究什么［J］．国际汉语教学研究，（1）：4-5.

吴中伟，2004. 浅谈基于交际任务的教学法：兼论口语教学的新思路［C］//《第七届国际汉语教学讨论会论文选》编委会．第七届国际汉语教学讨论会论文选．北京：北京大学出版社．

夏纪梅，1999. 外语教学的学科属性探究："语言教育学"论引发的思考［J］．语言教学与研究，（4）：4-14.

辛广勤，2006. 大学英语是不是一门学科？——大学英语学科属性的宏观思考及其他［J］．外语界，（4）：13-20.

张博，2021. 建议推动国际中文教育成为一级学科或特色交叉学科［EB/OL］．（2021-03-04）［2021-04-29］．http://zhaopin.jiaohanyu.com/news/20210429/899.html.

张玉华，1998. 语言教育学漫谈［J］．解放军外国语学院学报，（5）：10-15.

赵金铭，2001. 对外汉语研究的基本框架［J］．世界汉语教学，（3）：3-11.

赵金铭，2004. 对外汉语教学概论［M］．北京：商务印书馆．

赵金铭，2008. 汉语作为第二语言教学：理念与模式［J］．世界汉语教学，（1）：93-107.

郑懿德，陈亚川，1991. 注重语义讲求实用的语法新著：《实用汉语参考语法》读后[J]. 中国语文，（4）：不详．

周健，2011a. 对外汉语教学的宏观视角［C］//国家开放大学．第一届国际汉语教师培养论坛论文集．北京：国家开放大学．

周健，2011b. 试论汉语教学的大局观［J］．华文教学与研究，（3）：31-36.

周健，2012. 培养汉语教师的宏观意识与教学策略［C］//世界汉语教学学会．第十一届国际汉语教学研讨会论文集．西安：国家汉办：302-306.

周思源，1998. 对外汉语教学与文化［M］．北京：北京语言文化大学出版社．

周小兵，1996. 第二语言教学论［M］．石家庄：河北教育出版社．

周小兵，2009. 对外汉语教学导论［M］．北京：商务印书馆．

周小兵，2017. 对外汉语教学入门［M］．3 版．广州：中山大学出版社．

周小兵，李海鸥，2009. 对外汉语教学入门[M]. 广州：中山大学出版社．

周小兵，朱其智，邓小宁，等，2007. 外国人学汉语语法偏误研究［M］．北京：北京语言大学出版社．

Koehler M J，Mishra P，2005. Teachers learning technology by design［J］. Journal of Computing in Teacher Education，21（3）：94-102.

Naiman N，Fröhlich M，Stern H H，et al.，1996. The good language learner［M］. Clevedon：Multilingual Matters.

Oxford R L，1985. A new taxonomy of second language learning strategies［M］. Washington D.C.：CAL/ERIC Clearinghouse on Languages and Linguistics.

Shulman L S，1986. Those who understand：a conception of teacher knowledge［J］. American Educator，10（1）：9-15，43-44.

Spolsky B，1978. Educational linguistics：an introduction［M］. Rowley，Massachusetts：Newbury House Publishers.

第二章　第二语言教学的方法时代和后方法时代

第一节　第二语言教学原理、教学流派、教学方法

语言教学法是语言学习和语言教学的科学，研究对象是语言教学的全过程和这个过程中的各个环节。不论是在汉语还是英语中都有多种不同的名称和定义与语言教学法有关，如汉语中有"教学理论""教学流派""教学法""教学方法""教学模式""教学方式""教学技巧"等多种不同的说法，在英语中有"pedagogy""methodology""approach""method""technique""skill"等多个术语。

语言教学原理（pedagogy；methodology）：语言教学原理实际上是语言规律、语言学规律和语言教学规律的总和，也就是教学原理、教学原则，并不是具体的教学方法和技巧。原理性的教学方法是教学理念在教学实践中方法化的结果，不具有固定的程序和步骤，其程序和步骤是高度抽象化和概括化的，不一定具有很强的操作性。这一层次的教学法具有抽象性、广泛适用性、程序的非特定性和原理指导性。教学理论，有其特定的语言观、习得观和教学观：语言观是教学理论存在的基础，每种教学理论对语言本质的看法不尽相同；习得观是教师对学习活动的本质认识，受语言观制约；教学观是教师对教学活动的本质认识，一般与语言观和习得观对应。宏观上看，外语教学理论主要分为"以语言为中心的教学理论"、"以学生为中心的教学理论"和"以学习为中心的教学理论"三种（王文斌和李民，2016）。

语言教学流派（approach）：如认知派、功能派、人本派、经验派等。流派是教授语言时所遵循的一系列原则、原理、假设等；是开展教学活动的理论基础；受对学习本质认识的影响。可见，教学流派是指拥有相同教学假设、原则、理念等的一种教学价值取向，根据教学理论生成，统领教学方法，起到衔接教学理论和教学方法的作用。换言之，教学流派更多的是一种教学理念或教学假设。不仅能起到细化教学理论，使其更具操作性的作用，还能为教学方法的选择提供一些具体、可控的教学思想和理念。但教学流派通常不涉及具体的教学步骤、程序、材料、活动等。某一教学理论包含若干教学流派，某一教学流派往往由一个或数个教学方法构成（吕乐和戴炜华，2007）。

　　语言教学方法（method）：是指在一定理论指导下，在教学实践中形成的教学法体系，如听说法、交际法、任务教学法等。其内容有理论基础、教学目标、教学原则、教学内容、教学过程、教学方法与技巧以及教学手段等。这个层次的教学方法具有技术性特点，上接受原理性教学方法的指导，下与具体教学内容相结合构成操作性教学方法，发挥着中介作用，因此被称为技术性教学方法。

　　语言教学技巧（technique；skill）：百花齐放，百家争鸣，每位教师都可能有一些自己独特的教学技巧和微技能。这个层次的教学方法也称操作性教学方法，它与具体的教学内容相结合，有基本固定的教学程序和方式，教师一旦掌握就可立刻操作应用。如游戏法、集中识字法、句型替换法等。这一层次的教学方法具有四大特点：具体性、与特定内容的不可分割性、程序的固定性和可操作性，其根本特点是可操作性。

　　语言教学一百多年来产生了几十种流派，按语言教学特征，以下主要介绍四个流派：强调自觉掌握语言规则的认知派、强调习惯养成的经验派、强调情感体验的人本派和强调交际运用的功能派。我们要注意去挖掘这些教学流派背后的语言观、习得观和教学观。

第二节　第二语言教学的方法时代

　　第二语言教学的各种方法由来已久，从最早为了学习古代语言而兴起的语法翻译法，到第二次世界大战时期为了战争需要而兴起的听说法，每一种教学法，都体现了当时的社会对语言教学的目标和需求。在 20 世纪 80 年代以前，第二语言教学研究一直追求最为完善、科学的方法，因主张的不同，被分为了四大流派。认知派强调对语言规则的理解和掌握；经验派强调模仿和操练；人本派重视情感因素；功能派则重视培养交际能力。教学法不断发展演变的背后是学者们对"语言是什么""语言教学应该教什么""语言怎样被学会"认识的转变。每种语言流派的诞生都受到了语言学、心理学和教育学发展的深刻影响。

一、强调自觉掌握语言规则的认知派

　　认知派以语法翻译法、认知法为代表，还包括自觉对比法、自觉实践法[①]等。

---

① 也有学者认为自觉实践法介于认知派与经验派之间。

1. 语法翻译法

语法翻译法（grammer-translation method）源于拉丁语教学法，盛行于 15—17 世纪的欧洲，当时称为语法模仿法，是翻译法的雏形。到了 18—19 世纪，西欧一些国家确定了翻译法的教学地位，因此法重视语法教学而被称为语法法或语法翻译法，因继承了拉丁语的传统又称传统法或古典法，是以系统的语法知识教学为纲，依靠母语，通过翻译手段，主要培养第二语言读写能力的教学法。

语法翻译法的主要特点：①以理解目的语的书面语言、培养阅读能力和写作能力以及发展智力为主要目标，不重视口语和听力的教学。②以系统的语法知识为教学的主要内容，语法教学采用演绎法，对语法规则进行详细的分析，要求学生熟记并通过翻译练习加以巩固。③词汇的选择完全由课文内容所决定，用对译的生词表进行教学；句子是讲授和练习的基本单位。④用母语进行教学，翻译是主要的教学手段、练习手段和评测手段。⑤强调学习规范的书面语，注重原文，阅读文学名著。

语法翻译法的教学过程：一般从讲词法开始，然后讲句法，用演绎法讲授语法规则，并通过语法练习，主要是翻译练习，让学生掌握语法规则，最后对课文进行逐句的讲解并要求学生记住。

语法翻译法也有其严重的不足之处。主要是忽视口语教学和语音教学，缺乏听说能力的训练；过分依赖母语和翻译手段；过分重视语法知识的教学，死记硬背语法规则，不注重语义；教学内容枯燥乏味或者过深过难（指经典文学作品）。而最根本的问题则是不利于语言交际能力的培养。语法翻译法本身也在不断发展变化。

2. 认知法

认知法（cognitive approach）产生于 20 世纪 60 年代中期的美国，作为听说法的对立面而产生。是一种主张在第二语言教学中发挥学习者的智力作用，通过有意识地学习语音、词汇、语法等语言知识，发现、理解、掌握语言规则，并能从听说读写方面全面地创造性运用语言的教学法。肯定强调语法学习和发展智力的语法翻译法，又称为现代语法翻译法。

产生背景：20 世纪 60 年代科学技术飞速发展，国际政治、经济、军事、科技各个领域竞争激烈，要求大量能够直接进行国际交流的高水平人才，以培养口语能力为主的听说法已不适应这种形势发展的需要，外语教学界要求用新的方法代替听说法的呼声越来越高；彼时，美国的心理学、教育学、语言学等基础理论学科也有了很大的发展。这就为创立新的外语教学法体系提供了坚实的基础。在这种背景下，认知法应运而生。认知法的语言学基础是乔姆斯基的转换生成理论，他提出一个"语言习得机制"假说来解释语言学习过程，区分了语言能力和语言行为；心理学基础是皮亚杰的发生认识论和布鲁纳的学科结构论、发现学习论等。

认知法有以下 8 个方面的主要特征：①以学生为中心，教师的作用是激发学生的学习动机和兴趣，指导学生从言语实践中发现规则，并为学生提供创造性地活用规则的机会和情景，从而使学生掌握规则。②注重发展学生的语言能力，使学生能够运用有限的语言规则创造性地理解和生成无限的句子。③注重理解，在理解语言知识和规则的基础上进行操练，反对机械性的死记硬背。④反对听说领先，认为语言的声音和文字在语言学习活动中相辅相成，主张一开始就进行听说读写的全面训练，听说读写齐头并进，全面发展。⑤正确对待学习者的错误，在学习过程中出现错误不可避免，对错误要进行分析，采取不同的处理方法。反对有错必纠，防止因纠错过多使学习者怕出错而影响到语言的运用甚至失去学习信心。⑥适当使用学习者的母语，特别是进行母语与目的语的对比，可以用母语解释一些比较抽象的语言现象，以利于目的语的学习，但反对滥用母语。⑦在学习过程中，充分发挥学习者智力的作用，强调通过观察、记忆、思维想象等活动，内化语言规则体系，获得正确运用语言的能力，反对刺激-反应式学习。⑧强调在理解、掌握语法规则的基础上，进行大量有意义的练习，提倡演绎法的教学原则。反对知识训练，也反对过多的知识讲解。

主要优点：强调以学生为中心，强调有意义的学习和有意义的训练，注重理解。缺点：认知法作为一个独立的外语教学法体系还不够完善，在理论和实践方面都需要进一步充实。从理论上说，认知法的一些理论基础还处在形成和发展阶段，如转换生成语法体系怎样运用到教学实践中去等问题还需要进一步探索。从实践上讲，缺乏与认知法原则相适应的配套教材。

3. 自觉对比法

自觉对比法是通过母语与目的语的翻译和结构对比，自觉掌握目的语的教学法。20 世纪 30—50 年代盛行于苏联。以苏联语言学、教育学、心理学等各门邻近学科的学说和研究成果为理论依据。在外语教学的实用任务和教育任务的关系问题上，一开始就把后者置于首位。它与语法翻译法之间有继承和发展的关系，同多于异；而与直接法的教学主张，在许多重大问题上完全对立。其教学原则有：依靠母语原则；在理论指导下实践原则；在理解基础上模仿原则；在分析基础上综合原则；以书面文字符号为基础原则。苏联 30 多年的教学实践经验表明，用这种方法培养学生，学生的语言文学修养较好，但不能保证大多数学生较好地掌握外语。这种方法在 20 世纪 50 年代对中国的外语教学，尤其是俄语教学，有很大的影响。主要表现在贯彻依靠母语的教学原则上。

4. 自觉实践法

自觉实践法是 20 世纪 50 年代末苏联外语教学改革的产物。兼取直接法和语法翻译法之长、以前者为主的综合法。主张学习者在自觉掌握语言理论的基础上，通过大量言语实践达到直觉运用目的语的教学法。处理外语教学中实用任务与教育任务的关系问题时，突出前者，认为后者寓于前者之中，不宜单独另搞一套。试图克服自觉对比法不能保证大多数学生较好地实际掌握外语这一根本弱点，又注意保留和继承它的合理部分。主要以苏联 60—70 年代的心理学、语言学、教育学，特别是别利亚耶夫的外语教学心理学和列昂季耶夫的"言语活动论"为理论基础。其教学原则有：自觉性原则；实践性原则；交际性原则；情景性原则；直观性原则；综合教学与分方面教学相结合并以前者为主原则；考虑母语原则；考虑语体原则。由于此法有利于及时吸取国内外新成就，较少片面性和绝对化，苏联在外语教学中曾改用此法，在普遍提高学生掌握外语的实际水平方面，有明显效果。

二、强调习惯养成的经验派

经验派以直接法、听说法为代表，还包括阅读法、情景法、视听法等。

1. 直接法

19 世纪中叶西欧各国工业发展，贸易兴盛，经济往来频繁，欧洲各国之间交流的加强对口语能力提出了更高的要求。19 世纪末欧洲出现了外语教学的"改革运动（reform movement）"，人们开始注重口语，语法翻译法受到了挑战，从语法翻译法到直接法（direct method）是一次革命，因此直接法又称"改革法"或"自然法"。主要以口语教学为基础，按幼儿习得母语的自然过程，采用目的语直接与所教事物联系而不依赖母语和排除翻译的第二语言教学法。直接法的语言观认为语言是习惯，语言的运用是靠感觉和记忆而不是思维。直接法强调词语与客观事物直接联系而不通过母语的中介，运用联想使新旧语言材料建立联系，以加强学习和记忆。

直接法的主要特点是：①目的语与它所代表的事物直接联系，教学中排除母语，排除翻译，采用各种直观手段用目的语学习目的语（第一批词通过实物、图画或动作演示来讲授），课堂教学常用扮演角色或演戏的方式。②不是先学习语法规则，而是靠直接感知，以模仿、操练、记忆为主形成自动的习惯。③以口语教学为基础，先听说后读写。认为口语是第一性的，先学说话后学书面语是学习语言的自然途径。重视语音教学，强调语音、语调、语速的规范。④以句子为教学的基本单位，整句学、整句运用，而不是从单音或孤立的单词开始。⑤以当代通用语言为基本教材，学习生动的、活的语言，而不是文学名著中典雅但可能已过时的语言。从有限的常用语言材料开始对常用词、常用句式按其使用频率进行科学的筛选。

所谓直接法，实际上是指改革运动前后出现的一些体现以上特点，同时又各具特色的第二语言教学法的总称。其中最具代表性、影响最大的是贝力子口语教学法。贝力子口语教学法严格按照幼儿学语的方法，强调演示而避免翻译；强调动作等直观手段而避免解释；强调由学生问问题而避免教师的演讲；强调纠正学生的错误而避免模仿学生的错误；强调说完整的句子而避免只说单词；强调学生多说而避免教师说得太多；强调保持学生的适当进度而避免进度太快；强调教师的语速、音量正常自然而避免说得过快、过慢或过大声；强调课堂气氛放松而避免教师的急躁。所编写的教材紧密结合学生生活，内容生动有趣，体现了循序渐进的特点。所有这些都集中地体现了直接法的主要特点。

2. 听说法

听说法（audiolingual method）又称句型法、结构法或军队教学法，是一种强调通过反复的句型结构操练培养口语听说能力的教学法，产生于 20 世纪 40 年代的美国。第二次世界大战爆发后，美国军队为在短期内培养大批掌握外语口语能力的军人，采取一系列的措施和手段强化训练士兵的听说能力，听说法便应运而生。战后，该法被推广应用到学校外语教学中，并在 50—60 年代风行美国乃至西方各国。在第二语言教学史上，听说法是一种理论基础非常雄厚的教学法，它把语言学的结构主义理论和心理学的行为主义理论应用到外语教学中，使外语教学建立在当代科学研究成果的基础之上，具有划时代的意义。听说法以口语为中心，以培养听说能力为主，并强调句型的训练，创造了一套通过句型操练进行听说读写的基本训练方法。听说法限制使用母语但不排斥母语的作用，并强调通过母语和外语对比确立教学重点和难点。此外，听说法开始运用现代化视听手段进行教学。代表性教材《英语九百句》是一套按照听说法理论编写的比较有名的学习英语口语的教材，影响深远。汉语也有类似教材。

听说法的主要教学原则和特点：①听说领先。听说法把语言技能分为听说读写四个方面，但是注重前两项。先进行听说方面的训练，学员在这方面的能力达到一定水平后，再开始读写训练。②反复实践，养成习惯。听说法认为学习外语就是养成一套新的语言习惯，因此主张大量练习，反复操练，以模仿、重复、记忆的方式养成习惯。③以句型为中心进行操练。句型是教学的基础和中心，操练的方式多采用替换练习，反复操练，以达到自动化的目的。④排斥或限制使用母语，只允许教师极少量使用学生的母语进行教学。听说法主张直接用目的语理解和表达，如有困难，则利用直观手段、上下文语境、情景等帮助。⑤大量使用录音、语音实验室和视听设备。广泛利用各种现代化教学技术手段，如电影、电视、录音机、幻灯等，帮助培养学生的语言习惯。⑥注重语言结构的对比，如学生母语和目的语的结构对比、目的语结构内部的对比，找出学习的难点，确定学习的重点。⑦尽力防止学生出现错误，一旦出现要及时纠正，避免错误习惯的养成。正确回答则应立即予以肯定强化，以培养正确的语言习惯。

　　听说法五段式教学过程：①认知（recognition）：对所学句型耳听会意。主要采用与外语本身相同或不同的对比，使学生从对比中了解新句型或话语。②模仿（imitation）：跟读、齐读、抽读、纠错、改正，同时记忆。③重复（repetition）、检查：学生重复模仿材料，做各种记忆性练习；同时教师要进行检查。当确信学生已能正确理解、朗诵所学句型之后，才能进行下一段的变换活动。④变换（variation）：替换操练，应按替换、转换、扩展三步逐渐加大难度。同时要注意学生的理解情况。⑤选择（selection）：活用所学语言材料于交际实际或模拟情景之中，即综合运用。

　　听说法把语言结构分析的研究成果运用到外语教学中，使教材的编写和教学过程的安排具有科学的依据。这对提高外语教学的效果、加速外语教学的过程无疑是非常重要的贡献和进步。听说法的主要优点：以句型作为第二语言教学的中心，并建立了一套培养语言习惯的练习体系；充分利用对比分析的方法，找出教学的难点和重点；不完全摒弃，或者说不是绝对排斥学生母语在教学中的运用，克服了直接法的某些片面性；广泛利用各种现代化教学技术手段。

　　听说法的主要缺点：①轻视读写能力的培养。②以教师为中心，用刺激-反应模式训练学生，过分重视机械性训练，忽视语言规则的指导作用，忽视了学生的主观能动性和创造性。机械的操练可以使学生把句型、对话背得很熟，但不能在交际中活用。③偏重语言形式的训练，忽视内容和意义。过分强调机械性的句型操练，脱离语言内容和社会场景，忽视语言内容和意义，不利于培养学生运用语言恰当地交际的能力。有些学生能把句型背得滚瓜烂熟，但在交际场合不会运用，或用得不恰当。④机械性的语言操练比较单调，容易使学生感到枯燥乏味，造成课堂气氛沉闷。

3. 阅读法

阅读法（reading method）是一种强调通过直接阅读来培养阅读能力的教学法。1929 年科尔曼（Coleman）发表了一篇有关美国外语教学状况的报告，针对当时外语教学偏重口语、写作的观点，他指出在有限的时间内如果想轻松地熟悉一门外语，最好的办法就是阅读。阅读能够帮助学习者达到熟悉外语的"临界点"，进而成为后续口语和写作能力提升的支点。此后阅读法被广泛应用在美国外语教学中。

英国语言教育家韦斯特（West）将阅读法运用到英语语言教学中，他编写的《新法读本》建立在词频统计的基础上，1953 年他与帕尔默（Palmer）等人合作编写完成《英语通用词表》（*A General Service List of English Words*），开创了基于语料库词频列表的先河。韦斯特先后发表了《双语现象》《学习用外语阅读》，之后还正式出版了《2000 英语常用词表》。

阅读法教学使用的是分级阅读材料，分级的原则是词频，低级别阅读材料采用的基本都是高词频的词汇。生词要事先讲解或在文章中注释（和之前介绍过的直接法类似），阅读法认为母语翻译会干扰阅读的流畅性，所以注释也要采用目的语。鼓励学生在阅读过程中根据上下文或者插图去推断生词的意思，帮助理解阅读材料内容。阅读法的另一个重要特点就是学生使用的单词表也是按照词频重新排列的。语法项目应放在阅读后再进行归纳。在口语练习方面，阅读法认为把词汇的书面和口头形式关联起来有助于提高阅读的流利性，所以在默读前先进行朗读，把书面的单词转化为大脑能"听"到的声音信号。

阅读法首次提出了以培养阅读技能为主的单项语言技能训练方法，并从理论和实践方面对阅读教学进行了深入研究，所编写的控制词汇的阅读教材和常用词表在世界各国广为流传，为第二语言教学做出了重要贡献。严格控制使用母语和翻译、强调直接阅读目的语材料、语法教学采用归纳法等都直接体现了直接法的基本原则，且与语法翻译法相对立。韦斯特认为，阅读法的优势就是让学生在正式开口输出前，已经掌握了一些语言形式的基本概念和正确的语感。此外，分级阅读、建立口头和书面的关联、在上下文中习得语法，这些都被认为是阅读法教学的科学之处。从语言输入到输出的平缓过渡，可以有效降低外语学习的焦虑感。不足之处是过于侧重阅读且带有较浓的文学味。

4. 情景法

21 世纪 20 年代，英国语言学家帕尔默和霍恩比（Hornby）等人倡导并提出了情景法（situation language teaching），是以口语能力的培养为基础，强调用有意义的情景进行目的语基本结构操练的教学法。最初被称为"口语法",后才被改称为现在人们所提及的"情景法"。情景法的语言理论是结构主义理论,认为口语是语言的基础,结构是语言能力的核心;情景法的心理学基础是行为主义的习惯形成理论,强调学生通过模仿形成正确的语言习惯。发音和语法的准确性被看作最重要的,不惜一切代价避免错误。语言学习被认为是一种习惯形成的过程。

情景法是在口语法的基础上发展而来,而且与同期在美国产生的听说法有着相同的语言理论基础,都重视口语训练,该语言理论强调语言知识与语言使用的情景之间的紧密联系,特别注重学习的过程,而不是学习的条件。这些过程包括接受知识或材料,通过重复记忆这些知识,在实践中使用这些知识,直到最后使其成为自我技能的一部分。建立在结构主义语言观和行为主义语言学习观基础上的情景法重视语音、语法和词汇等语言知识的学习和训练,尽力避免错误;习惯性地掌握基本的语言结构和句型对于掌握听说读写技能至关重要,而且读写技能的掌握首先取决于口语训练,它为其他语言技能训练打下基础。情景法的教学目标是掌握语言的四种基本技能,而这些技能的掌握都是通过结构来取得。

教学目标:与大多数教学法相似,情景法的目标仍是掌握听说读写这四种基本语言技巧能力。该教学法的特点就是强调要通过结构来掌握语言技巧;要求在发音和语法上尽可能达到精确,尽可能地避免错误。认为熟练地掌握语法结构和句式是提高阅读和写作能力的基础,而这一切又只能通过训练口语来实现。也就是说,只有在口语上熟练掌握了,才能有助于阅读和写作能力的提高。

情景法的主要特点:①教学目标是对听说读写四种语言技能的实际掌握,而语言技能又是通过掌握语言结构而获得的。②语言教学从口语开始,教材先用于口头训练后用于书面教学。③课堂用语是目的语。④新的语言点要在情景中介绍并操练。⑤运用词汇选择程序,以确保基本词汇的教学。⑥按先易后难的原则对语法项目进行分级排列。⑦在学生具备一定的词汇语法基础后,再进行阅读和写作教学。

情景法的教学过程一般是:教师多次示范新的词语或结构,让学生集体模仿;对学生进行个别语音操练;运用已知句型进行问答以引进新句型;通过问答、造句、用提示词等练习新句型;让学生自己纠正错误。情景法主要是依靠场景来学习,以加深学生们的理解和掌握。学习方式主要是教师进行指导,让学生在指导下进行不断的重复和替换练习,直至掌握为止。其主要过程就是由教师控制的练习到学生的自由练习,由最初的口语表达到口语、阅读和写作中的完全自由表达。情景法中,结构大纲和词表有着非常重要的作用。结构大纲中列出了根据教学顺序安排的英语的基本结构和句型,词表中列出了根据对讲解该结构的有利程度所选择的词汇。在此教学法中，教师要进行示范，协调指挥和监督，起主导作用，一切以教师为中心，由教师决定教学的进度。同时，此教学法对教材和视觉辅助物依赖性很强。

和语法翻译法相比，情景法在很多方面都有了进步，更能显示出其优势所在。它在重视语法的同时，更加突出了口语的重要性；侧重于让学生通过一定的场景来接受、理解和学习语言知识，主要通过目的语进行课堂教学。该教学法因其情景式的学习内容、练习形式和活跃的学习氛围而备受欢迎。在英语教学中，巧妙地设置情境，可以激发学生的兴趣，调动学生的积极性和主动性，活跃课堂气氛，丰富课堂教学内容，提高教学效果。但情景法也受到了乔姆斯基和部分英国的应用语言学家的批判，他们认为其所依托的理论基础并不能很好地解释语言的基本特征，也没有对语言的功能性和交际性潜能等方面给予更多的解释。另外，还存在着所设计的场景不够真实、操练的句式过于简单、更有利于初期学习者等多方面的实际问题。

5. 视听法

视听法（audio-visual method）又称整体结构法、圣克卢法，来源于直接法和听说法，它是在听说法的基础上，利用视听结合手段而形成的一种教学法，强调在一定情境中听觉感知（录音）与视觉（图片影视）感知相结合。

产生时间和背景：20 世纪 50 年代产生于法国。随着大众传播工具的迅速发展，广播、电影、幻灯、录像、录音等广泛运用于外语教学领域，即运用声、光、电等现代化设备，使语言与形象结合起来，建立起外语与客观事物的直接联系，视觉感受和听觉感受相结合。代表人物是法国的古热内姆（Gougenheim）和南斯拉夫的古贝里纳（Guberina）。其理论基础是结构主义语言学（语言学基础）和行为主义心理学、格式塔心理学（心理学基础）。

视听法有两层意思：一是采用电化教具视听手段；二是听懂和理解语言材料总是在完整的结构基础上进行的。视听法主张要把一个情景、上下文或图像跟一组词和意义经常地联系在一起，构成一个整体来让学生感知。

主要原则和特点：①口语是教学的基础，听说先于读写。②强调视觉感知和听觉感知相结合。③语言和情景密切结合。日常情景对话是教学的中心。④整体结构感知。情景和言语活动是一个整体，说出的句子也是具有语音、语调、节奏、词汇、句型的完整结构，要先通过整体的感知来逐步地学习操练。⑤充分利用各种现代化教学技术和直观手段，排除母语和文字的中介。

教学过程分为感知、理解、练习和活用四个步骤：①感知（学生观看幻灯片或电影）。②理解（教师讲解生词、语法等，帮助学生理解内容）。③练习（模仿、重复、记忆、问答等）。④活用（自由表达等）。要特别注意的是，所有的教学活动都是在视听条件下（有幻灯或电影、录音机等的支持），利用视听设备进行的。

主要优点：①最大贡献是广泛应用声、光、电的现代化教学技术设备，在教学中把语言和形象充分结合，对以后的语言电化教学影响很大。教学方法活泼，有利于调动学生学习积极性，也便于学生理解和记忆。②重视在情景中教学，强调感知语言整体结构，在语流中掌握语音、词汇、语法知识；教学材料贴近真实生活和实际的交际需要，也有利于培养学生的目的语能力，对后来的交际法有一定的影响。③系统地、循序渐进地安排词汇、语法项目，并充分予以操练。

主要缺点：①有人为地割断口语和书面语的倾向，过分强调口语领先，忽视读写能力的培养。②过分强调整体感知，忽视了对语言结构的分解和单项训练。③过分强调直观的作用。④重视语言形式的模仿，忽视意义解释，也导致学生的理解可能有误。

三、强调情感体验的人本派

人本派是 20 世纪 60—70 年代强调以学生为中心、重视师生融洽感情、着重从心理学和从学习角度探讨教学法的一大流派，包括团体语言学习法、默教法、全身反应法、暗示法、自然法等。受人本主义心理学的影响，更多地考虑人文方面的因素，特别强调以学生为中心，教为学服务，在教学中重视情感因素的作用，强调环境的暗示作用，轻松的学习氛围，建立和谐融洽的同学关系和师生关系，充分发挥学生的主动性，着重从心理学的角度，从如何为成功的学习创造必须的条件方面探讨教学法。

团体语言学习法（community language learning）：采用小组集体讨论方式，将学生与老师看作患者与医生的关系并将学习过程当成咨询过程的第二语言学习方法，也称咨询法，创立于 20 世纪 60 年代美国，以美国心理学家柯伦（Curran）为代表。理论基础是人本主义心理学和结构主义语言学。

默教法（silent way）：要求教师在课堂上尽量少说话，鼓励学生多说话，以有效提高交际能力的教学法，20 世纪 60 年代初美国教育家加特诺（Gattegno）首创。主要理论基础是布鲁纳的发现学习论，认为学习是解决问题式的创造，学生是主要活动者，并非被动听话者，要通过发现和创造而非记忆和重复以取得好效果。

全身反应法（total physical response）：强调语言学习行为的协调，通过身体动作教授语言的教学法。创立于 20 世纪 60 年代美国，盛行于 70 年代，创始人是美国实验心理学家阿舍（Asher），主要用于移民儿童英语教育。理论基础是儿童习得母语理论。

暗示法（suggestopedia）：强调通过暗示，开发身心潜力，激发学习动机并创造最佳学习条件，有意识和无意识活动相结合，让学习者在放松而又注意力集中的心理状态下进行有效学习的教学法。由保加利亚精神病医学家、心理学家和教育家洛扎诺夫创立于 20 世纪 60 年代中期。理论基础是现代心理学和生理学。

自然法（natural approach）：根据自然环境中母语和第二语言习得研究，提出在非自然环境（课堂教学）中扩大语料输入、先集中培养理解能力再强调通过习得掌握第二语言的教学法。首创者为 20 世纪 70 年代的语言学家特雷尔和克拉申。

四、强调交际运用的功能派

功能派是 20 世纪 70 年代至今影响最大的重视培养交际能力的流派，以交际法、任务型教学法为代表。

1. 交际法

交际法（communicative approach）也叫功能法（functional approach）或意念法（notional approach），是以语言功能和意念项目为纲、培养在特定语境中运用语言交际能力的教学法。交际法产生于20世纪70年代的西欧，在社会语言学家海姆斯（Hymes）的"交际能力""语用学"和韩礼德的功能语言学的基础上形成，代表人物是英国语言学家威尔金斯（Wilkins）、亚历山大（Alexander）、威多森（Widdouson）和荷兰的范艾克（VanEK）等，著名教材为《跟我学》，是全球影响较大的外语教学法。交际法认为，语言教学的目的是培养学生使用目的语进行交际的能力，语言教学的内容不仅要包括语言结构，还要包括表达各种意念和功能的常用语句。交际法重视培养学生的语言能力，采用真实、地道的语言材料，主张通过句型加情景来学习语言，鼓励学生多多接触和使用外语。"交际能力"这一概念是由海姆斯针对乔姆斯基的"语言能力"提出的。他认为，一个人的语言能力不仅包括乔姆斯基提出的造出合乎语法的句子的语言能力，而且还包括恰当地使用语言的能力。由此他首次提出了包含"语言能力"和"语言运用"两个方面的交际能力。

交际法的理论基础是社会语言学、功能语言学、人本主义心理学和心理语言学。交际法确立了外语教学的功能项目，如询问、请求、邀请、介绍、同意或拒绝、感谢或道歉、希望和害怕等。交际法以心理学、心理语言学为指导，确立或者说借用了"意念"这个概念。人类的思维具有共同性和普遍性，使用不同语言的各个民族有着共同的意念范畴。因此交际法还制定了意念大纲，如表示时间、空间、存在等意念范畴。交际法还从学生的需要出发，选择语言情境，在情境中操练外语，并且注意语言与情境、角色、场合、话题之间的配合。另外，与行为主义心理学认为语言教学是不断进行正确的刺激-反应训练、有错必纠的观点相反，功能派认为学生在使用语言进行交际的过程中犯错误是正常现象，学习外语的过程是一个从常常出现错误的不完善阶段逐渐到不出现错误，达到完善阶段的过程。不完善的中介语不必纠正，注意力应放在学生是否达到交际的目的上。

交际法自从 20 世纪 70 年代问世以来，已有五十多年的历史了。培养学生外语交际能力早已成为世界各国外语教学的目标。交际法在很大程度上以通用外语教学为主，即教学内容以日常使用的语言为主，培养人们在日常生活中运用外语达到交际目的的能力。在交际化的教学过程中，学生不单是操练活动的主动者，还是构成影响所操练的话语功能的社会因素之一。因为在那个交际环境里，学生主观的意念、态度、情感、文化修养等都会影响语言形式的选择和语言功能的发挥。所以教学过程的组织应以学生为主。教师的责任是给学生提供交际情景、场合，帮助学生创造性地、自由地表达、交流自己的意念、思想。既然如此，就必须放松控制，对学生言语的正确性要求也要放低，只要思想交流不发生误解就可以了。但必须保持一定的速度。因为结结巴巴和不当的停顿，都会影响交际的进行，所以课堂前的准备工作很重要。其优点是：①重视学生的实际需要；②重视交际能力的培养，有利于学生在一定的社会环境中恰当地使用目的语进行交际。其缺点是无法确定和统计功能、意念性。

2. 任务型教学法

任务型教学法（task-based approach，TBA）是 20 世纪 80 年代在第二语言习得研究的基础上建立起来的一种新的语言教学模式，是交际法的最新发展。任务型教学法认为，以功能为基础的教学活动中有许多活动并不是来自真实生活，因此最多只能称其为"准交际（quasi-communication）"活动，要培养学生在真实生活中参与和完成真实的生活任务（real-life tasks）（Nunan，1989）。任务型教学法的特点是：①强调将真实的语言材料引入学习环境中，将课内的语言学习同课外的社会语言活动结合起来。②意义优先，在"做中学"，接近自然的习得方式。③以完成任务为评估标准，重结果不重形式，即重视学生如何沟通信息，而不强调用何种语言形式。

我国对任务型教学法的引进和研究始于 20 世纪末，最先应用在英语教学中。

在对外汉语教学界，最先研究该教学法的是马箭飞（2000，2002），他在《以"交际任务"为基础的汉语短期教学新模式》和《任务式大纲与汉语交际任务》两篇论文中针对教学实际提出了自己的设想。后该教学法被广泛应用于对外汉语口语教学、阅读教学、听力教学及写作教学中。国内较好地体现了任务型教学法理念的教材有"体验汉语"系列和马箭飞主编的"汉语口语速成"和"汉语听力速成"系列。吴中伟、郭鹏于 2009 年在北京大学出版社出版了《对外汉语任务型教学》。

任务型教学法应用于对外汉语教学的主要任务类型有信息差任务、观点差任务和推理差任务。此外，还有陈述性任务、拼图式任务、比较型任务、决定式任务、解决问题式任务等。

信息差任务（information-gap tasks）：学习者用目的语进行信息交流时，各方只拥有信息的一部分，需要通过双向交际来获得完整的信息，才能完成语言使用任务。例如，在示范课中老师将一幅中国地图挂在黑板上，上课时展示手中图片，布置的任务是让学生在地图上找寻与图片对应的信息，并把图片贴在相应的地图位置上。学生在问答时彼此交换信息，集体完成任务。

观点差任务（opinion-gap tasks）：学习者针对特定话题或情景，表达个人的感受、态度并了解他人的感受、态度，在不知道他人的感受、态度的情况下，必须进行意义协商（negotiation of meaning）才能相互了解。例如，示范课上老师给大家布置的任务是学生分组讨论去哪里旅行好，并说明原因，然后每组派出一人向全班说明其观点。

推理差任务（reasoning-gap tasks）：学习者利用已知的有限的信息进行推理。例如，老师可以引导学生根据地理位置、季节变化、个人喜好等进行推理，还可以让学生 A 根据学生 B 去旅行时交通工具的便捷程度，旅游的淡、旺季等可能带来的问题进行推理，完成语言交际任务。

陈述性任务（declarative tasks）：学生根据一组图片，通过意义协商，共同讲述一个故事。每组完成准备之后，必须上讲台表演，使每个学生都有练习的机会。

拼图式任务（jigsaw tasks）：给学生若干拆散的句段信息，可以是信件或表格，要求组成完整的篇章。或让每个学生讲一句，以循环的方式完成一个完整的故事，需要小组全体成员经过合作将故事拼接为一个整体。

比较型任务（comparing tasks）：让学生通过对类似事物的比较，分析其异同点、长处与短处等。比如在学校附近有几家特色小吃店，价格、服务、环境各有不同，让学生来交流讨论哪家店的性价比最高。

决定式任务（decision-making tasks）：在课堂上分别给学生几个可能有几种结果的问题，让他们通过协商讨论选择一种结果做出决定。

解决问题式任务（problem-solving tasks）：向学生说明社会生活中常常出现的问题，或由学生自己提出问题，通过意义协商获得解决问题的答案。比如可安排订房间、点菜、买票、打电话、问路等任务，或者设计让每组中两个口语好的学生担任心理学家的角色，做咨询孩子上学、医疗保险、办探亲访友签证等任务，其他组员主要提出问题、咨询或讨论找出问题的答案，等等。

任务的实施一般包括任务前、任务中、任务后三个环节。任务前阶段主要是介绍相关话题，给学生布置任务，这一过程中的准备包括语言方面的准备，也包括各种图式方面的准备，是构建整个教学过程的基础。任务中阶段是教学的核心环节，各小组之间通过协商合作计划任务、完成任务并展示任务。在此过程中，学生是交际中的主角，教师主要充当监督者和组织者。在任务后阶段，主要是评价学生在任务中的表现以及在此过程中出现的问题，加以总结和操练巩固，让学生真正掌握并运用语言。

第三节　后方法时代和文化现实主义

教学法和研究方向的出现，让外语教学取得了辉煌的成绩，人们关注到了方法的重要性，在外语教学的方法时代里，方法被看作"神话"，似乎按照方法执行，就能教好外语。但是，社会环境、教学环境、教学对象的不同告诉我们，没有一种方法可以放之四海皆准，也无法选出一种最佳的方法。外语教学是一个多学科支持、涉及诸多因素、错综复杂的动态系统工程。而教学法思想把教师假定成知识的接受者和理论的执行者，这一定位割断了理论和实践固有的内在联系，实践中教师往往处于被动接受的地位，不能发挥自身的能动性和自主性。

后方法时代是美国库玛教授在 1994 年提出来的，其著作《超越教学法：语言教学的宏观策略》（*Beyond method: macrostrategies for language teaching*）集其思想之大成。他认为的"后方法"即否定方法，在外语教学中只提出指导原则，而不规定具体方法，提出"后方法并不是试图寻找替代性方法，而是试图找到一个替代物去替代方法本身"（库玛，2013）。这些指导原则是在总结以往教学理论和实践中得出的，继承了以往的教学理论和实践（崔永华，2015）。"后方法"不同于任何一种传统意义上的教学法流派，它不是呆板固化的锦囊妙计式教学法，而是一种灵活、动态、开放的外语教学思想。它反对以往把外语教学简单化的种种做法，强调充分考虑外语教学的各种复杂情况，强调语境对教学的重要性，尤其强调社会、政治、教育制度等因素对外语教学的重要影响。"后方法"提出了"学习者自主"和"教师赋权"等核心理念，鼓励教师将课堂教学实践理论化，将教学理论知识实践化。

一、后方法时代的三个参量

20 世纪后半叶，后现代主义怀疑任何一种方法的有效性和普适性，强调教学法的多元性、开放性、相对性和特殊性。在后现代主义思潮大背景下"后方法"被提了出来，其典型特征就是摒弃绝对价值和封闭的概念体系，倡导怀疑论的、开放的、相对主义的、去中心化的和价值多元的研究范式（成晓光，2006）。

库玛提出了三个参量来表明后方法时代外语教学的基本原则，包括语言教学的特定性、实践性和可能性。

特定性是指教师在课堂上所做的一切必须与教学环境相关。不管教的是什么内容，都必须与教学和学习发生的环境相关联，这就是特定性的真实含义。在特定社会文化环境中，特定的教师在特定的教育机构里教一组追求特定目标的特定学生。它反对面对不同的教学环境和教学对象使用相同的教学法。

实践性鼓励教师从实践中创造理论，在实践中实施理论，然后还要看在具体教学环境中哪些行得通，哪些行不通，并结合实践加以修正。它要求教师做一个思考型教师，对自己的课堂保持敏感，而不是听专家的话，将学到的理论一成不变地应用到自己的课堂中。

可能性指外语教学要对现实的社会政治保持敏感，重视对学习者身份形成有重要作用的社会文化现实，满足学习者的语言和社会双重需求，完成教学任务只是教师应该做的一部分，而不是全部，教师还有很多社会责任，在教会学生语言的同时更应教会他们成为一个对社会有用、明事理、有责任心的人。

二、后方法时代的十大宏观策略

在这三个参量之下，库玛进一步提出了后方法时代外语教学的十大宏观策略（图 2-1），分别为最大化学习机会、最小化感知失配、促进协商互动、提升学习者自主性、培养语言意识、激活直觉启发、语境化语言输入、整合语言技能、确保社会关联、增进文化意识。语言教育不再仅限于语言知识的掌握，而是着眼于语言整体，关注语言的意义，注重实践、学生的自主学习、合作学习等。在这十大宏观策略之下，要求教师和学生都得做出改变，最重要的是双方都要学会学习。

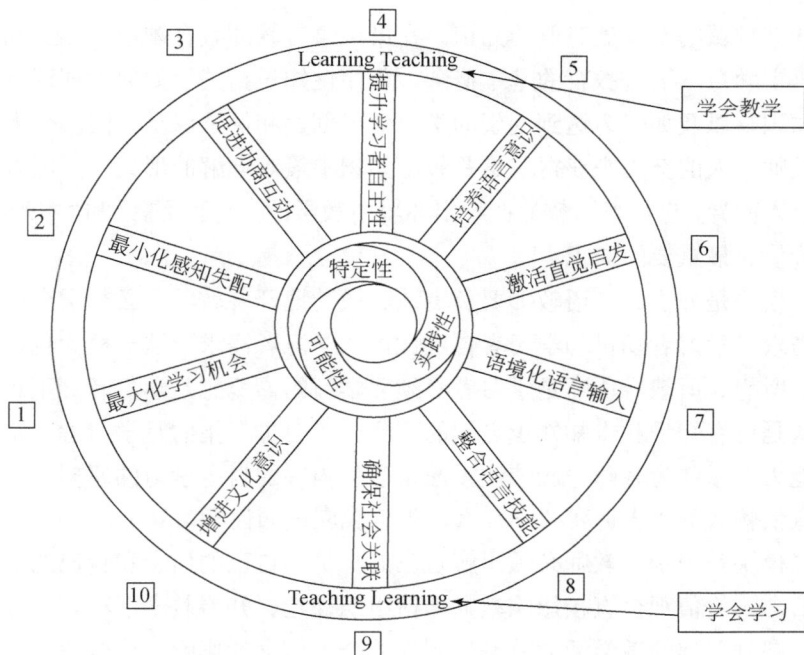

图 2-1　后方法时代的十大宏观策略

三、师生角色的变化

进入 21 世纪以后，人们的外语学习目标也发生了变化，说起外语教学的目标，绝大多数人的回答会是能够顺利地进行交流。后方法时代告诉我们，这种交流不是课堂虚假语料的训练，而是与课堂外社会有关的有意义的交流。

教师不再是传统的传道授业解惑的角色，学生也不是只能在课堂上被动接受知识，甚至教师教育者的角色也发生了变化。"后方法"外语教学理念下的理想学习者是自主的。教师也不再是知识的接受者和理论的执行者，而是教学研究者、实践者和理论构建者的统一。传统教师教育者的角色是把各种教学法灌输给未来的教师。在"后方法"外语教学框架下，教师教育者的主要作用是帮助未来的教师确立外语教学的理念和掌握外语教学的研究方法。

库玛提出了一个"KARDS"的模型，它有五个模块："了解（knowing）"、"分析（analyzing）"、"识别（recognizing）"、"操作（doing）"和"观察（seeing）"。这个模型意味着"教师应当知道一些知识，教师应当分析一些事情，教师应当察觉一些现象，教师应当采取一些行动，教师应当看出一些问题"。

第一模块是了解。教师应了解一些专业知识、程序性知识、个人知识。专业知识指从某领域的专家处获取的知识。在第二语言教师教育领域，专业知识涉及语言、语言学习、语言教育的基本概念。程序性知识指关于如何管理课堂学习和教学的知识，以及如何为达到期望的学习效果创建和保持课堂氛围。个人知识必须通过教师个人的努力来获得。这是教师知识中最难理解的形式，且因教学情境和教师个人而异，它代表了教师在特定环境中教学的"一手经验"和"本地经验"，是极具价值、最重要的知识。

第二模块是分析。二语教师要负责地、成功地开展教学，必须学会如何分析学习者需求、学习者动机和学习者自主性。"学习者需求"这一概念包括学习者的所需、所想、所缺。所需是学习者必须要学习的，所想是学习者真正想要学习的，所缺是已有知识和未知知识之间的距离。"自主"指的是学习者"掌控个人学习的能力"。作为教师，应该注重激发学生内在的自主学习的愿望，而不是让学生一直依赖教师"告诉我要学什么，告诉我应该如何学习"。

第三模块是识别。教师必须了解自己的身份、自己的信念和自己的价值观。教师的信念、价值观会直接影响教师如何组织课堂、开展教学活动。当你走进教室开始上课时，你的教学活动总是受到你的个人信念的影响。这些信念在你的个人决策、课堂判断和课堂行为中发挥着重要作用。约翰斯顿（Johnston）说："语言教学从根本上来说是道德教育，负载了价值。"教师价值观会在语言教学过程中潜移默化影响学生，所以教师价值观的塑造是非常重要的。

第四模块是操作。教师需要做的事情有三件：教学、理论化、对话。教学是一个创造学习机会的互动过程，不仅仅是教师创造机会，学生一样可以创造学习机会。在课堂操作中，教师应该是什么样的？教师角色可分为三类，第一类是被动技师。这类教师只是传递信息的通道，把自己学到的知识不加思考地全部传递给学生，不管它是不是有用、是不是适合。第二类是反思实践者。这类教师能够批判性地、创造性地对过去进行总结。他们能够根据自己的实践情况，不断地做出改变，去修正自己的教学。第三类是转型知识分子。这类教师善于向学生呈现问题，解决问题很重要，但提出问题，促使学生能够进行批判性的思考更重要，教师的教学要增强学生的自我意识。理论化即提炼理论，作为教师，必须不断学习，不断提高自己。个人知识的积累过程，也是提炼属于自己的实践理论的过程。教师需要知道如何从课堂教学实践中提炼理论，再将理论运用到课堂教学实践中去。教师还需学会"对话"，在课堂中，学生也会带着某些知识走进课堂，教师与学生都是这场对话的参与者，教师也可以从学生身上学到东西。教师与学生可以互相补充，学生知识得以增长，教师的知识体系也会得以完善。

最后一个模块是观察。教师要学会观察监控自己的教学，对课堂中发生的事情保持敏感。观察角度也不是单一的，不仅仅要通过教师自己的视角进行自我观察、自我分析、自我评估，还要通过学习者视角和观察者视角加以补充。学习者视角就是学生视角。学生是课堂最直接的感受者，他们对课堂的评价、反馈，对一个教师去改进自己的课堂非常有帮助。观察者视角就是让你的同事来帮忙进行课堂观察，站在旁观者的角度往往更加客观，观察者视角能够提供有价值的见解，促进关于实践的个人理论的构建。在后方法时代，学习者的角色也应该有所变化，而不再只是一味地接受知识，最重要的是要学会思考、学会自主学习。课堂上，教师的话并不是金科玉律，必须全盘接受。学生要学会提出问题，提出问题的过程就是思考的过程，有思考就能够形成自己的知识，这才是获得知识正确的方式。

　　"后方法"外语教学理念下的理想学习者是自主的。自主学习的能力是当今时代非常重要的学习方法。库玛曾提到"学术自主"和"解放自主"。作为学习者，取得成功很重要，为此需要掌握能够促进学习的优秀策略，能够自由地使用不同的学习策略，挖掘自己的学习潜能，这是学术自主。"解放自主"更强调超越教室。在成为一个成功的学习者的同时，更要追求成为一名合格的世界公民，而做到这个就需要培养知识和技能，才能在课堂以外成为一名合格的公民。解放自主有助于你在课堂外实现自己作为人的潜能。

四、文化全球化

　　语言教学与文化教学是无法截然分开的，语言教学必定伴随着文化教学。在文化全球化的背景下，本土文化和其他文化交流机会大大增加，任何文化都不可能是封闭的"文化孤岛"。其中存在着多种多样的文化教学观。库玛（2017）批判三种文化观：文化同化（cultural assimilation）、文化多元主义（cultural pluralism）和文化融合（cultural hybridity）。

　　文化同化主张二语学习者需要通过学习目标人群的经验、历史，获取他们的记忆、情感和态度，最终在日常文化生活中，成为目标人群的一份子（图 2-2）。

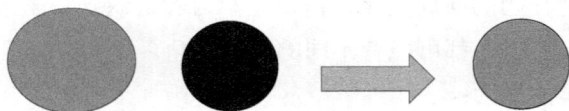

图 2-2　文化同化

　　文化多元主义是对文化同化的反拨，是本土文化的觉醒，但是从一个极端走向了另一个极端。它宣扬每种文化的独特性和合理性，以及彼此间的平等地位，但把文化看作静态的，且彼此间有清晰的边界。这样就忽视了群体间的文化交流及个人的文化成长（图 2-3）。

图 2-3　文化多元主义

文化融合试图将不同的文化捏合在一起，形成一个整体（图 2-4）。

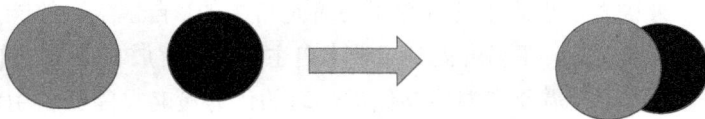

图 2-4　文化整合

　　全球化改变了这一切，无论是文化同化论还是文化多元主义论都不能完全解释全球化的影响。库玛提出了"文化现实主义"的概念来解释现在全球化背景下的文化环境。全球化背景下，因为贸易交流，会遇到不同文化的人，这是现代全球化社会的现实，这就需要人们具备跨文化意识，在全球化社会里，人们很想扩展自己的文化理解范围，很想了解其他文化是如何运作的，同时还要保存自己独有的文化。人们想在文化上保持开放，但又希望扎根于自己的文化沃土，这便是文化现实论。

　　在文化现实主义下，培养全球文化意识和文化理解是二语教师需要做的事情。二语教师，无论教授什么语言，都有一项重要的责任，要将第二语言看作跨文化交际的一个工具。这不仅仅是用第二语言来传播自己的文化信念，而应传播全球化层面下的文化信念，将语言当成交流的工具，帮助学习者树立多元文化视角。例如在教授打招呼的文化时，不仅仅是告诉学生有怎样的问候方式和文化，更应让他们去思考其他社团的问候文化，需要让学习者认识到，一个国家任何特定的文化活动、信仰和习俗，都可能有不同的文化视角。

　　全球文化教学的原则：

　　（1）将目的语语言社团转变为目的语文化社团：在二语课堂上，只谈论自己的文化是远远不够的，更应关注全球性的区域和当地的社团，特别是在非目的语环境中的教学，要与当地的社团所存在的文化结合起来。

　　（2）从语言表达到文化联合：通过联合，人们在日常生活中和其他文化社区正形成联系和联合，发展全球文化意识。

（3）从文化信息到文化转型：文化信息只为我们提供文化信仰碎片和文化社区实践的表面描述，大多数经常带来文化成见，甚至是一种错误的优越感。文化转型，是本土文化重新探索的过程。

（4）从被动接受到批判性反思：给予学习者关键性的判断，不轻易接受感兴趣的文章所展示的文化信息。在教学过程中，我们应该摒弃以教师传授文化知识为核心的教学模式，而应该把教师和学生看作文化对话的伙伴，促成彼此间的文化理解和文化成长。

（5）从感兴趣的文本到有信息量的文本：要更加关注那些真实的、可行的教材的设计。让学习者深入地且批判地参与到今天全球化世界的教材编写中来。很多教材中呈现的文化刻板印象显然已经不可取，这就需要教师做出改编，不能将这种刻板印象依然教授给学生。

（6）设计文化课堂活动：教师要注意选择那些学生真正感兴趣的内容，在课堂上进行讨论。教师可以和学生共同选择话题，允许学生表达自己的想法。互联网时代，相比起京剧脸谱，也许外国学生们更关心中国抖音文化、网购文化，在能够通过多种渠道快速便捷获取文化信息的时代，代表性和有趣性以及社区关联性似乎更应该成为设计文化课堂活动时需要关注的焦点。教师要做的是让学生了解这种文化，而不是试图去改变他们的想法。通过自己的教学，稍微减弱学生对目的语文化的刻板印象、偏见成见，让他们在语言及文化的学习过程中，能够主动地对目的语社区改观，这是二语教师能够为之努力的。

第四节　后方法时代关注内容的教学法

从 19 世纪 80 年代到 20 世纪 80 年代，第二语言教师和研究工作者一直致力于教学法的研究，从语法翻译法到认知法，从直接法到交际法，各种方法不断更替，在关注意义还是关注形式之间不断摇摆，但迄今也没有找到能针对所有语境的万能教学法。到 20 世纪后期，第二语言教学法的发展进入一个分水岭，人们逐渐意识到并没有一种可以应用于所有教学中的最优教学法，人们不再寻求某种最佳教学模式，而是开始形成一种灵活、动态、开放的外语教学思想。外语教学进入了后方法时代。在语言教学中应坚持形式、意义和内容的平衡，兼顾形式和内容两个方面。

进入 20 世纪中后期，第二语言学习的主要群体由原来的成人，转变成了儿童，外语学习低龄化（开始学外语的年龄越来越小）和多元化（学习不止一门外语）成为趋势。而在成人的二语教学中，除了通用教学外，以商务外语、职业外语、专业外语为代表的专门用途外语教学也在飞速发展。这一时期出现了很多关注内容，让语言成为学科或内容学习工具的教学法。如"沉浸式教学法"、"基于内容教学法"和"课语整合式教学法"等多种教学方式都值得汉语作为第二语言教学借鉴。

一、沉浸式教学法

沉浸式教学法（immersion instruction）也称浸入式教学法，是 20 世纪 60 年代兴起于加拿大圣兰伯特的一种第二语言教学模式，是基于某种主题或某个学科进行外语教学的一种理念。沉浸式教学法指教学中使用目的语进行教学的全封闭语言教学模式，主要形式是用第二语言学习其他学科内容。它是既把目的语当作学习对象，又把目的语作为学习工具的一种教学法。

沉浸式教学法，属于一种全新的第二语言教学模式，最早出现在加拿大法语区。所谓第二语言教学模式，就是直接以第二语言作为教学语言的基本教学模式。因此，沉浸式教学法主张将学生"浸泡"在目的语语言环境中进行学习。沉浸式教学法有四种形式：早期浸入式教学、中期浸入式教学、晚期浸入式教学和双重浸入式教学。其中，早期浸入式，即自小学一年级起，儿童在校的一半时间用第一语言进行教学，另一半时间用第二语言进行教学；中期浸入式，在学生已基本掌握了第一语言的基础上的初中阶段进行，用第二语言讲授一部分学科课程；晚期浸入式，即在牢固掌握了第一语言或各学科的专业知识后，浸入第二语言的环境中学习第二语言，是全天候使用目的语进行教学的全封闭的语言教学模式。教师在教学活动中，运用沉浸式教学法，要将第二语言看作学习的内容和工具。简而言之，就是不但使用目的语教授目的语课程，而且用目的语教授其他课程。

实践证明，沉浸式教学法既是一种外语教学模式，更是一种行之有效的学科教学模式，在海外华校中大有用武之地。它具有以下特点：①以第二语言作为教学语言进行数学、自然、社会等学科知识的教学，学科知识的学习即第二语言的学习；②至少进行四到六年，从幼儿园开始，持续到小学毕业，才能达到较好的效果；③教学语言的内容和难度应该和其他教学模式相同。

沉浸式教学法对教师语言的要求：①教师话语尽量简练，多提示语、提问语、询问语和设问语，为学生顺利输出创造条件。②师生意义协商以理解核查型为主。③课堂上通常教师要充分利用图表、模型、实物等教学辅助材料。④教学指令形式应包含语言指令和非语言指令（动作指令/图片指令）。

　　沉浸式教学法在第二语言教学的应用时间较短，在实践方面所能参考的经验不足。美国是开展汉语沉浸式教学最多的国家，而其他国家的汉语沉浸式教学研究较少。所以，汉语教师应结合所在地区的政策、文化环境、学生（成人学生、儿童学生）等特点寻找合适的教学方向。同时也要加强教师之间的交流沟通，多开展同一国家不同地区的汉语教师之间的经验交流以加强沉浸式教学法的效果。沉浸式教学法不仅要求汉语教师有较强的专业素质，而且需要教师对其他的学科有所了解，可以运用简单易懂的汉语讲授其他的学科知识，这就对汉语教师的素质提出了较高的要求。另外，针对性教材缺乏。由于不同的国家、不同地区存在着不同的教育政策，目前国内的语文或华文教材在海外沉浸式教学法中使用难度过高，也不符合当地的需求。其他学科（如数学、自然等）的汉语教材更是稀少，汉语教师在教授其他学科时需要参考母语教材，然后再翻译成汉语，由于专业的限制，难免有不足之处。因此，应该加强对此类教材教辅的开发，组织有经验的汉语教师与本土学科教师合作编写教材。

二、基于内容教学法

　　基于内容教学法（content-based instruction，CBI），也被称为"内容型教学法""以学科内容为依托的语言教学"。基于内容教学法将语言教学组织围绕某门学科或某个主题的内容来开展，是基于内容进行语言教学的一种教学理念，它首先考虑的不是"怎么教（how to teach）"而是"教什么（what to teach）"，是将语言和内容相结合的一种有效外语教学途径。

　　20 世纪 60 年代，加拿大语言教学开展的沉浸式教学对基于内容教学法的形成有很大的影响。上文介绍的沉浸式教学法，即通过目的语对学习者进行诸如数学、地理和历史等学科的教学来获得外语运用能力。教师使用学习者感兴趣的材料来进行教学，当学习者学到的是某种知识，而不只是为语言而学习语言的时候，学习者的学习动机和兴趣就会最大程度得到激发，因此这种基于学科或主题内容的教学方法十分受欢迎。20 世纪 80 年代，加拿大将这一成功实验应用于大学第二语言或外语教学，并在美国、英国、澳大利亚等国家推广，使之演变成基于内容教学法。

　　基于内容教学法提出的只是一种教学思路（approach），而不是一个具体的方法（method）。它强调语言教学应该把特定内容与语言教学目标有机地、紧密地结合起来，围绕学生要获得的内容或信息来组织教学，而不是围绕语言学或其他形式的大纲来组织教学，最终达到既学习了特定内容又真正提高了语言能力的双重目的。

其理论基础分为三个方面，克拉申的语言输入假设理论是 CBI 最重要的理论支撑，还有交际语言教学理论（communicative language teaching）和合作学习理论。其主要模式有主题教学模式、辅助教学模式、保护式教学模式和沉浸式教学模式（图 2-5）。

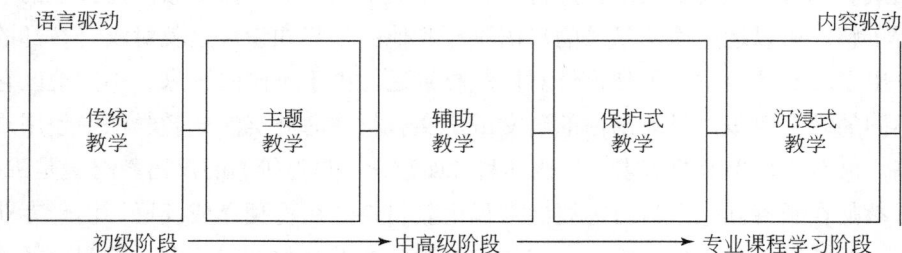

图 2-5　基于内容教学法的主要模式

（1）主题教学模式（theme-based instuction）。

主题教学模式更贴近现代生活，多用于初级阶段。操作简单易行，对学生语言水平要求较低。教学评估：语言知识测试加过程评价，如课堂讨论、主题作文等均为过程评价的手段。

（2）辅助教学模式（adjunct instruction）。

用于同时开设专业课和语言课的一种模式，多用于中高级阶段。语言课为专业课服务，要求学生借助语言知识掌握专业内容。授课由专业教师和外语教师共同承担，分别负责专业课和配套语言课的教学。语言教师需要熟悉专业内容，看有关专业书籍或随堂听专业教师的课，要根据授课内容做一些编写工作，专业课测试学科知识，语言课测试语言知识并加过程评价来进行。语言课程作为专业课程的辅助和补充。学生必须通过专业课程的考试，这使得他们学习辅助课程的学习动机更为明确。此模式更多地用于二语教学。

辅助教学模式还演变出了团队教学模式（team-teach approach），在团队教学模式中，教学工作由语言教师和学科内容教师共同承担，在课上，语言教师和学科内容教师作为一个团队同时指导学生，当学生提出问题时，二者都同时作为咨询者来帮助学生解决问题。

（3）保护式教学模式（sheltered subject matter instruction）。

保护式教学模式视语言为学习专业的工具。要求学生掌握学科知识而不是语言知识，意在通过可理解性的输入习得语言能力。教学材料选自目的语的各类专业课程，难度要符合学生语言水平及专业的接受能力。多用于有科研和学术要求的群体，如各类高等院校学生或预科学生。是由语言学习进入专业学习的过渡，这个阶段的课程主要目标是促进学生的学科知识学习而非语言学习。对专业教师的要求极高，同时对学生的语言水平也有较高的要求。

（4）沉浸式教学模式（immersion instruction）：与前文提到的沉浸式教学法基本一致，在此不再赘述。

三、课语整合式教学法

CLIL 是 content and language integrated learning 的首字母缩略，意为"内容与语言整合教学法"，又称课语整合式教学法。与传统的语言教学不同，课语整合式教学法是指将外语作为教学语言用于教授非语言类课程，如地理、生物、历史等课程，大体上把目的语看作学习非语言类内容的工具，而不是作为学习的直接对象。

自芬兰的大学教授戴维·马什（David Marsh）提出课语整合式教学法以来，欧盟将其整合为一种兼顾学科知识和外语学习的具有双重教学目的的教育模式。20 世纪 90 年代初，课语整合式教学法在欧盟奉行的多元语言政策的推动下在欧洲迅速兴起与发展。课语整合式教学法在发展的过程中整合了沉浸式教学法、双语教学法（bilingual instruction）、基于内容教学法和跨课程语言学习（language across the curriculum）等多种模式的经验，该教学模式在实践中逐渐成熟（米保富，2015）。与传统的教学模式不同，课语整合式教学法具有两个关注焦点，关注内容和语言的教学——用语言来学习内容，同时关注通过内容学习语言（蒋晓峰，2012）。如此通过不同语言思考可以加深学习者对学习内容的理解，并有助于学习者拓宽其语言视野。

其理论背景为交互语言观和在维果茨基的认知发展理论基础上发展起来的依存假说理论：①语言本质观的转变：交互语言观是在维果茨基的社会建构主义理论的基础上发展起来的，它成为第二语言教与学领域的核心概念。在交互语言观中，语言是实现人际交往和社会互动的工具，它强调的是交互（interaction）和动态（dynamics）两种性质，关注语步、"以言行事"以及意义协商机制。②语言与认知发展的同步性：在维果茨基的认知发展理论中，特别强调语言与认知发展的相关性。在他看来，语言具有调节思维和行动的功能。语言发展和认知发展是不可分割的，同时个体语言的发展深深地植根于它周围的社会和文化的环境之中。

鉴于儿童母语习得的过程，外语的学习应该是直接学习，类似习得，并在认知发展的同时发展语言能力。依存假说理论见图 2-6。

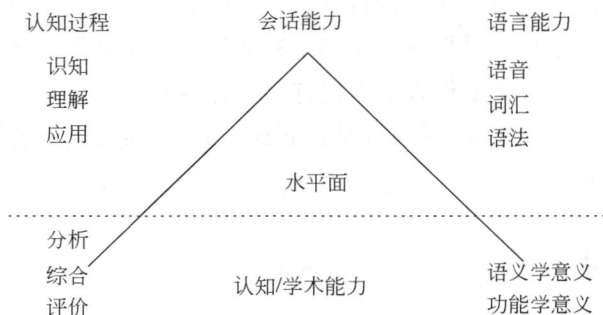

认知过程　　　　　会话能力　　　　　语言能力

识知　　　　　　　　　　　　　　　语音
理解　　　　　　　　　　　　　　　词汇
应用　　　　　　　　　　　　　　　语法

水平面

分析
综合　　　　　认知/学术能力　　　　语义学意义
评价　　　　　　　　　　　　　　　功能学意义

图 2-6　依存假说理论

基于对内容和整合学习基本原则的理解，科伊尔（Coyle）等学者提出了课语整合式教学法的课程框架——4C（图 2-7），即学科内容（content）、语言交际（communication）、思考认知（cognition）和协同学习（community）的有机统一。

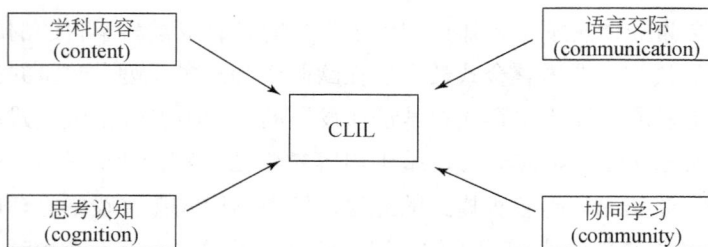

学科内容　　　　　　　　　　　　　语言交际
(content)　　　　　　　　　　　　(communication)

CLIL

思考认知　　　　　　　　　　　　　协同学习
(cognition)　　　　　　　　　　　(community)

图 2-7　课语整合式教学法的课程框架

课语整合的步骤：确定学科内容—选择文本材料—分析文本材料—确定双重目标—设计课堂活动—进行反思和个性化选择。

传统外语教材往往以增进学生的语言知识和提高学生的语言技能为主要目的，而课语整合式教材强调通过语言的实际运用来习得语言，同时掌握运用语言获取的学科知识，要在教材编写中贯彻此目标也会面临较大困难。课语整合式教材的编写对教材编写人员的知识结构和文化素养提出了极大挑战。

四、真实语料教学法

真实语料指在语言社区中为实现一些社会目的所产生的材料（Peacock，1997；

Berardo，2006；Little et al.，1973），即真实语料是母语使用者出于非教学目的而产生的语料。Thanajaro（2000）将真实语料定义为母语使用者自发产生的话语或对话的音频和视频记录。秦金红等（2017）指出，"对于医学类院校的学生来说，真实语料指的是取自于与医学相关的真实的英语语言交际交流场景的语言材料"。付承梅和张立杰（2013）认为真实语料不是为母语非英语的学习者作为语言学习而产生的。黄莲莲（2011）采用了 Harmer 和 Nunan 的定义，即"真实性材料是为操本族语者创作的，是真实环境下真正用来交际的材料，而不是专为语言教学而作的简化了的材料"。

真实语料教学的优点是激发学生的学习兴趣，训练学生的表达能力，提高学生的口语水平，满足学生学习与生活相关的第二语言的需求，提高了他们自身的交际能力。但是需要注意的是首先得明确教学目标，是否需要使用真实语料来学习某个具体的内容，是否能找到适合学生水平的真实语料。选择真实语料时，需要贴近学生的日常生活，选择"$i+1$"难度的真实语料。同时，将真实语料与课本内容结合起来，可以达到更佳的学习效果。

案例 1：真实语料在对外汉语口语教学中的运用（天气预报）

（1）语料选择：实时天气预报。

（2）教学环节：

①对话导入：以聊天的方式开启话题，聊聊今天的天气，比如"天气不错"等，导入今天的话题"天气预报"。

②学习生词：晴、阴天、多云、小雨、大雪、转、温度、度、白天、夜晚、风向~级。

③展示与示范：展示真实语料，在多媒体课件上出示天气预报的图片，以天气播报员的口吻告诉学生今天的天气预报的内容：

"观众朋友们，大家好，我是……欢迎收看今天的天气预报……今天的天气预报到此结束，谢谢大家的收看，再见。"

④表达准备：学生扮演天气播报员，根据未来几天的天气预报，向同学们播报明后几天的天气。学生先在座位上准备，教师巡视并给予指导和帮助。

⑤展示与总结：学生轮流上台展示，老师点评学生的表演。

案例 2：真实语料在对外汉语口语教学中的运用（坐地铁）

（1）语料选择：广州地铁线路图。

（2）教学环节：

①对话导入：问学生是否经常坐地铁出行。

②展示真实语料：将地铁图发给学生，和学生一起找到学校附近的地铁站。

③学习生词：~号线~站换乘。

④表达准备：出示广州有名的景点所在的地铁站，每个人自己决定出发的地点并选择一个想去的景点，告诉其他同学自己乘坐地铁的路线。学生先在座位上准备，教师巡视并给予指导和帮助。

⑤展示与总结：学生轮流上台展示，学生展示时，其他人用笔圈出这位同学出发和到达的地铁站，举手回答该同学从哪里出发，到哪里游玩；老师点评并总结。

第五节　欧洲、美国的外语学习标准和中国国际中文教育标准

一、欧洲语言教学与评估框架性共同标准

《欧洲语言共同参考框架：学习、教学、评估》（后文简称《欧框》）是欧洲理事会文化合作教育委员会制定的关于语言学习、语言教学及语言能力评估的指导方针及行动纲领。为了响应欧洲语言多元主义的政策，使欧洲地区统一规范语言教学和学习实践的工具，"框架"研究项目于 1991 年正式开始，欧洲理事会综合各方之力，经过多年研究，于 2008 年 12 月正式出版《欧框》。它以提高多元语言能力为外语教学及学习的目标；强调培养学生的跨文化知识、意识及技巧；科学评估，以"交际能力"为评估目的和形式，并首次制定出交际策略的分析评估表格；提倡终身学习来实现"多元语言能力"的目标；将"以行动为导向"作为理论基础，功能主义及任务教学法贯穿"框架"始终。

贯穿整个"框架"的是"以行动为导向"的外语教学理念，将"任务型"教学法放在中心位置。倡导发展语言学习者的多元语言、多元文化能力，以及倡导学习者不同程度地掌握几种语言，并具备多种文化阅历的素质。与传统观念不同的是，这一观念强调个人的语言能力及各种文化的素养并不是分离的语言交际能力的综合，而是一种语言使用者能调动的复合式，乃至综合性的能力。"框架"强调"语言学习只是学习的一部分"。语言说到底只是一种工具和媒介，人们学习语言并不是为了学习语言本身，而是以语言为媒介或者手段去了解另一种文化，或者掌握其他的技能。学习者在学习语言的过程中提高的能力并非只有语言能力，其他方面的素质和知识也必然会影响学习者的语言能力。《欧框》的意义在于加强欧盟各成员国的外语教学，以便于更广泛的人员流动和更有效的国际交流，尊重

各自的民族特性及文化的多样性，促进人际交往和互相理解，更好地互通信息，改善工作条件（陈曦，2018）。

在语言能力等级划分方面，《欧框》将语言等级划分为三级六等（表 2-1）。

表 2-1　《欧框》中的语言等级

等级	内容
C2-精通级	能轻松理解几乎所有读和听的内容。能连贯地概述各类口、笔信息，不漏内容及其论据。表达自如、精确、流畅。能把握复杂主题中细微的含义差别。
C1-高级	能理解广泛领域的高难度长篇文章，并能抓住隐含之意。表达自如、流畅，几乎无需费心遣词造句。在其社会、职业或学术生活中，能有效、灵活应用语言，对复杂主题表述清楚，结构合理，表现出对篇章的组织、衔接和逻辑用词方面的驾驭能力。
B2-中高级	能理解一篇复杂文章中的具体或抽象主题及基本内容，包括学习者专业领域的技术性讨论课题。能比较自如流利地跟讲本族语的人进行交际，双方都不感到紧张。能清楚、详细地谈论广泛领域的话题，能就时事发表自己的观点，并对各种可能性陈述其利弊。
B1-中级	对工作中、学校里和休闲时遇到的熟悉事物，能理别人用清楚和标准的语言讲话的要点。在目的语国家和地区旅游时，能用所学语言应对遇到的大部分情况。能叙述一起事件、一次经历或者一个梦。能介绍自己的期待和目的，并能对对话和想法做简单的解释和说明。
A2-初级	能理解最切身相关领域的单独句子和常用词语，如简单的个人与家庭信息、购物、四周环境、工作等。能就自己熟悉或惯常的生活话题完成简单而直接的交流。能用简单的词语讲述自己的教育经历、周边环境以及切身的需求。
A1-入门级	能理解并使用熟悉的日常表达和一些非常简单的句子，满足具体的需求。会自我介绍和介绍他人，并能向他人提问，例如：住在哪里、认识什么人、有些什么东西等，也能就同样的问题作答。在对话人语速慢、口齿清楚并且愿意合作的情况下，能与之进行简单的交谈。

资料来源：（欧洲理事会文化合作教育委员会，2008）。

《欧框》的诞生对全世界的外语教学都产生了深远的影响。其不仅适用于欧洲的语言教学，日语测试、韩语测试、新汉语水平考试（HSK）和台湾地区的华语文能力测验也都参考《欧框》制定了自己的语言能力等级标准（张新生和李明芳，2019），并将之与《欧框》的等级进行对比。

二、美国 5C 外语学习标准

美国外语教学委员会（American Council on the Teaching of Foreign Languages）于 1996 年提出《21 世纪外语学习标准》，此标准于 1999 年和 2006 年两次修订。《21 世纪外语学习标准》将语言交际模式分为人际交流（interpersonal）、说明表述（presentational）和理解诠释（interpretive）三种模式，并提出了 21 世纪语言学习需达到的 5C 标准（文化 cultures、联系 connections、比较 comparisons、社区 communities 和沟通 communication）。5C 标准（图 2-8）对美国的外语教学（包括美国的汉语教学）产生了巨大影响（张新生和李明芳，2019）。

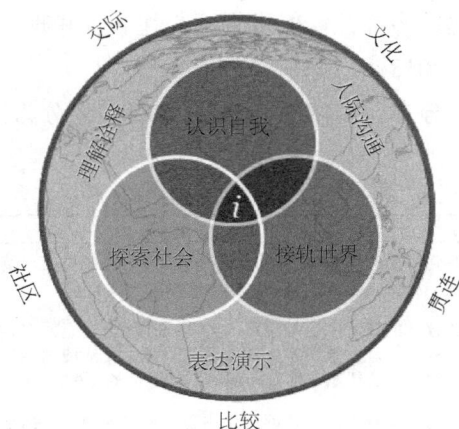

图 2-8　5C 外语学习标准

　　传统的外语课堂仅强调词汇和语法的教学，美国 5C 外语学习标准体现了当今外语课程内容的转变：从单一的语言知识传授转向跨文化交际能力的培养。"语言不仅是传递信息的交际工具，还是文化的重要载体。外语教学不应该单纯地以向学生讲授一种语言的知识为目标，学生学习的最终目标也不仅是为了掌握一种语言的技能。在语言教学的过程中，应渗透语言所蕴含的内在文化积淀，将语言教学与文化传递紧密结合，使语言成为跨文化交际的有效手段。同时，外语课程与其他课程的有效结合，也能进一步培养学生的批判性思维能力。""在帮助学生获得语言知识和技能的同时，结合其他学科知识，选择一些有趣味性和挑战性的切入点，把语言学习建立在'有意义'的基础之上。"（蒋婷婷，2015）

　　这对儿童汉语教学有极大的启发意义。汉语教学对象日益低龄化，从幼儿园到小学、中学，学习汉语的各国儿童日益增多。除了关注汉语本身的语言特征外，我们更应关注应该教给儿童什么样的内容，才能保持他们学习汉语的兴趣，并在学习的过程中掌握一定的汉语学习策略和跨文化交际的能力。在儿童英语教学中出现的"沉浸式教学"、"学科教学"和"探究式外语教学"等多种教学方式都值得汉语教学借鉴。

三、国际中文教育标准的发展：从"大纲"到"标准"

　　自 2017 年 5 月起，孔子学院总部及汉考国际组建专家组，共同制定新一代汉语水平等级标准，2021 年 3 月，《国际中文教育中文水平等级标准》正式发布，该标准的诞生经历了四年时间。该标准无论从时代背景、内容框架还是实际用途上都有所改变和创新，也表明了国际中文教育迈上了新台阶。回顾国际中文教育标准的发展状况，大致经历了三个发展阶段，见表 2-2。

表 2-2　国际中文教育标准的历史发展

阶段	标准
第一阶段 （1988—2006 年）	《汉语水平等级标准和等级大纲（试行）》（1988）
	《汉语水平词汇与汉字等级大纲》（1992）
	《汉语水平等级标准与语法等级大纲》（1996）
	《高等学校外国留学生汉语言专业教学大纲》《高等学校外国留学生汉语教学大纲（长期进修）》《高等学校外国留学生汉语教学大纲（短期强化）》（2002）
第二阶段 （2007—2020 年）	《国际汉语能力标准》（2007）
	《国际汉语教师标准》（2007）（2012 修订版）
	《国际汉语教学通用课程大纲》（2008）（2014 修订版）
	《新汉语水平考试大纲》（2009）
	《汉语口语水平等级标准及测试大纲》（2010）
	《汉语国际教育用音节汉字词汇等级划分》（2010）
第三阶段 （2021 年至今）	《国际中文教育中文水平等级标准》（2021）

1. 第一阶段：北语大纲阶段

20 世纪 80 年代，由于有相当数量的外国留学生来到中国，这就需要一个标准化的国家级语言测试来对他们的汉语水平进行鉴定。北京语言学院承担了 HSK 的研发任务。1984 年北语成立小组开始研发 HSK，1990 年 HSK 正式在国内开考，1991 年 HSK 开始在海外实施，1992 年正式升级为国家考试，1997 年确立 11 级考试结构。这个阶段 HSK 包括三种考试：基础（1—3 级）、初中等（3—8 级）和高等（9—11 级），但有四个等次（基础 1—3 级；初等 3—5 级；中等 6—8 级；高等 9—11 级），这是因为 HSK 初中等有较大的水平跨度。每个等次又分 ABC 三个级别，C 级为该等次的合格标准，A 级为该等次的最高标准。共 11 个等级。详见表 2-3。

在这期间，北语的研究者们参考了各类等级大纲，组织大批专业人员成立研制小组，结合当时汉语教学的实际情况编制了汉语的水平等级标准和大纲。

1988 年我国首个《汉语水平等级标准和等级大纲（试行）》问世，1992 年正式颁布《汉语水平词汇与汉字等级大纲》，这是中国对外汉语教学界第一部规范性

表 2-3　旧 HSK 的等级

考试种类		HSK 基础		HSK 初中等						HSK 高等		
证书等级	等次	基础		初等			中等			高等		
	级别	C	B	A	C	B	A	C	B	A	C	B	A
分数等级		1	2	3	3	4	5	6	7	8	9	10	11

的水平等级大纲。1996 年，国家汉办汉语水平考试部出版了《汉语水平等级标准与语法等级大纲》，这是中国对外汉语教学界第一部语法等级大纲。从 1989 年到 2003 年，《中国汉语水平考试大纲（基础）》《中国汉语水平考试大纲（初中等）》《中国汉语水平考试大纲（高等）》共更新了八版。北京语言大学出版社于 2002 年出版了指导学历教育教学大纲《高等学校外国留学生汉语言专业教学大纲》。之后，国家汉办又相继推出《高等学校外国留学生汉语教学大纲（长期进修）》和《高等学校外国留学生汉语教学大纲（短期强化）》。这两个框架性大纲主要用于指导对母语为非汉语的外国人和海外华人华侨进行的半年以上、三年以下的，以提高汉语语言能力和汉语交际能力为主要目标的非学历教育。

2. 第二阶段：通用课程大纲阶段

国家汉办于 2007 年颁布了《国际汉语能力标准》（后文简称《能力标准》）和《国际汉语教师标准》（后文简称《教师标准》），2008 年颁布了意在体现和实现《能力标准》的《国际汉语教学通用课程大纲》（后文简称《课程大纲》），之后推出了以《课程大纲》为基础的新 HSK。《能力标准》《教师标准》《课程大纲》是国家汉办 2006 年更名之后首次冠以"国际汉语"之名发表的三大重要文件，标志着汉语教学工作开始从立足于国内的"对外汉语"教学转变为走向世界的"国际汉语"教学。

2008 年《课程大纲》的颁布，对孔子学院（课堂）及国内外大中小学等各类汉语教学工作起到了重要的指导作用。为适应国际汉语教学形势的新变化，及时总结汉语教学的研究成果，更好地规划和指导汉语教学课程设计、教材编写、能力评价等工作，2013 年，孔子学院总部/国家汉办在调研、征求各方意见的基础上，组织专家启动了该大纲的修订工作，2014 年出版了修订版。《课程大纲》的修订"最大可能地兼顾到小学、中学及社会人士等不同使用对象的特点，最大限度地降低了汉语学习的难度，对目标等级也做了适当调整，突出汉语交际能力在培养语言综合运用能力中的地位，以适应国际汉语教学的实际情况"。换言之，汉语教学的主要对象已经不再仅限于那些主修汉语的学者和学生，而是包括了出于各种原因对汉语有兴趣和有学习需求的普通非专业和非学历学习者。

2009 年，为使 HSK 更好地满足海外不断增长的汉语学习者对汉语考试的新的要求，国家汉办组织中外汉语教学、语言学、心理学和教育测量学等领域的专家，在充分调查、了解海外实际汉语教学情况的基础上，借鉴当时国际语言测试研究最新成果，重新研发并于 2009 年 11 月起逐步推出新 HSK。新 HSK 包括六个等级，各等级与《能力标准》《欧框》的对应关系如表 2-4 所示。

表 2-4　新 HSK 等级与《能力标准》与《欧框》的对应

新 HSK 等级	汉字量/个	词汇量/个	《能力标准》	《欧框》
HSK（六级）	2500	5000	五级	C2
HSK（五级）	1500	2500		C1
HSK（四级）	1000	1200	四级	B2
HSK（三级）	600	600	三级	B1
HSK（二级）	300	300	二级	A2
HSK（一级）	150	150	一级	A1

2010 年，由刘英林、马箭飞研发主编，国家语言文字委员会语言文字规范（标准）审定委员会审定出版的《汉语国际教育用音节汉字词汇等级划分》问世，该标准涵盖音节、汉字、词汇三项评价考核内容，为我国汉语水平等级标准的发展揭开了新篇章。

3. 第三阶段：新标准阶段

2021 年 3 月，《国际中文教育中文水平等级标准》正式发布，将学习者的中文水平分为"三等九级"，并以音节、汉字、词汇、语法四种语言基本要素构成"四维基准"（表 2-5），以语言交际能力、话题任务内容和语言量化指标形成三个评价维度，以中文听说读写译作为五项语言技能，从而准确标定学习者的中文水平。HSK 拟在保持现有 6 个级别稳定性的基础上，逐步增加 HSK 高等（七级到九级），优化调整为"三等九级"。

表 2-5　2021 年《国际中文教育中文水平等级标准》语言量化指标总表

等次	级别	音节	汉字	词汇	语法
	一级	269	300	500	48
初等	二级	199/468	300/600	772/1272	81/129
	三级	140/608	300/900	973/2245	81/210

续表

等次	级别	音节	汉字	词汇	语法
中等	四级	116/724	300/1200	1000/3245	76/286
	五级	98/822	300/1500	1071/4316	71/357
	六级	86/908	300/1800	1140/5456	67/424
高等	七至九级	202/1110	1200/3000	5636/11092	148/572
总计		1110	3000	11092	572

上述三个阶段语言知识量化指标变化如表 2-6 所示。

表 2-6　三个阶段语言知识量化指标变化

等级	词汇			汉字			语法	
	1.0 版	2.0 版	3.0 版	1.0 版	2.0 版	3.0 版	1.0 版	3.0 版
初等	3051	600（三级）	2245	1604	600（三级）	900	252	210
中等	5253	2500（五级）	5456	2205	1500（五级）	1800	652	424
高等	8822	5000（六级）	11092	2905	2500（六级）	3000	1168	572

参 考 文 献

布朗, 2001. 根据原理教学：交互式语言教学［M］. 文秋芳, 导读. 北京：外语教学与研究出版社.

陈曦, 2018. 《体验汉语基础教程》与《life》对比研究：基于《欧洲语言共同参考框架》［D］. 广州：华南师范大学.

成晓光, 2006. 后方法时代的外语教学法研究［J］. 天津外国语学院学报, 13（4）：63-68.

崔永华, 2015. 试论后方法时代的汉语教学资源建设［J］. 国际汉语教学研究, （2）：71-76.

崔永华, 2017. 美国小学汉语沉浸式教学的发展、特点和问题［J］. 世界汉语教学, 31（1）：116-127.

付承梅, 张立杰, 2013. 真实语料在大学英语听力教学中的使用［J］. 黑龙江史志, （9）：257.

国家汉语国际推广领导小组办公室, 2007. 国际汉语教师标准［M］. 北京：外语教学与研究出版社.

黄莲莲, 2011. 真实性材料对技校生英语阅读态度和阅读策略的影响研究［J］. 职业, （S1）：95-97.

蒋婷婷, 2015. 基于"5C"标准的美国外语教学：以美国小学汉语教学为例［J］. 教学与管理, （8）：56-58.

蒋晓峰, 2012. 二语教学中"形"、"意"衔接途径探索——一项基于 CLIL 教学模式的行动研究［J］. 忻州师范学院学报, 28（4）：94-96.

孔子学院总部/国家汉办, 2014. 国际汉语教学通用课程大纲：修订版［M］. 北京：北京语言大学出版社.

库玛，2013. 超越教学法：语言教学的宏观策略［M］. 陶健敏，译. 北京：北京大学出版社.

库玛，2017. 文化全球化与语言教育［M］. 邵滨，译. 北京：北京语言大学出版社.

理查兹，2001. 超越专业技术训练［M］. 李玉陈，导读. 北京：外语教学与研究出版社.

刘壮，戴雪梅，阎彤，等，2007. 任务式教学法给对外汉语教学的启示［J］. 世界汉语教学，
　（2）：118-125.

吕乐，戴炜华，2007. 教学研究：外语教师职业发展的关键［J］. 外语界，（4）：22-27，36.

罗青松，2006. 美国《21 世纪外语学习标准》评析：兼谈《全美中小学中文学习目标》的作用
　与影响［J］. 世界汉语教学，（1）：127-135.

马箭飞，2000. 以"交际任务"为基础的汉语短期教学新模式［J］. 世界汉语教学，（4）：87-93.

马箭飞，2002. 任务式大纲与汉语交际任务［J］. 语言教学与研究，（4）：27-34.

米保富，2015. 内容与语言融合型教学研究的新进展［J］. 现代外语，38（5）：715-724，731.

欧洲理事会文化合作教育委员会，2008. 欧洲语言共同参考框架：学习、教学、评估［M］. 刘
　骏，傅荣，主译. 北京：外语教学与研究出版社.

秦金红，武清宇，唐霞，2017. "产出导向法"理论体系视阈下基于真实语料的医学院校大学
　英语听力教学［J］. 中国高等医学教育，（10）：79-80.

王文斌，李民，2016. "教学理论""教学流派"和"教学方法"概念之辨［J］. 中国外语，
　13（3）：56-64.

吴中伟，郭鹏，2009. 对外汉语任务型教学［M］. 北京：北京大学出版社.

张新生，李明芳，2019. 汉语能力标准比较初探［J］. 国际汉语教学研究，（1）：31-47.

中华人民共和国教育部，2003. 普通高中英语课程标准：实验［M］. 北京：人民教育出版社.

American Council on the Teaching of Foreign Languages，1996. Standards for foreign language
　learning in the 21st century［M］. Kansas：Allen Press Inc.

Berardo S A，2006. The use of authentic materials in the teaching of reading[J]. The Reading Matrix，
　6（2）：60-69.

Little D，Devitt S，Singleton D M，1973. Authentic texts in foreign language teaching：theory and
　practice［M］.［S.l.］：American Chemical Society.

Nunan D，1989. Designing tasks for the communicative classroom[M]. Cambridge，Eng：Cambridge
　University Press.

Thanajaro M，2000. Using authentic materials to develop listening comprehension in the English as a
　second language classroom［D］. Blacksburg：Virginia Polytechnic Institute and State University.

Peacock M，1997. The effect of authentic materials on the motivation of EFL learners[J]. ELT
　Journal，51（2）：144-156.

第三章 有效教学与教师专业发展

第一节 有 效 教 学

课堂教学是第二语言学习的主要方式，能集中强化学习效果。在教学设计、教材编写、课堂教学、语言测试四大环节中，课堂教学是中心，其他几个环节围绕课堂教学起作用。然而国际中文课堂教学的时间和空间都是有限的，第二语言教学的终极目标是让学生获得用第二语言进行自如交际的能力，这一目标所要求学习的语言内容却是无限的。"教学目标的无限性和课堂教学时空的有限性，这是国际中文课堂教学的根本矛盾。每一堂课，教什么？怎么教？怎么学？谁来教？教得如何？所有教学的问题都因此而起。"①课堂教学是教学环节中最重要的一环，教师如何通过自己的教学策略和教学方法，提高课堂教学的有效性，达到教学目标，使学生获得发展，是课堂教学最重要的问题。

一、有效教学的理念

有效教学（effective teaching）的理念源于 20 世纪上半叶西方的教学科学化运动，核心问题就是教学的效益，即什么样的教学是有效的，是高效、低效还是无效？所谓"有效"，主要是指通过教师在一段时间的教学之后，学生获得了具体的进步或发展，也就是说，学生有无进步或发展是教学有没有效益的唯一指标。追求有效教学，教师必须课前有效备课，目标清晰明确、内容适量适度、方法灵活恰当；课中有效组织，语言简洁准确、时间把控精确、面向全体学生。学生课后有效练习。

有效教学有三个条件：一是激发学生学习动机，让学生"想学"；二是让学生明白学习的目标和内容，知道"学什么"；三是要用学生易懂的方式，让学生能"学会"。有效教学是为了提高教师的工作效益、强化过程评价和目标管理的一种现代教学理念。它关注学生的进步或发展，有"对象"意识；关注教学效益，要求教

_____

① 方小燕，《汉语作为第二语言教学简说》课堂讲义，未公开出版。

师有时间与效益的观念；需要教师具备一种反思的意识，要求每一个教师不断地反思自己的日常教学行为。有效教学强调定量与定性、过程与结果的可测量的目标设置与评价，并通过有意识的教学策略实施有效教学。

二、有效教学的要素

速度、收益、认同[①]是有效教学必须考虑的三个要素：速度可看作学习时间（长度）——投入；收益可看作学习结果（收获）——产出；认同可看作学习体验（苦乐）——体验。可以说，教学效率、教学质量和学习体验是考量学生有效学习的三个指标，其关系的示意图如图3-1。

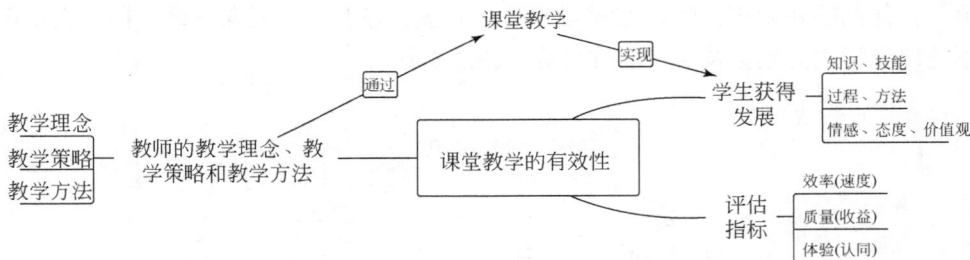

图 3-1　课堂教学的有效性

1. 教学效率（学习速度）

学习所花费的时间意味着学习速度的快慢。学习速度快，学习所花费的时间就少，效率也就高。节约学习时间，提高学习效率，一方面，课堂教学要把时间用在学习上，不能把时间浪费在非学习上；另一方面，要提高单位时间的学习质量。另外，教学效率的高低也需要看全员参与的影响面，以及个体效率的平均值。

提高教学效率并非一味要求紧张快速，而是需要张弛有道，保持适当的课堂节奏，重点突出，当收即收。同时也要注意照顾到各个层次的学生，保证全班互动、小组互动和个体互动都有所涉及。

有研究表明，学生课堂学习的质量与学习成绩呈明显的正相关。课堂时间有限，如何保证授课的时间，同时考虑不同层次学生消化知识的状况，这有赖于教师如何合理地安排教学活动。活动的形式、变化、与教学目标的配合以及活动的衔接，都与教学效率的高低密切相关。

---

① 余文森，教学有效性究竟指什么，引自中国教师报编辑梁恕俭博客，原文是"速度、收益、安全"（本文改为认同），https://blog.sina.com.cn/s/blog_59d698c90102ylrp.html，访问时间2019-5-16。

2. 教学质量（学习收益）

学习收益指学生经过学习所发生的变化、获得的进步和取得的成绩。这是课堂教学有效性的核心指标。每节课都应该让学生有实实在在的、感觉得到的学习收获，它表现为从不懂到懂、从少知到多知、从不会到会、从不能到能的变化和提高。

学生的发展是知识与技能，过程与方法，情感、态度与价值观的三维整合。也就是说，任何课程的教学，除了教授学科要求的知识与技能外，也需要注重学生学习的过程，让学生学会自主学习的方法，并注重在学习过程中培养学生正确的情感、态度和价值观。知识与技能维度的目标立足于让学生学会；过程与方法维度的目标立足于让学生会学；情感、态度与价值观维度的目标立足于让学生乐学。任何割裂知识与技能，过程与方法，情感、态度与价值观三维目标的教学都不能促进学生的健全发展（三维目标如图 3-2 所示）。

图 3-2　学科三维目标

对一堂课的教学质量进行评价，一方面要看其教学目标的设定是否科学合理全面，另一方面也要从课堂的实际表现、教学成果的考核与测试来评价教学成果与教学目标的吻合性。

3. 学习体验（教学认同）

学习体验指的是学生的学习感受，即学习活动所伴随或生发的心理体验。教学过程应该是愉悦的、积极的。课堂气氛是活跃还是沉闷？学生上课是积极还是消极？随着学习的深入，学生对汉语是越来越喜欢还是越来越讨厌？学生对学汉语的信心是越来越强还是越来越弱？学习体验是课堂教学有效性的灵魂，学生越来越爱学习是课堂教学有效性的内在保证（钟启泉，2007）。学生的学习体验与教师教学能力和课堂组织能力有密切的关系。

三、有效教学的关键

实施有效教学，最关键的因素是教师。钟启泉（2007）指出："教育改革的核心环节是课程改革；课程改革的核心环节是课堂教学；课堂教学的核心环节是教师的专业发展。"实施有效教学，必然要求教师在以下方面不断提升自己的专业素质。

1. 树立先进的教学理念

理念是灵魂。教学理念是指导教学行为的思想观念和精神追求。对于教师来说，具有明确的先进的教学理念，应该是基本的素质要求。国际中文教育的教师必须了解国际上最新的语言教学与语言习得的相关理论与发展，了解各种教学法背后的语言学、心理学、教育学发展的基础。不断提高自己的理论修养，将理论结合实际，用理论来指导实践。

2. 丰富个人知识储备

课堂上，如果教师对教材的理解缺乏深度、广度，那么教学就会肤浅，学生学习就无法深入。国际中文教育的教师不仅要在汉语语言本体知识方面下功夫，也需要广泛了解中国的传统文化、当代国情，专门用途的汉语教师，甚至要去了解某些专业或职业方面的知识。

3.做一个有反思力的教师

著名教育家叶澜教授有一句著名的话：一个教师写一辈子教案难以成为名师，但如果写三年反思则可能成为名师。教师应在"实践—反思—实践—再反思"的螺旋式上升中，实现专业成长（余文森，2013）。

第二节　国际中文教师专业发展

一般来说教师专业发展是指教师作为专业人员，在专业思想、专业知识、专业能力等方面不断发展和完善的过程，是从新手型教师到专家型教师的过程。王添淼（2019）认为："国际汉语教师专业发展的含义可以界定为：教师个体对实践进行持续探究的专业不断发展的历程，包括汉语国际教育信念的增强；汉语学科和相关学科知识与技能的更新、拓宽和深化；以及具有生产实践性知识和与国际汉语教育界同仁合作的能力，并最终成长为一名学习型、反思型和研究型的教师。"

　　以真正担任教师为界，教师专业发展可分为职前教育和职后教育。师范教育即通常说的职前教育，是教师个体专业发展的起点和基础。国际中文教育本科和硕士的培养，可以被称为职前教育。职后教育则包括新教师的入职辅导、在职培训和自我教育等。王添淼（2015）指出国际中文教育注重职前的师资培养（如汉语国际教育硕士人才培养）和职后的师资培训（如汉语教师志愿者岗前和岗中培训），然而"培养""培训"一词带有很强的"弥补缺陷"的意思，而"发展"一词则意味着：所有的教师都必须在其职业生涯中持续终身地学习，由被动变主动，使自身业务素质不断提高。职前师资培养和职后师资培训具有一定意义，但同时都有不足之处，应将有限的师资培养和培训进一步扩大为教师专业发展。教师职前教育的基本任务是为基础教育培养合格的教师，而教师职后教育重在培养高质量的教师。教师教育逐渐推进走上了"一体化"道路，实质上是组合教师教育的内容，变一次性、终结性的培养为连续性、终身性的教育，用职后教育来深化职前教育，又注意在职前教育中体现教师教育的实践性，并用不同于职前培养的方式解决教师职后教育的问题。

一、教师专业发展的阶段

　　不同的学者提出了不同的专业发展阶段论，比较有代表性的是富勒（Fuller）、布朗（Brown）的三阶段论和伯林纳的五阶段论。

1. 职前教师的专业发展阶段理论：三阶段论

　　富勒和布朗的教师关注阶段论中，将职前教师的专业发展分为早期求生存阶段、关注教学情境阶段和关注学生阶段。主要特征包括：

　　（1）早期求生存阶段：实习教师所关注的是自我胜任能力以及作为一个教师如何"幸存"下来，关注对课堂的控制、是否被学生喜欢和他人对自己教学的评价。

　　（2）关注教学情境阶段：当教师感到自己能够完全适应时，便把关注的焦点投向了提高学生的成绩，即进入了关注教学情境阶段。在此阶段教师关心的是如何在目前教学情境对教学方法和材料等的限制下，正确地完成教学任务，以及如何掌握相应的教学技能。一般来说，专家教师比新教师更关注此阶段。

　　（3）关注学生阶段：教师开始把学生作为关注的核心，关注他们的学习、社会和情感需要以及探索如何通过教学更好地影响学生的成绩和表现。在这一阶段，教师能考虑到学生的个体差异，认识到不同年龄阶段的学生存在不同的发展水平，具有不同的情感和社会需求，因此教师应该因材施教。能否自觉关注学生是衡量一个教师是否成长成熟的重要标志之一。

2. 伯林纳的五阶段论

伯林纳在五阶段论中将教师专业发展分为新手阶段、熟练新手阶段、胜任阶段、业务精干阶段、专家阶段五个层次。

（1）新手阶段（一般为任教 1—2 年的教师）。

这个阶段的教师更加注重学习教学知识和技能，获取一些系统的教学流程以及进入教师角色的方法和策略。特征：理性化、处理问题不灵活、更加依赖规定、刻板。

（2）熟练新手阶段（一般为任教 2—3 年的教师）。

这一阶段也称为"提高中的新手阶段"，这个阶段的教师已经在教学实践中不断扩展了所学知识，并且积累了一定经验，能做到理论与实际相结合。还能比较多个问题，找出相似与不同，灵活运用教学策略。特征：经验与知识相结合、处理问题具有一定的灵活性、不易区分教学情境中的信息、教师角色职业化。

（3）胜任阶段（一般为任教 3—5 年的教师）。

能够发展成为胜任型教师，是教师专业发展的基本目标。这个阶段的教师能够按照个人想法处理问题，也有了自己对于教学情境做出反应的计划，对教学承担更多责任。特征：教学目的性相对明确、能够选择合适的方法完成教学目标、有着更强的责任心。

（4）业务精干阶段（一般为任教 5 年以上的教师）。

也称熟练阶段，这个阶段的教师对于教学情境的变化可以给出更加灵敏的反应，更善于发现学生的需求，同时还能够总结出教学实践的经验并进行教学反思。特征：对教学情境有敏锐的直觉感受力、教师技能达到认知自动化、教学行为流畅灵活。

（5）专家阶段（一般为任教 8—15 年的教师）。

教师应以成为专家型教师为最终发展目标，一定的教龄长度是成为专家型教师的必要条件。这个阶段的教师已经能够自如、流畅地表达专业思考，对于教育教学有着自己独到的见解。特征：观察教学情境、处理问题的非理性倾向、教学技能的完全自动化、教学方法多样。

二、国际中文教师专业发展的重要性及实现对策

王添淼（2015）指出，国际中文教师专业发展能够凸显并发挥教师的主体地位，使国际中文教师队伍的整体质量得到提升。国际中文教师的专业发展不仅能对教师个人的职业生涯发挥积极作用，更能让整个国际中文教师队伍的综合素质得到大幅度的正向良性提升。崔希亮（2010）指出"教师、教材、教法"这三教问题中，教师问题是核心和基础。因为好的教材是好的教师编写出来的，教学法也要靠教师来实践。有什么样的教师就会有什么样的教材，有什么样的教学法。换言之，没有合格的教师，就不会有合格的教材和教学法。随着孔子学院"走出去"，在不同的国家开花落户，国际中文教育形成了多样的教学模式和方法。教学环境的多元化带来学习需求的多样化、学习目的的多元化带来教学样式的多样化、教学理念的多元化带来教学法的多样化，同时世界格局的多极化也带来了人们对多元文化价值的关注，现代教育技术的发展又催生出了如何利用教育技术来提高语言教学效率的问题。国际中文教师要从教师的知识发展、素质发展、专业技能发展和职业生涯发展四个方面来考虑教师专业发展问题。

根据王添淼、丁安琪等学者的观点，实现国际中文教师发展的首要对策，是要构建一种以教师专业发展理论为基础的国际中文教师专业发展理念，让教师发挥本人的自主性与能动性，通过"终身学习"与"反思实践"的"自我更新（self-renewal）"，成长为一个"学习型、反思型、研究型的国际汉语教育专家"。除此之外，在学校、行业层面，条件允许的情况下，适当的薪金奖励及等级认证制度，以及一些竞赛、成果展等也可以调动教师的学习和应用的积极性，间接促进教师的专业发展。在国家、社会层面，倡导构建规范化、专业化、统一化的国际中文教师资格认证制度（王添淼和史洪阳，2016），采取非终身制（non-tenure track）、多级化阶梯型的认证制度，重视教学实践与绩效，引入专业团体的参与等形式，均可推动国际中文教师的专业发展。

三、国际中文教师发展的模式

王添淼（2019）认为国内外二语教师专业发展模式主要经历了三种模式。第一，技艺模式（craft model），也称为师徒模式，也就是老带新模式，由教学经验丰富的教师作为督导，指导新手教师。第二，应用科学模式（applied science model），主要是专家通过实验证明哪种教学方法有效，教师拿去使用即可。第三，反思模

式（reflective model），教师从实践中发现问题，通过深入的思考观察，得出解决问题的方法。这一过程本身就是发展，这就是将间接知识和实践知识（实践经验）相并列，二者相辅相成的反思模式。国际中文教师专业发展模式是"反思模式＋技艺模式＋应用科学模式"三位一体的模式（图 3-3），反思模式为主，技艺模式和应用科学模式为辅。专家教师为新手教师培训介绍某种教学法为应用科学模式，督导教师（熟手教师）对新手教师"传帮带"为技艺模式，但都应该以教师的反思模式为主。

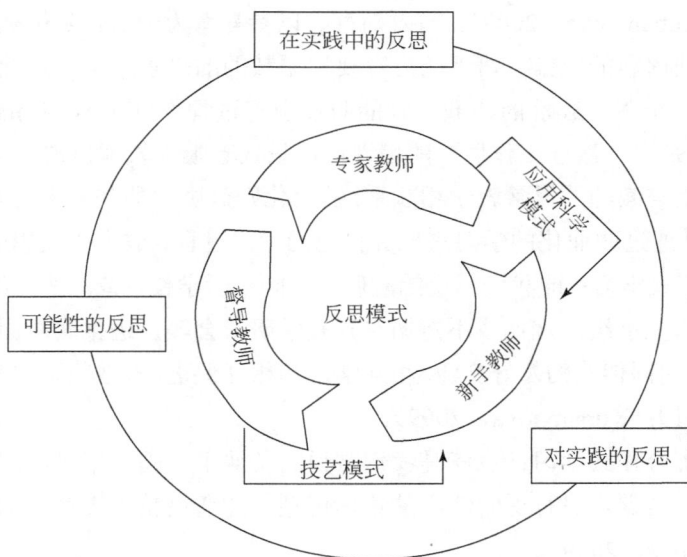

图 3-3　国际中文教师专业发展模式

四、实现国际中文教师专业发展的有效途径

教师知识是由显性知识和隐性知识组成的。教师的显性知识表现为教师的学科专业知识、教育学及心理学的理论知识、教学法知识、教师教育法规知识、教师职业道德伦理学知识以及新的教育理念等，但仅仅拥有了这些显性知识并不等于教师在教育教学过程中能完全运用。教师的隐性知识是指那些蕴含在教师头脑中的价值、观念、情感、认知等反思实践取向的知识。陈向明（2003）将其分为六类：教师的教育信念、自我知识、人际知识、情境知识、策略性知识和批判反思知识。

实现教师专业发展，需要教师显性知识和隐性知识的双重培养。先学习和了解专业、前沿的研究成果，把获得的显性知识运用到教学实践中去，实现隐性知识的积累。同时，还要通过隐性知识验证、质疑或者批判显性知识，从而再发展显性知识，最终实现两类知识的交汇、融通和更新（李东伟，2015）。

1. 显性知识的获得

（1）培训式学习：国际中文教育中常见的培训形式有专家讲座（lecture）或工作坊（workshop）。但是此类培训应该是有针对性的、"以参与者为中心"的；具有"持续性"和"情景式"，并兼有"社会化"的；"基于探究的""建构主义模式"（Kubanyiova，2009）。有针对性、以参与者为中心，是指被培训的教师能够参与培训内容的决策，培训的内容要根据教师的需求来定；持续性，是把教师学习看作一个"持续性的、嵌入式的职业学习过程"（Loucks-Horsley et al.，1996），而不是"一次性工作坊"的培训；情景式着眼于教师日常背景下的学习，即培训内容要与教师的日常教学相联系；社会化则鼓励教师共同学习和相互学习；基于探究，是通过职业化的学习来探究自己的学习过程，成为"反思的实践者"。

（2）分享式学习：即我们常说的教研组。同一所学校，或几所同级别学校间，可成立教学研究小组，定期或不定期召开教学研讨会等，进行面对面交流。以团队带动个体，用同伴式的友好交流，相互学习和相互促进，"在团队中获得共赢"。（王添淼，2019；Kubanyiova，2009）。

（3）课程合作式学习：也就是我们常说的备课组。同一年级、同一课程的教师在一起共同备课，进行课堂教学的集体规划，并通过轮流实践，加以改进和完善（Kubanyiova，2009）。

2. 隐性知识的积累

隐性知识对于教师的教学影响更大。教师隐性知识是一种内在的、独特的知识，它具有实践性、情境性、模糊性、个人性的特点，而且常常难以用语言来表达。要把教师个人实践的外部理解转向内部理解（吴刚平，2017），形成"实践中的专业知识"（Wette，2010）。具体可以通过很多方面，比如：

（1）反思性教学。

借助于一些反思性教学评价工具，可以更系统、全面和直观地记录、反馈和检测行动的执行情况及分析其有效性。比如教师日志和课程教学报告可以清晰地呈现主观思考与计划决策；课堂录音或录像，可以反复播放，捕捉细节，全面真实地重现课堂，如采用微格教学法促进教师反思和教师间的交流与借鉴；课堂调查问卷可以更直观地收集学生对于课堂的反馈；同事或"同辈"观察（博格，2016）可以站在更专业和客观的角度给予反馈和分析，"语言教师效能反馈工具"系列课堂观察量表（丁安琪，2014）能够使观察更有效、具体并具有针对性。

（2）"经验'外显'"式的"教师档案袋评价系统"。

教师的长期发展可以通过"成长记录"形式的"作品（经验）编集"来整合（王添淼和林楠，2016）。自评为主、他评为辅、自主选择，充分发挥教师的自觉主动性，关注教师的内心情感，真实、动态地呈现教师的发展进程，并促进教师的专业发展。案例式的分析可以让隐性知识外显化。

（3）教研结合，教研互促。

"科研促教学，教学带科研"可逐渐提升和发展国际汉语教师的专业水平（李东伟，2015），如开展"教师研究"（博格，2016）。教师研究是指教师对自己的研究，包括自己的工作、教学及对象，可以用图 3-4 表示。

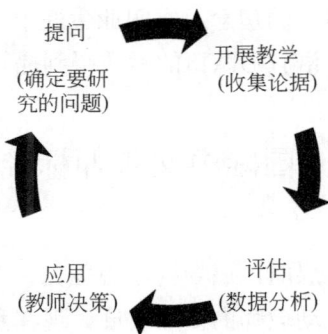

图 3-4　教师研究循环图

行动研究是教师研究的一种。但因为行动研究本身就具有适合汉语教师专业发展的特点，也是教师专业发展的重要途径之一（王丕承，2017），因此也可以独立出来。"行动研究指的是教师引导的课堂调查活动，旨在提高教师对课堂教学的理解，改善课堂实践。"（Gregory，Allebon，1988；Kemmis，McTaggart，1988）"行动研究强调与教师的教学活动相结合，是教师随时可以在自己的教学活动过程中开展的，具有易于开展的极大便利性。"（王丕承，2017）行动研究也是一种循环模式，可包括以下几个反复阶段：计划、行动、观察、反思（理查兹，洛克哈特，2000），可以用图 3-5 表示。

除此之外，王添淼等还提出采用教育叙事研究方法使教师对教育世界中的真实情境进行更为深刻的反思（王添淼和张越，2017）；搭建教师专业学习共同体，使教师感性的实践经验上升为理性的、系统化的知识（王添淼等，2014）。

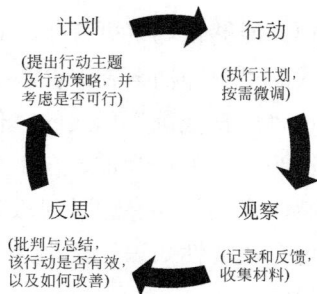

图 3-5　行动研究阶段图

　　"发展"意味着在职业生涯中持续终身地学习（Holly，1989，王添淼，2014），所以不论是显性知识的获得，还是隐性知识的积累，对于国际汉语教师来说，都应该建立"持续终身地学习"的理念，在职业生涯中不断地实现自我更新和自我发展，同时也使整个国际汉语教师队伍的素质得到提升，从而达到质的飞跃。

第三节　国际中文教师标准与考试

　　前文提到在国家、社会层面，倡导构建规范化、专业化、统一化的国际中文教师资格认证制度有利于推动教师的专业发展。现在我们就来看一看国际中文教育领域国际中文教师标准的制定、发展，以及国际中文教师考试的发展。

一、国际中文教师标准的发展

1. 国际汉语教师标准

　　国家汉办于 2007 年颁布了《国际汉语教师标准》（《教师标准》），2012 年进行了修订，颁布了新版《国际汉语教师标准》（后文简称《新教师标准》）。《教师标准》由 5 个模块组成，分别为：①语言基本知识与技能。包括"汉语知识与技能"和"外语知识与技能"两个标准，对教师应具备的汉语及外语知识与技能进行了描述。②文化与交际。包括"中国文化"与"中外文化比较与跨文化交际"两部分。要求教师具备多元文化意识，了解中国和世界文化知识及其异同，掌握跨文化交际的基本规则。③第二语言习得与学习策略。要求教师了解汉语作为第二语言的学习规律和学习者特点，能够帮助学习者成功学习汉语。④教学方法。包括"汉语教学法"、"测试与评估"、"汉语教学课程、大纲、教材与辅助材料"

和"现代教育技术及运用"4个标准。要求教师掌握汉语作为第二语言的教学理论和教学法知识，具备教学组织和实施能力。⑤教师综合素质。主要对教师的职业素质、职业发展能力和职业道德进行描述。《教师标准》借鉴了 TESOL 课程等国际第二语言教学和教师研究新成果，吸收了国际汉语教师实践经验，反映了国际汉语中教学的特点。《教师标准》按"模块""标准""次标准""具体内容"这样一种4个层级的格局来排列。《教师标准》是针对国际汉语教学对师资的要求制定的，在汉语作为第二语言教学史上尚属首次，为国际汉语教师的培养、培训、能力评价和资格认证提供了依据。然而《教师标准》也存在一个突出问题：对国际汉语教师需要具备的知识、能力和素养的描写过于平均用力，相关规定缺乏层次性，即没有明确和突出哪些知识、能力和素养是一个合格的国际汉语教师必须具备的，哪些是教师不断完善自身知识和提高自身能力的努力方向。

2. 国际汉语教师标准（2012 年版）

2012 年 12 月孔子学院总部／国家汉办发布了《国际汉语教师标准》（2012 年版）。《新教师标准》的整体布局是：5 个标准，17 个次标准，58 项具体内容。每个标准下设立 3 到 6 个次标准，每个次标准下包含 2 到 4 项具体内容。5 个标准分别是：①汉语教学基础。包含 4 个次标准："具备汉语交际能力""具备基本的汉语语言学知识和语言分析能力""了解第二语言学习基本原理""熟悉第二语言教学基本原则与方法"。②汉语教学方法。包括 4 个次标准："掌握汉语教学的基本原则与方法""掌握汉语语音、词汇、语法和汉字教学的基本原则、方法与技巧，了解汉外语言主要异同，并能进行有针对性的教学""掌握汉语听、说、读、写教学的特点、目标、原则与方法，并能进行有效的教学""了解现代教育技术，并能应用于教学"。③教学组织与课堂管理。包括 6 个次标准："熟悉汉语教学标准和大纲，并能进行合理的教学设计""能根据教学需要选择、加工和利用教材与其它教学资源""能设计课堂教学的任务与活动""能进行有效的课堂管理""能有效地组织课外活动""了解测试与评估的基本知识，能对学习者进行有效的测试与评估"。④中华文化与跨文化交际。包括 4 个次标准："了解中华文化基本知识，具备文化阐释和传播的基本能力""了解中国基本国情，能客观、准确地介绍中国""具有跨文化意识""具有跨文化交际能力"。标准要求国际汉语教师应掌握中华文化和中国国情基本知识，具备文化阐释和传播的基本能力；应具有跨文化意识和交际能力，能有效解决跨文化交际中的问题。⑤职业道德与专业发展。包括 3 个次标准："具备教师职业道德""具备良好的心理素质""具备教育研究能力和专业发展意识"。《新教师标准》在《教师标准》框架的基础上进行了大幅度的删减凝练，删减了大量《教师标准》中无效的条目；突出汉语教学方法、教学组织与课堂管理、中华文化与跨文化交际三项基本技能，更加注重学科基础、专业意识和职业修养，增强了实用性、操作性和有效性。同时《新教师标准》又新增了一些内容，更为关注教师的自身学习与成长。使教师意识到自身不断学习，提高自身水平和各方面素质也是十分重要的。

3. 国际中文教师专业能力标准

《国际中文教师专业能力标准》（后文简称《专业标准》）于 2022 年 8 月 26 日由世界汉语教学学会发布，自发布之日起正式实施。《专业标准》适应新时代国际中文教育发展新趋势新要求，突出师德为先、素养为基、学习者为本、跨文化能力为重等国际中文教师发展理念，以中文作为第二语言教学、教师专业发展、教师评价等理论为基础，参考借鉴多国语言教师标准，继承和发展了《新教师标准》，是国际中文教育领域的最新成果。《专业标准》突出以学习者为中心的理念，强调教师终身发展，突出教师跨文化交际能力与数字技术应用能力，以国际中文教师胜任力模型为基础，通过专业理念、专业知识、专业技能、专业实践和专业发展 5 个一级指标和 16 个二级指标将国际中文教师应具备的知识、技能、态度以及专业发展等能力划分为初级、中级、高级三个水平，对每一级水平进行了详细描述（图 3-6）。同时，《专业标准》将《国际中文教师专业能力分级认定规范》作为规

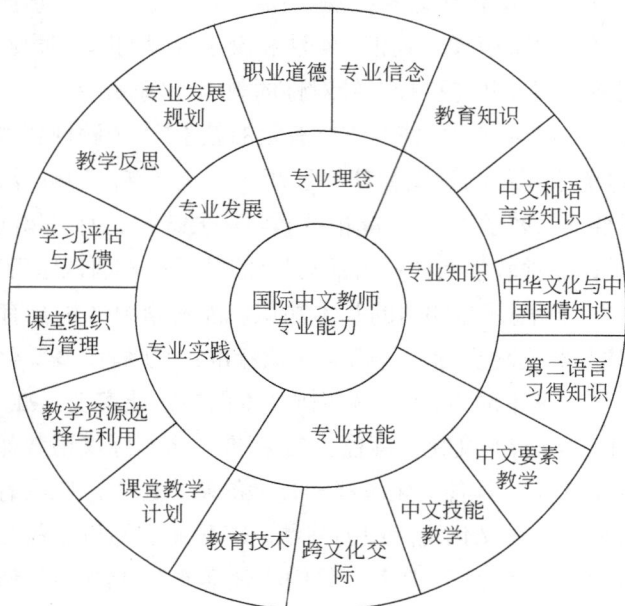

图 3-6　国际中文教师专业能力分类

范性附录，规定了国际中文教师分级认定的评价指标和认定标准，进一步增强了《专业标准》的指导性、实用性。

二、国际中文教师考试

1. 对外汉语教师资格证书考试

1990 年，国家教育委员会发布了《对外汉语教师资格审定办法》，1996 年又发布了《〈对外汉语教师资格审定办法〉实施细则》。国家教育委员会设"对外汉语教师资格审查委员会"，负责领导对外汉语教师资格审查和证书颁发工作。《对外汉语教师资格审定办法》于 1990 年 6 月 23 日颁布，已于 2004 年 10 月 1 日废止。在此文件指导下对外汉语教师资格证书考试 1991 年 12 月在北京、天津、上海进行了试点考试，自 1992 年开始正式实施，每年举行一次。考试采取笔试的方式。考试科目为现代汉语、古代汉语、对外汉语教学理论和方法、语言学、中国文学、中国文化、外语。外语可在英语、法语、日语、俄语等语种中，根据申请者自身的情况任选一种。考试内容不但有知识检测题，还有能力测试题。能力测试题，主要是考查应试者对语言教学法的运用和课堂教学的组织技巧。申请参加对外汉语教师资格证书考试是有条件的。申请者必须具备大学本科以上学历，在国家认可的、正式的对外汉语教学部门授课达 320 学时以上，只有具备了这些条件，才能申请参加考试。1996 年以前申请者，必须是专职从事对外国人进行汉语教学的教师。1996 年以后，为了适应我国对外汉语教学形势迅猛发展的需要，兼职从事对外国人进行汉语教学的人员，只要具备以上两个条件，也可以申请参加考试。由于考试内容过于重视知识考查，即使考生通过了考试也仍然缺乏实践经验，而且参加考试的门槛较高，于 2005 年停办。

2. 汉语作为外语教学能力考试

为了适应社会发展对汉语教师的要求，2004 年 4 月 1 日教育部通过了《汉语作为外语教学能力认定办法》。同年，废止了 1990 年发布的《对外汉语教师资格审定办法》。汉语作为外语教学能力证书分为初级证书、中级证书和高级证书三种，是从事汉语教学的能力资格凭证，说明申请者具备了汉语教师的基本素质。

2005 年 10 月 22—23 日第一次举行汉语作为外语教学能力考试，全国共有22 个考点。但是这一考试并没有持续很长时间，2006 年 6 月 8 日汉语作为外语教学能力认定委员会办公室发布了《关于 2006 年汉语作为外语教学能力考试延期举行的通知》，提出汉语作为外语教学能力考试延期到 2007 年上旬举行，并且将会在标准、形式、内容等方面调整汉语作为外语教学能力考试和认定工作。但是此后再也没有举行过汉语作为外语教学能力考试。

3. 国际汉语教师证书考试

在停办 8 年之后，2014 年 10 月孔子学院总部/国家汉办根据《新教师标准》重新推出国际汉语教师证书（CTCSOL）考试，主要考查应试者是否具有作为国际汉语教师的能力，2015 年起在考试中增加了面试环节。考试范围涵盖汉语教学基础、汉语教学方法、教学组织与课堂管理、中华文化与跨文化交际、职业道德与专业发展五大领域。旨在通过对汉语交际能力、语言分析能力、第二语言习得基本原理、语言要素教学方法、听说读写分项教学方法、现代教育技术应用、教学设计能力、教学资源应用能力、课堂活动组织能力、课堂管理能力、中华文化阐释与传播能力、跨文化交际能力、国际汉语教师道德修养和职业发展能力等《新教师标准》要求的 21 条分项标准及与之相关的理论知识、应用方法和综合能力，以及运用外语进行交际和辅助教学能力的考查，评价考生是否具备国际汉语教师能力。相较对外汉语教师资格证书考试，国际汉语教师证书考试定位于"能力考试"，而非资格考试，虽然同作为汉语教师志愿者和外派教师选拔的重要依据，二者性质却有很大不同。从考试内容上看，国际汉语教师证书考试更侧重对理论知识的运用和实践能力，以及面试环节更能考查出的外语能力、汉语表达能力和教学能力，更具科学性。

国际汉语教师证书考试分为笔试和面试，笔试成绩合格者才能参加面试。笔试通过后两年内必须通过面试，否则成绩失效。笔试采用全客观题的标准化考试，分为基础知识、应用能力、综合素质三部分，每部分各 50 题，全卷共 150 题，满分 150 分，90 分以上合格。考试时间 155 分钟（含 5 分钟考生填涂答题卡时间）。试题前两部分，即基础知识和应用能力部分，主要采取案例导入式设计，案例源于教学实际，形式多样；第三部分，即综合素质部分，采用情境判断测验的形式，重点考查考生跨文化适应性及交际能力（图 3-7）。面试是对笔试达到要求的考生进行的考官小组面试。面试着重考查考生综合运用各种方法设计教学方案、组织实施教学过程、完成教学任务以及用外语进行交际和辅助教学的能力，同时考查考生的沟通交际、心理素质、教姿教态等基本职业素养。

国际汉语教师证书面试采用结构化面试和情景模拟相结合的方法，准备时间30 分钟，考试时间 25 分钟，包括说课、试讲、问答和外语能力考查（图 3-8）。考官根据考生面试过程中的表现，进行综合评分，满分 150 分，其中中文部分100 分，合格线为 60 分，外文部分 50 分，30 分及以上合格，中文部分和外文部分同时合格、总分 90 分及以上可以通过。

试卷结构	考查内容	题量
第一部分　基础知识	汉语教学基础 汉语教学方法	50题
第二部分　应用能力	教学组织与课堂管理 中华文化与跨文化交际 职业道德与专业发展	50题
第三部分　综合素质	教学组织与课堂管理 中华文化与跨文化交际 职业道德与专业发展	50题
总计		150题

图 3-7　国际汉语教师证书笔试内容、形式

面试结构		时间
第一部分　外语自我介绍		2分钟
第二部分　说课		3分钟
第三部分　试讲		7分钟
第四部分　问答	中文问答	7分钟
	外语问答	6分钟
总计		25分钟

图 3-8　国际汉语教师证书面试内容和形式

报考者不仅仅限于国内公民，国外公民也可报名参加，国内、国外均设有考点，汉语教师队伍更加多样化。

值得一提的是，旧汉语教师资格证书采用的是终身制，而国际汉语教师证书不是终身制，申请者获得的证书五年内有效，快到有效期限时证书获得者必须参加国家汉办组织的相关培训，在培训前国家汉办会通过邮件通知汉语教师参加培训，培训的内容丰富、形式多样，既有在线培训，也有线下培训，教师完成培训后会获得相应的学分。如果教师没有参加培训或者没有完成培训工作，证书就会失效。这种方式可促使教师不断学习，提高自己。

4. 国际中文教师证书考试

2020 年，为适应国际中文教育事业发展需求，孔子学院总部/国家汉办更名为

中外语言交流合作中心（Center for Language Education and Cooperation，CLEC），其性质仍是隶属于中国教育部、致力于发展国际中文教育事业，并为世界民众学习汉语、了解中国提供优质服务的公益教育机构。国际汉语教师证书也随之更名为国际中文教师证书。2022 年 7 月 21 日，世界汉语教学学会发布了《关于<国际中文教师标准><国际中文教师专业能力分级认定标准>两项团体标准征求意见的公告》。在《国际中文教师专业能力分级认定标准》的认定形式部分说到：申请人经认定可分别获得《国际中文教师证书（初级）》《国际中文教师证书（中级）》《国际中文教师证书（高级）》相应等级的证书。8 月 26 日，经世界汉语教学学会团体标准委员会审定，《国际中文教师专业能力标准》（T/ISCLT 001—2022）由世界汉语教学学会发布，自发布之日起正式实施。该标准将国际中文教师应具备的知识、技能、态度以及专业发展等能力划分为初级、中级、高级三个水平。

参 考 文 献

博格，2016. 语言教师认知研究［M］. 上海：上海外语教育出版社.

陈向明，2003. 实践性知识：教师专业发展的知识基础［J］. 北京大学教育评论，（1）：104-112.

崔希亮，2010. 汉语国际教育"三教"问题的核心与基础［J］. 世界汉语教学，24（1）：73-81.

崔允漷，2009. 有效教学［M］. 上海：华东师范大学出版社.

丁安琪，2014. 指向语言教师专业发展的课堂观察：美国"语言教师效能反馈工具"述评［J］. 外语界，（6）：66-73.

国家汉语国际推广领导小组办公室，2007. 国际汉语教师标准［M］. 北京：外语教学与研究出版社.

国家教委对外汉语教师资格审查委员会，1998. 国家对外汉语教师资格考试大纲［M］. 北京：外语教学与研究出版社.

姜明宝，1998. 国家对外汉语教师资格证书考试简介［J］. 中国考试，（1）：48.

李东伟，2015. 国际汉语教师专业发展中的问题与对策探究［J］黑龙江高教研究，（7）：79-81.

理查兹，洛克哈特，2000. 第二语言课堂的反思性教学［M］. 武尊民，导读. 北京：人民教育出版社.

龙宝新，陈晓端，2005. 有效教学的概念重构和理论思考［J］. 湖南师范大学教育科学学报，（4）：39-43.

邵滨，邵辉，2013. 新旧《国际汉语教师标准》对比分析［J］. 云南师范大学学报（对外汉语教学与研究版），11（3）：31-36.

王承，2017. 在汉语教学中开展行动研究对教师专业发展的重要意义［J］. 科教文汇，（11）：27-28.

王添淼，2015. 国际汉语教师专业发展现状及其对策［J］．东北师大学报（哲学社会科学版），
（2）：229-231.

王添淼，2019. 国际汉语教师专业发展模式的构建［J］．国际汉语教育（中英文），4（1）：
44-48.

王添淼，方旭，付璐璐，2014. 美国二语教师专业发展有效途径及启示［J］．云南师范大学学
报（对外汉语教学与研究版），12（1）：15-21.

王添淼，林楠，2016. 关于建立国际汉语教师档案袋评价体系的思考：基于美国的经验［J］．
东北师大学报（哲学社会科学版），（1）：124-129.

王添淼，史洪阳，2016. 构建国际汉语教师资格认证制度：基于美国的经验［J］．语言教学与
研究，（1）：32-39.

王添淼，张越，2017. 慕课教学中教师角色转换的叙事研究［J］．课程·教材·教法，37（3）：
110-115.

吴刚平，2017. 教师实践性知识的行动逻辑与理解转向［J］．全球教育展望，46（7）：76-87.

余文森，2013. 有效教学［M］．北京：高等教育出版社.

钟启泉，2007. "有效教学"研究的价值［J］．教育研究，（6）：31-35.

Gregory R P，Allebon J，1998. Action research in the secondary school: the psychologist as change
agent［M］．London: Routledge.

Holly M L，1989. Writing to grow: keeping a personal-professional journal［M］．［S.l.］: Heinemann.

Kemmis S，McTaggart R，1988. The action research reader［J］．Victoria: Deakin University.

Kubanyiova M，2009. Teacher cognition and language education: research and practice，Simon Borg.
Continuum，London（2006）．314 pp［J］．System，37（1）：172-173.

Loucks-Horsley S，Stiles K，Hewson P，1996. Principles of effective professional development for
mathematics and science education: a synthesis of standards［J］．Nise Brief，1（1）：1-6.

Wallace M J，1991. Training foreign language teachers: a reflective approach［M］．Cambridge，
Eng: Cambridge University Press.

Wette R，2010. Professional knowledge in action: how experienced ESOL teachers respond to
feedback from learners within syllabus and contextual constraints［J］．System，38（4）：569-579.

第四章　教师教学能力的培养

第一节　教师教学能力

一、教师教学能力的组成

广义的教师教学能力由各方面的能力组成：①从微观层次来看，包括课前的教学认知和设计规划能力（包括对教学背景、教材和教学对象的分析能力）；课中的教学实施能力（包括激励动机能力、信息传达能力、提问追问能力、课堂变化强化能力、课堂调控能力、个体关注能力、学习指导能力等）、课堂组织管理能力及课中课后的评价反馈能力（包括对学生的评价能力和教学效果评价能力）。②从长期发展的宏观层次来看，还包括教学反思能力、专业发展能力。③从新时代的要求来看，还包括信息化教学的教育技术能力。狭义的教学能力专指教学实施能力。国际汉语教师的教学能力结构见图 4-1。

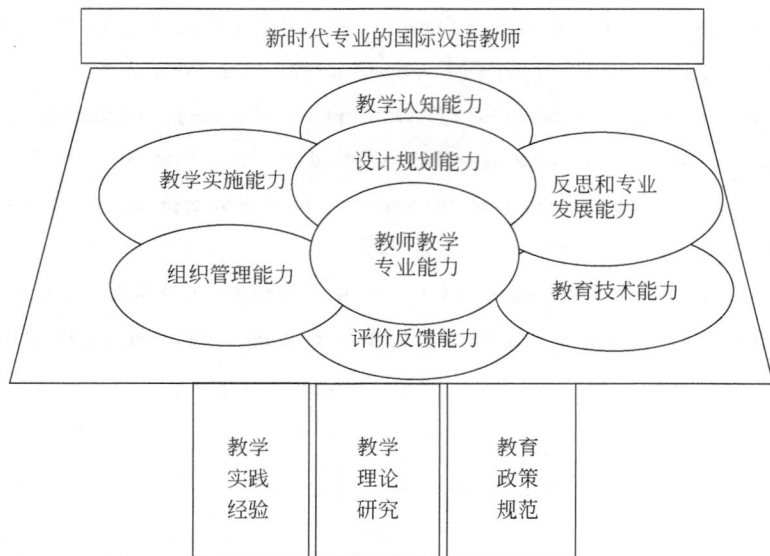

图 4-1　国际汉语教师的教学能力结构图

二、教学理念、教学策略、教学方法技巧

前面在讲教学流派时已经说过教学方法，从抽象到具体可以分为三个层次，即宏观层（原理性教学方法）、中观层（技术性教学方法）、微观层（操作性教学方法）。宏观层又称理论层，是原理性教学方法（pedagogy，approach），其最大的特点是为具体方法提供理论指导，具有一般的程序和步骤，但是高度抽象和概括化，本身不具有操作性。在第二语言教学里系统的理论、观点、主张和操作程序，形成一个相对独立、完整的思想体系，在众多思想体系中自成一派。因此，宏观层的二语教学方法包括教学理论与教学流派。这些教学流派对语言的本质认识不同，对于语言教学所持的观点不同，因而对于语言应该怎样教有自己的操作程序建议。中观层又称技术层，是技术性教学方法（methods），"向上可以接受原理性教学方法的指导，向下可以与不同学科的教学内容相结合构成操作性教学方法，在教学方法体系中发挥着中介性作用"（黄甫全，1993）。就第二语言教学而言，则是指某些规律性的、固定的"套路"，是一种较为复杂的、具有若干步骤的、系统的技巧和做法。一般我们也称之为某种教学模式。例如，英语的 3P 法（presentation—practice—production）、IRF 课堂交互模式（initiation—response—feedback/follow-up）、PWP 法（pre-learning—while-learning—post-learning）等；汉语中以"字本位"理论为基础的中文循环（Chinese recycled）扩大教学模式和"语文分开，集中识字"教学模式；陈贤纯的词语集中强化教学模式等。微观层又称操作层，是操作性教学方法（techniques，skills）。在这个层面上，"方法"不是第二语言教学的专用术语，而是日常用语，意为解决某一具体问题的某一具体做法，可称其为技能或技巧，例如汉字教学中的部件识字法，语法教学中的公式法、演绎法、归纳法，语音教学中的跟读法，词汇教学中的默写法、游戏法、情景法等。所谓教无定法就是指的这个层面，教学技巧是无尽的，每个人都可以根据具体情况创造出新的教学技巧。而对于教师个人而言，从抽象到具体同样有三个层次的教学能力：教学理念、教学策略、教学方法技巧。教师具备什么样的教学理念，也就是什么样的语言观、语言习得观和语言教学观，对于其教学策略的制定和具体教学方法技巧的实施也有着非常重要的作用。其相互关系如图 4-2。

周健（2011）明确地指出，汉语国际教育的学生不能只知学习才艺、教学技巧、课堂教学步骤，而对一些最基本的教学理念毫无所知。"汉语教学的大局观指的是语言观、语言习得观和语言教学观，教学活动背后的对语言和语言获得的基本认识和教学理念才是语言教学之魂。"汉语教师所具备的教学理念，既要符合

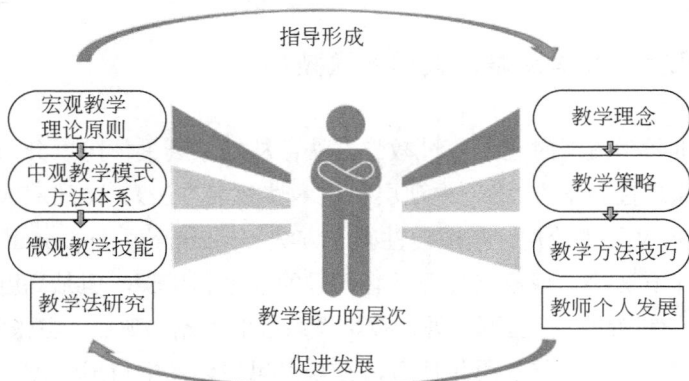

图 4-2　教学能力的层次

所有外语学习的语言学习和语言教学规律，也要懂得汉语作为第二语言教学的特殊性，把握汉语的特点，树立系统意识。教师的教学理念和信念比教师现有的知识和方法更能影响其教学行为。教师需要不断地学习新的教学理论，跟上时代发展，才能更新自己的教学理念，多角度反思自己的教学行为。

在后方法时代，人们认识到对于外语教学而言任何一种教学法都有其局限性，会受到教学对象（成年、未成年、性别、学能）、学习目的和职业需求、学习动机与动力、有效的学习时间、学习环境（目的语、非目的语）、学习阶段（初、中、高）和学习内容（语言要素、功能、结构）等各方面因素的制约。在外语教学中根本不存在"最好的教学法"，每种教学法都只适用于特定的教学对象和教学层次，不能将某种具体的教学模式或方法应用到整个语言教学（赵金铭，2010，2014），对教学法的研究也由具体局部的"法"向更宏观的原则转变，提倡反思教学，教师需要根据教学原则、具体的教学情境和学生需求，做出更为灵活、自主的教学选择（赵杨，2017）。《现代语言教学的十大原则》中指出了专业教师都应该熟悉掌握的十大教学原则（图 4-3）：以任务为语言教学基本单位；强调语言应用，采用"体验学习"；提供丰富的语言输入；提供详尽的扩展性输入；利用人类信息记忆及处理规律，进行组块教学；注重语言结构的练习；进行有大量输入基础上的有效输出；纠错反馈；尊重学习者的语言发展规律；提倡合作学习及个人化教学。"教师应根据具体的教学环境、教学对象、学习阶段、教学目的等来实施教学原则。这一教学实施过程将受到教师的教学思想、个人风格，学习者的年龄、语言能力、智力、学习风格、认知能力、教学条件等因素的影响。在实施原则过程中，教师要讲求灵活，因地制宜，因人而异。"（靳洪刚，2011）

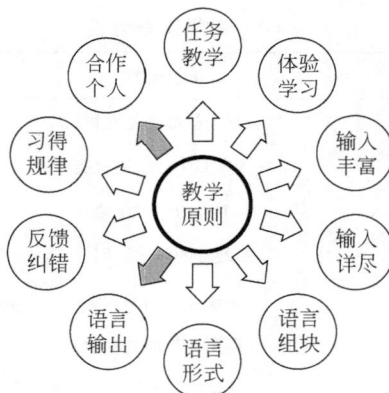

图 4-3　现代语言教学的十大原则

　　而位于中观层次的教学策略①是教师在教学预设和实施过程中，针对不同的教学对象和教学内容，运用一定的教学理论，结合教学经验和教学智慧去解决相关问题的谋略。可以说是教师的教学理念与教学实践之间的桥梁。"教学有法，教无定法，贵在得法"，即认为教学有理论原则，但是没有固定的技巧程序，最重要的是要有方法、有策略。

　　教学策略不同于教学设计（教学设计仅用于教学准备阶段），可应用于教学准备、教学实施和教学评价等各个阶段。教学策略带有很强的目的性，同时又具有相当的灵活性、变通性，可以根据具体的教学进程进行反馈和调控。教学策略在教学过程中非常重要，教学是一门艺术，主要体现在教学策略的制定和实施，它具有很强的个性化的特点。教师如同一位厨师，有了原始教学材料，就应该仔细思考如何处理食材（编制教学材料）、如何搭配（听说读写技能如何分配，语言要素如何组合）、如何调味（怎样导入讲解学生才容易理解）、如何精简（如何取舍，学生应学到哪种程度）、如何摆盘（用什么样的教学媒体加以呈现），最后做的菜才能健康营养（学生学到了知识，掌握了技能）又美观美味（学生的情感体验是愉悦的）。

　　教学策略在不同学科中有不同的分类方式，这里我们采用的是孙培健（2013）的教学策略分类方法（表 4-1）。教师要熟悉并勇于尝试这些教学策略，根据不同教学任务的目标、教学内容的特点、学习对象的实际情况、教师本身的素质以及教学时间和效率的要求，来选择、制定并实施不同的教学策略。

---

①广义的教学策略还包括学生的学习策略，此处取狭义，仅指教师的教学策略。

表 4-1　教学策略分类

教学策略	直接教学	间接教学	合作教学
	教师讲授	课堂中教师的位置移动	同伴指导
	一对一辅导	基于真实生活的语言实践	个人活动
	全控制性练习	教师的课堂反馈	双人活动
	半控制性练习	教师的肢体运用	3—6 人活动
	对比与比较	邀请嘉宾辅助教学	采访
	引导式提问	运用磁带辅助教学	辩论
	非引导式提问	运用电脑辅助教学	游戏
	媒介语辅助教学	运用投影仪辅助教学	竞赛
	直接纠错	运用打印材料辅助教学	角色扮演
	间接纠错	运用智能黑板辅助教学	问题解决

表 4-2 是一个汉字教学策略制定的样例。

表 4-2　汉字教学策略制定示例

	内容
汉字教学理论原则	①笔画简单的象形字，数量不多，却是会意字和形声字（合体字）的基础。②汉字与汉语的"词"有着千丝万缕的关系，从数量上看，汉语虽然以双音节词为主，但是单音节词仍有重要的地位。汉语核心词和常用词中单音节词的比例高于双音节词。单音词数量不大，使用量却很大（李如龙，2009），很多单音节字词的组词能力很强。
教学对象分析	泰国低龄小学生，还处于整体思维和具象思维阶段，喜欢活动、唱歌，不喜欢枯燥的模仿抄写。
教学情境分析	汉语教学在学校属于兴趣教学，成绩对于学生升学没有影响。周课时少，教学时间多在下午，学生困乏。学习遗忘率高。
教师素质分析	任课教师为汉语教师志愿者、汉语国际教育硕士，有一定专业背景，但是教学经验不足。学校只有一名本土汉语教师，其他教师志愿者更换频繁。
汉字教学策略	①减少写字的教学活动，多认少写。写字以笔画简单的象形字为主。 ②确定本学期识字量，数量不宜太多，不超过 100 字。识字以使用频率高的实义字为选择标准。 ③因为课时少，主要采用随文识字，从整体入手，先识词，再辨字。 ④将需要识记的 100 字与课本中能组的词进行字词比统计，创设课堂汉字环境（学生取名、教室布置、学习汉语歌曲、读汉语故事等），增加需要识记的汉字复现率。 ⑤将有关联的字词（如和人有关的、和天气有关的）集中进行阶段性复习，集中识字。 ⑥通过汉字游戏进行易混淆字（同音字、形近字）的分辨。

三、教学内容知识与技术教学内容知识

汉语作为第二语言教学与其他的师范内容教育一样，一开始比较强调教师的学科知识和专业知识，在志愿者大量外派后，开始注重教师的教育学科知识，尤其是一般教学技能（如课堂管理、课堂活动能力等）的培养。但实际上教师最需要的是教学内容知识（PCK），也就是将教学知识与内容知识结合起来，形成能真正指导教学的管理技能与课堂技巧，从而能够把汉语交际目标与课堂活动相结合。

随着教育技术的发展，Koehler 和 Mishra（2005）在此基础上增加了与技术知识相关的元素，提出整合技术的教学内容知识框架（TPACK），突出了技术在教学中的作用。在网络教育时代，利用虚拟现实、增强现实、人工智能、语音识别、自动评分等技术手段，可以帮助我们更好地实现个性化、差异化教学。但这些技术同样需要与汉语的本体知识、教育学知识相结合，才能更好地满足国际中文教育的学习需求。

第二节　教师教学能力的培养方式

新手教师为了快速提高自己的教学能力，除了增加知识储备外，还需要经历课堂观摩学习、课堂模拟、顶岗实习等阶段来提高自己的教学能力。而教师专业成长的快慢和最终能达到的高度，除了取决于这些常规教学能力的实践、磨炼外，更重要的是能否使自己成为一名反思型教师、研究型教师，乃至专家型教师。

一、课堂观摩

课堂观摩是从听课者的角度，通过对教师的课堂教学的观察，与授课教师的讨论、反思，让教师的教学技能和水平得到提高，为教师之间相互交流、发现各自的优缺点提供机会，为制定教师发展的目标和对策提供依据。最常用的手段有现场观察评价、监视监听评价、录像评价、量表评价等，这几种手段都各有优缺点。

现场观察评价的好处是参与感强，能观察到很多临时的情况，对教师和学生的现场情绪有较深的体会，缺点是由于外人在场，师生的表现也许会受到影响。另外观察者是否集中注意力、是否能将所有观察到的现象记录下来、是否懂得观察的角度等也都是影响因素。因此出于研究目的的现场观察评价常常会与量表、录音录像评价相结合。

通过监视摄像头实时或录像进行评价，其优点是尽量避免给师生带来压力，但是由于摄像头视角的影响，也许无法观察到课堂的整体情况。录像评价可以反复观看和讨论，在评价过程中也可以让被评教师参与讨论，还可以比较不同教师的录像，有利于师资的培养。在微格教学中常常采用这种评价方式。

量表评价则是采用事先编制好的评价量表，由教师根据他们对教学过程和效果的主观印象进行回答。这种评价方法的关键是评价量表的编制。量表评价是目前进行课堂教学评价最主要的方式，也是实践中应用最广泛的一种方式。COLT量表①是第二语言教学课堂中最常用的观察工具，高立群和孙慧莉（2007）在 COLT量表的基础上根据汉语教学的特点，制定了《对外汉语课堂观察量表》，包括三个部分：观察对象、课堂活动和教师语言。观察对象包括课型、学生水平、教师人数和学生人数；课堂活动包括语言的内容、其他话题、活动形式、话语控制、话轮替换和引发语、教辅材料等几个部分，每个部分还有进一步的细目（表 4-3）；教师语言部分包括管理语言、语言的选择、教师句长、教师提问、教师反馈等，每个部分也有细目划分（表 4-4）。语言的内容、其他话题、活动形式、话语控制、教辅材料等以一节课为单位，记录每个观察项所用时长，最后做时间百分比计算；话轮替换和引发语以回合和话步计，教师句长、教师提问、教师反馈以数量计。（高立群和孙慧莉，2007）这个观察量表有利于对整个课堂的活动和教师语言做量化处理，更客观、科学地对课堂教学进行评价。但是为了保证量表的信度和效度，却牺牲了简便性。如要计算时长的数量，就必须录音录像，再做文字转写，需要较长的时间进行处理，工作量很大。另外，此量表只有对教师语言的观察设置，而缺少对学生语言和行为的观察设置。尤其是在小组活动中，除了记录活动数量和形式，无法对活动中的教学进行评价。

表 4-3　《对外汉语课堂观察量表》课堂活动部分的细目划分

组成部分	细目
语言的内容	与形式有关的/与语篇有关的/与社会语言学有关的
其他话题	与课文有关的/与课文无关的
活动形式	全班/小组/个人
话语控制	教师/学生/师生
话轮替换和引发语	话轮数量
	教师引发语/学生引发语

---

① 语言交际法教学观察(communicative orientation of language teaching，COLT)量表(Spada，Fröhlich，1995)，主要用于交际法语言课堂教学的研究，是目前应用最广泛、设计最成熟的课堂观察量表之一。此外，IRF 模式和 T-unit（测量教师语言的句长和名类）也应用得较多。

续表

组成部分		细目
教辅材料	类型	纸质（课本/补充材料）
		实物
		多媒体
	来源	专为学生设计的学习材料
		国内报纸、杂志、影视节目
		学生自己设计的故事、报告

表 4-4　《对外汉语课堂观察量表》教师语言部分的细目划分

组成部分	细目
管理语言	维持、组织
语言的选择	目的语
	其他语言
教师句长	含词量
	语速
	T-unit 长度
教师提问	展示性
	参考性
	总数
教师提问	点评（批评/表扬）
	重复
	扩展
	详描
	弃置

陈光磊（2002）在韩孝平（1984）客体评估课堂教学量表的基础上，编制了对外汉语课堂教学评估表（表 4-5）。此量表包括 8 个方面 34 个项目，全面详细地陈述了影响课堂教学的各个因素，操作起来比较简便，可以供同行或专家进行客观评估，也可以用于教师自评。

表 4-5　对外汉语课堂教学评估表

评估项目		标准和要求	评分
教学目标的实现	1. 总体目标	充分理解，切实贯彻，全面完成教学任务	
	2. 根本目标	要求明确，努力达到，注重提高交际能力	
	3. 具体目标	全面落实，认真执行，圆满完成教学任务	

续表

评估项目		标准和要求	评分
教学内容的传授	1. 语言知识的讲解	内容正确，说解简明，指点精要	
	2. 语言技能的操练	方式恰当，数量足够，切实有效	
	3. 交际能力的培养	设置有效语境，运用语用规约，进行交际实践	
	4. 文化背景的说明	介绍适时适量，运用中外对比，说解正确贴切	
	5. 教学内容的组合	精讲多练，交际实用，文化导入	
教学方法的运用	1. 教学法与课型的匹配	适应课程的特点和要求	
	2. 教学法与学生的对应	适合学生的水平和要求	
	3. 教学法所具有的成效	具有启发性、生动性和趣味性	
	4. 教学设施的使用	合理，熟练，有效	
教学环节的安排	1. 教案的设计	合理，精确，可变通	
	2. 教学的过程	起始展开结束的顺序完整、明确	
	3. 旧课的复习	及时，注意承前启后	
	4. 新课的引入	自然，力求方式新颖	
	5. 生词和语法的教学、技能训练等环节的组合	组织合理，层次分明，节奏紧凑	
	6. 教学小结	进行适时，讲练精要	
	7. 进度安排	时间分配合理，进度恰到好处	
课堂教学的组织	1. 课堂秩序	学生安定，精力集中	
	2. 调动学生的学习情绪	发挥学生的学习积极性、主动性、创造性；对程度不同的学生既区别又平等地对待，因材施教	
	3. 组织交际性练习	把课堂作为交际场所，提供语境和话题，展开不同形式的交际、实践	
	4. 课堂气氛	调节适度，既认真紧张又活泼愉快	
教学技能的掌握	1. 教学语言	普通话标准、规范；教学用语简练，语速适当；声音洪亮，话语清晰；媒介语使用正确、恰当	
	2. 板书运用	整体布局合理，整齐美观；书写规范，字迹端正	
	3. 辅助手段	准备充分，使用合理，具有实效	
	4. 教师形象	精神饱满，仪表端庄，态度和蔼；举止优雅，善于以姿态助说话	
作业布置与修改	1. 题型设计	类别多样，内容新颖，分布合理	
	2. 程度把握	难易适度，循序渐进	
	3. 练习量度	数量足够，不过多或过少	
	4. 作业评改	进行及时，态度认真，评析精确	
教学效果的反映	1. 学生对应知应会内容的掌握	能理解，会模仿，能记忆，会使用	
	2. 学生成绩考试	考题合理，优、良、中、差成绩分布合比例	
	3. 学生对课堂教学的意见	（可拟制学生对课堂教学评估意见表以收集有关数据）	

二、微格教学

　　教学技能是教师在教学过程中，在教学理念和教学策略的指导下，运用与教学有关的知识和经验，促进学生学习与发展，有效达成教学目标的一系列教学活动方式和行为方式的总称。教学技能在教学过程中发生，可以通过学习来掌握，在练习实践中得到巩固和发展。能运用自如的教学技能即教学技巧。教师的教学技巧对课堂教学效果有直接的影响，可以从课堂组织、导入、教师提问、激励强化等教学环节，教师语言、仪态、心理等教师素质的角度来加以训练，也可以从不同的语言要素（语音、汉字、词汇、语法）、技能（听力、口语、阅读、写作）的角度加以训练。目前汉语教师教学技巧方面已经出版的相关书籍有：周健《汉语课堂教学技巧 325 例》，崔永华、杨寄洲《汉语课堂教学技巧》，傅海燕《汉语教与学必备：教什么？怎么教？》，王巍、孙淇《国际汉语教师课堂技巧教学手册》，杨文惠《轻松教汉语：汉语课堂教学实用技巧 72 法》等。然而教学技能必须在教学实践中才能巩固、发展，不能停留在纸上谈兵。微格教学就是利用现代化的技术手段，科学训练教学技能的一种方法。

　　微格教学，又称微型教学（microteaching），是一种利用现代化教学技术手段来培训师范生和在职教师教学技能的系统方法，集教学理论知识讲授和教师职业技能训练于一体。首创于 1963 年美国斯坦福大学。微格教学创始人之一，美国教育学博士德瓦埃·特·爱伦认为："微格教学是一个缩小了的、可控制的教学环境，它使准备成为或已经是教师的人有可能集中掌握某一特定的教学技能和教学内容。"微格教学提供一个练习环境，使日常复杂的课堂教学得以精简，并能使练习者获得大量的反馈意见。20 世纪 60—70 年代，微格教学在美国、欧洲、日本、澳大利亚、新加坡等国都得到广泛运用，80 年代传入我国，运用于师范生培养，实践证明其效果优于传统培养模式。在国际汉语教师的培养中，微格教学还有进一步推广的必要。

1. 微格教学的特点

　　微格教学对学生人数、教学内容、教学时间和技巧量都进行了简化，对教学中的变数进行了控制，将复杂的教学过程作了科学的细分，利用现代化的技术对教学技能分项进行训练。一般以同一组（3—5 人或 5—10 人）的少数学生为对象，受训者扮演"教师"，真实的学生或受训者的同学扮演"学生"，在较短的时间内（5—10 分钟），尝试小型的课堂教学，训练一种教学技能，并把这种教学过程摄制成录像，课后再进行分析反馈评价，可以自我评价或他人评价。这是训练新教师、提高教师教学水平的一条重要途径。

2. 微格教学的典型程序

微格教学的典型程序包括以下五个阶段，如图 4-4 所示。

训练前学习研究阶段：①学习微格教学设计理论、教学目标分类原则、教材分析的理论和方法、教学技能的主要类型、课堂教学的基本方法、教学评论理论等。通过理论的学习帮助受训者形成一定的认知结构，以利于以后观察学习内容的同化与顺应效果，提高学习信息的可感受性及传输效率，以促进学习的迁移。②根据具体教学行为的要求确定要训练的特定教学技能，并确定这种行为所要达到的目标。微格教学将复杂的教学活动进行分解，提炼出若干教学技能。每项教学技能由一类在教学功能上有某种共性的教学行为构成，使之成为可观察、可示范、可操作、可反馈评价的训练模式。学生更明确对外汉语中的各项技能的要求，有针对性地进行训练。

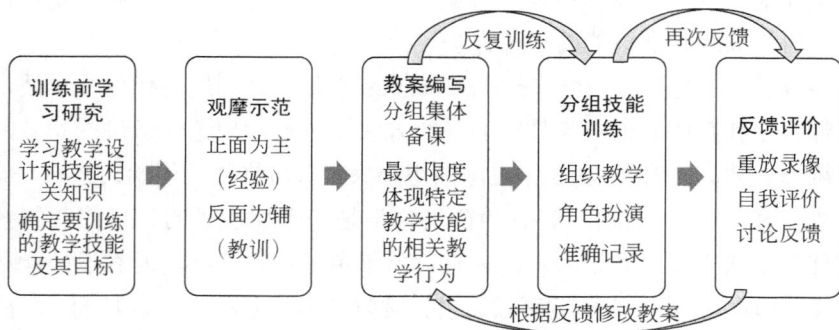

图 4-4　微格教学的典型程序①

观摩示范阶段：在开展微格教学前，指导教师播放分析优秀教师课堂教学录像，或现场模拟教学，分析要训练的教学技能，为受训者提供示范。也可适当播放一些反面案例的录像，分析其缺点，为受训者提供经验教训。

教案编写阶段：受训者分组集体备课，根据指导教师的计划，提交一份按预定规格写成的教案，教案要最大限度地包括与特定教学技能有关的行为要素，用以体现特定教学技能。这个过程不仅要求受训者熟悉教材，还要综合考虑应采取的教学方法、途径及活动方式等，在教案中体现出来。

---

① 根据（刘巍，2010）中的描述改编绘制。

分组技能训练阶段：教学技能的训练在微格教学中是逐个进行的，当每一种技能都掌握了以后，再把它们综合起来，形成较为完善的课堂教学。分为三个步骤：①组织教学。指导教师布置好课题后，对受训者进行单项教学技能训练，可将受训者分组，到各自的微格教室。②角色扮演。受训者扮演各自的角色，模拟教师和模拟学生。③准确记录。通过微格教室中的摄录设备做实时记录，记录后的录像带可马上重放或课后播放。通过控制室的有关设备，可进行小组与小组之间的实况联播，各间微格教室的模拟师生相互学习、讨论。

反馈评价阶段：微格教学采用现代视听设备为受训者提供有关自己教学行为的即时反馈。①小组内自评讨论：试教后小组范围内评议微型课，和受训者一起观看录像，分析教学行为，使受训者及时、准确、直观地反馈信息。②指导教师反馈指导：教师角色、学生角色、评价人员和指导教师一起观看，指导教师进一步点评，观察受训者达到培训目标的程度。经过讨论互相启发，并进行分析、比较归纳，取长补短。

反复修改试教阶段：根据教师与同学的意见，结合录像自我反馈体验，认真地自我分析，及时发现自己在教学中存在的问题。修改教案，重新计划或组织同一内容，以便更有效地巩固和运用所学技能。受训者根据修改后的教学再试教，指导教师再记录，再反馈评价。循环往复，直到某一教学技能的掌握达到预期水平。

3. 微格教学的教学技能分类

不同的学者对微格教学中的教学技能有不同的分类方式，这里我们采用了北京教育学院微格教学课题小组提出的分类：

基本技能——语言、讲解、演示、提问、板书、反馈强化

综合技能——导入、变化、结束、组织

下面我们按照教学过程的顺序来进一步学习一下这些教学技能。

（1）导入技能。

导入技能是指教师在课堂教学中处理导入这一教学环节时，利用各种教学媒体、创设学习情境、激发学生学习兴趣、启迪学生思维、集中学生注意力，使学生主动学习新知的一种活动方式。导入是一个重要的教学环节，它直接影响学生学习的情绪和效果。在设计导入时要遵循六个原则：①针对性原则；②启发性原则；③迁移性原则；④趣味性原则；⑤艺术性原则；⑥多样性原则。常见的导入方式有直接导入、经验导入、直观导入、情景导入、悬念导入、问题导入、故事导入、歌曲导入、温故引新导入、板书导入、游戏导入、练习导入、实例导入、

儿歌导入、古诗导致入、绕口令导入、谜语导入、随机导入等。导入方式多种多样，不一而足。教师可以根据教学目标和教学对象的特点，选择丰富多样的导入方式。以下举10个常见导入方式的例子（表4-6）供参考。

表 4-6　常见导入方式

序号	分类	定义	例子
1	直接导入	开门见山，介绍教学目标、内容和安排的一种导入方法。	今天我们学习比较句，要会用比较句来比较这些水果的大小、颜色、价钱和味道。好，我们先一起来看水果的生词。
2	经验导入	以学生已有的生活、学习经验作为切入点，激活与将要学习的教学内容有关的学生的亲身经历的一种导入方法。	大家喜欢吃水果吗？喜欢！那大家喜欢吃什么水果呀？喔，你喜欢吃西瓜！伊万喜欢吃榴莲，哈哈，老师不太喜欢呀。看来，大家都很喜欢水果，我们今天就要来比较一下你们喜欢的水果，看看它们哪个最大？哪个最贵？
3	直观导入	通过实物、挂图、表格等直观教具，以及幻灯、投影、电视、录像、电脑等媒体对与教学内容相关的信息进行演示的一种导入方法。	大家看，老师今天带了什么？（拿出各种水果）对，水果，这是苹果，这是橘子，这是梨，这是桃子，这是……很好，那我们来看看，苹果大，还是橘子大呢？我们来比比。苹果大。嗯，很好，我们今天要学一个新的句子，"苹果比橘子大"（板书）。
4	情景导入	通过音乐、图画、动画、录像或者满怀激情的语言创设新奇、生动、有趣的学习情境，使学生展开丰富的想象，产生如闻其声、如见其形、置身其中、身临其境的感受，从而唤起学生情感上的共鸣，使学生情不自禁地进入学习情境的一种导入方法。	（幼儿园）老师手里拿着手偶 Micky 进来跟大家问好，大家好，这是 Micky，来亲一个。嗯，你好，Micky。你好，Ben。今天我们要去参观 Micky 的卧室，（老师在白板上画了一个大大的卧室），我们要去看看 Micky 的卧室里有些什么？我们可以送给 Micky 什么礼物，让他的卧室更漂亮？（这节课的教学目标：让幼儿学会描述卧室里有什么物品，物品在哪里。）
5	悬念导入	在教学中，创设带有悬念性的问题，给学生造成一种神秘感，从而激起学生的好奇心和求知欲的一种导入方法。	引入颜色词时，我给学生变起了神奇的魔术，模仿着魔术师惯用的手法，在矿泉水瓶前轻轻挥动手臂，然后拿起瓶子轻晃一下，大声说"变"，水就神奇地由白色变成了紫色。学生们看得目瞪口呆，纷纷告诉我想学这个魔术，于是我告诉学生谁先学会这些颜色词就先教谁变魔术。大家学得格外认真，七种颜色一会儿全记住了，学生们也如魔变出了自己想要的颜色。（尹清、宋卡王子大学普吉孔子学院素叻分部汉语教师志愿者——"魔术"法颜色教学①）
6	问题导入	教师提出富有挑战性的问题使学生顿生疑问，引起学生的回忆、联想、思考，从而产生学习和探究欲望的一种导入方法。	"上课之前我想问大家一个问题，猜一猜我要问什么？"学生摇头。"暑假快到了对不对？"教师问道，学生异口同声回答"对"。教师："大家想去玩吗？"学生集体回答"想"。教师："你们想去旅行吗？"学生："想。"教师又问道："你们想去哪呀？"教师要求学生一个一个地回答这个问题……教师："那太好了，咱们班有那么多日本的朋友对吧，可以介绍日本的美食和旅游的地方，让其他同学了解一下。那么我们在旅行之前，首要先做一些准备工作。今天我们的任务就是做一个详细的旅行计划。你要去哪儿，要去的时间，你要和谁去，你怎么去，你到了那儿你要参观什么，吃什么？上个星期我们已经学了很多生词和语法了，假期的、天气的、吃的、看的、交通工具对吗？你们的旅行计划里要尽可能用这些词。"[改编自（姚金凤，2015）]

① https://www.sohu.com/a/306653059_100150488。

续表

序号	分类	定义	例子
7	故事导入	利用学生爱听故事、趣闻轶事的心理,通过讲述与教学内容有关的具有科学性、哲理性的故事、寓言、传说等,激发学生兴趣,启迪学生思维,创造情境引出新课,使学生自觉进行新知识学习的一种导入方法。	今天,老师给小朋友讲一个故事,有一个小朋友叫丁丁,他很喜欢画画,他画只鸭子尖嘴巴(配合图片),画只兔子圆耳朵(配合图片),画匹大马没尾巴(配合图片),你们说他是一个什么样的画家呢?对,他真是个粗心、马虎的小画家。小朋友们,你们做事情可都要细心喔,千万不能马马虎虎。今天,我们来学习歌曲《粗心的小画家》(改编自山西教育幼教网上案例①)。
8	歌曲导入	利用歌曲的歌词、旋律、意境创造情境,引出新课,使学生自觉进行新知识学习的一种导入方法。	(作文课)今天我们放松一下,先来听一首歌。《一封家书》大家听懂了吗?这首歌唱什么?对,写给爸爸妈妈的一封信。今天我们也要学用汉语写一封信,开头写什么,看看歌词,"亲爱的爸爸妈妈?你们好吗?"(唱歌)最后要写什么?"此致,敬礼,此致那个敬~礼~!"(唱歌)这就是汉语写信最基本的要求。让我们一起来看看。
9	温故引新导入	通过帮助学生复习与即将学习的新知识有关的旧知识,从中找到新旧知识的联结点,合乎逻辑、顺理成章地引出新知识的一种导入方法。	大家还记得我们上星期学的可能补语,能听懂,还可以怎么说?对,听得懂。不能听懂,怎么说?对,听不懂。看呢?(老师戴上眼镜,又取下眼镜)对,看得清楚,看不清楚。(复习可能补语第一种形式:由结果补语变化来的) V＋得＋结果　V＋不+结果 听得懂　听不懂 看得清楚　看不清楚 今天我们还要学习第二种可能补语,它是我们以前学过的"上来、下去、出来、回去"这些词变来的。 比如说,今天电梯坏了,我家在20楼,我怎么样?能?(老师做上去的手势)学生回答"上去"。 对,能上去吗?(复习趋向补语)学生回答"不能上去"。老师指着前面的板书问,怎么说?学生回答"上不去"(新知识:趋向补语变化的可能补语)。板书:上去　上得去　上不去
10	板书导入	通过富有表现力的板书来使学生集中注意力,调动学生学习的兴趣,揭示教学内容的主题,引导学生进入学习情境的一种导入方法。	老师故意在黑板上写了一个"借"字,问学生,这是借字吗?有的学生回答对,有的学生回答不对,左边错了。老师在这个字旁边打×,说,喔,写错了,借是这样的,对吗?一边板书正确的"借"字。 借×借√ 写错了　写对了 这个字写错了。　这个字写对了。 第一次写的结果"错了",第二次写的结果"对了"。 我们今天要学习这个结果补语:"V＋结果(result)"。

表 4-7 是导入技能的评价要素表。

---

① https://www.sohu.com/a/204498611_534836。

表 4-7　导入技能的评价要素表

教学技能评价要素	好	良	中	及格	差	权重
1. 教学设计合理，目标明确	□	□	□	□	□	0.20
2. 能自然引入新课，衔接紧凑恰当	□	□	□	□	□	0.20
3. 能引起学生兴趣和学习积极性	□	□	□	□	□	0.15
4. 设计、提出的问题明确、恰当	□	□	□	□	□	0.10
5. 对学生的评价有确认、评价	□	□	□	□	□	0.10
6. 语言清晰、有感染力（通顺、准确、规范、有条理）	□	□	□	□	□	0.10
7. 教学媒体的使用恰到好处	□	□	□	□	□	0.15
对整段微格教学片段的评价：						

（2）语言技能。

语言是教师传道、授业、解惑的重要工具。教师的语言要简洁、生动、准确，有着鲜明的个人风格，让学生愿意听、喜欢听。教师的语言艺术修养和语言表达能力是教师最重要的素养之一。第二语言教学的教师由于与学生存在着跨语言文化沟通的问题，其语言表达更具有自身的特点。第二语言教学研究对教师的语言进行了多方面的研究，克拉申提出的"i＋1"原则，即教师需要为学生提供大量丰富多形态的可理解性输入。国际汉语教师所需具备的语言表达特点如表 4-8。

表 4-8　国际汉语教师所需具备的语言表达特点

维度	评价要素
发音	标准（普通话二甲以上）、清晰不含混（不要吞音、过多儿化音）
音量	控制适度
语速	自然流畅，根据学生语言水平调整，初级阶段较慢，中高级阶段可逐步加快
语调	抑扬顿挫，能与内容情境相适应，能用声调表达惊喜、疑问、感叹等各种情感
形式	1. 对学生现有的词汇量和语法水平有一定了解，在学生语言水平范围内，适当增加一些新的词汇和表达 2. 可利用"套语"（formulaic speech）确定常用课堂用语，如打开书、关上书、上课、下课、请回答、安静。多利用语义简化和结构简化，以匹配学习者的语言水平
内容	1. 准确生动，简洁清楚，不啰嗦，剔除繁琐用语和不良口头语 2. 幽默，富有情感，有节奏起伏，不过于平淡

处于初级阶段的新手教师容易出现"用语过难""表达啰嗦"的问题，可以对照录像中的语言进行简化的练习。如下面一段课堂实录的转写：

"嗯，同学们，翻开课本 187 页，然后跟老师一起读一遍，就从那个 1，2，3，4，5，6，7，8，第 8 行，就是那个李军说的那个，你什么时候去旅行开始。老师读一句，你们读一句。……好，李军他们在说什么呢？是有关于旅行的事，对不对？”

这里就出现了用词难和表达啰嗦、不良口头用语多的问题。我们可针对性地进行修改。

“同学们，打开书 187 页，读第 8 行（指 PPT 上课文的照片），‘你什么时候去旅行’，老师先读，然后你们读。……好，李军他们在说什么呢？（请学生回答）对，他们在说‘旅行’！”

这里去掉了很多口头语，如“嗯”“那个”，还采用了换用简单词和换用简单句式的简化方法。

换词：翻开——打开，课本——书。

换句型：是有关于旅行的事——他们在说“旅行”。

　　老师读一句，你们读一句——老师先读，然后你们读。

表 4-9 是语言技能的评价要素表。

表 4-9　语言技能的评价要素表

教学技能评价要素	好	良	中	及格	差	权重
1. 讲普通话，发音标准，吐字清晰	□	□	□	□	□	0.10
2. 音量大小合适，根据情况调整变化	□	□	□	□	□	0.10
3. 语速、节奏恰当	□	□	□	□	□	0.10
4. 语调抑扬顿挫，富于感情变化	□	□	□	□	□	0.10
5. 语言流畅、通顺，媒介语使用比例恰当	□	□	□	□	□	0.10
6. 语言简明准确，通俗易懂，难度与学生语言水平相配	□	□	□	□	□	0.10
7. 逻辑严密，条理清楚	□	□	□	□	□	0.10
8. 语言富有启发性，幽默生动有趣	□	□	□	□	□	0.10
9. 没有不恰当的口头语和废话	□	□	□	□	□	0.10
10. 体态语配合恰当	□	□	□	□	□	0.10
对整段微格教学片段的评价：						

（3）讲解技能。

讲解又称讲授，它是用语言传授知识的一种教学方式，是教师解释或解说知识和专门技术的行为方式，是教学中最普遍最经常采用的教学方式，是教学诸项技能中最基本的技能之一，其优点在于：它能在较短的时间内较简洁地传授大量的知识，可以方便及时地向学生提出问题，指出解决问题的途径。由于讲解是单向的，为了获得反馈，常常与提问和练习相结合。

在汉语教学中，教师常常需要向学生解释语音、汉字、词汇、语法，但是由于学生第二语言水平的限制，教师讲解时需要注意以下几个问题。

1. 母语或媒介语的使用要适度

无论是本土教师用母语，还是中国的教师用英语作为媒介语，对汉语中的问题进行解释，都应该把握一个"度"的问题。学生是学习汉语，而不是英语或母语，如果在汉语课堂上，教师用英语或学生母语的比例超过了汉语，学生得到的汉语输入就会严重不足，无法建立起汉语学习的环境和语感。英语或母语只是起到辅助的作用，不能喧宾夺主。

2. 化繁为简，少用抽象概念或术语

要具备用最简单的话表达复杂概念的能力。如语音教学中的变调规则，"上声+上声第一个字变为阳平"，教师只需要说"三声+三声=二声+三声"或者用声调符号"ˇ+ˇ=╱+ˇ"。在词语教学中，"结婚""见面"这样的离合词，在搭配宾语时，不能直接加宾语。但是"离合词""搭配宾语"这样的术语，学生更难理解，老师可以用其他方式让学生理解。如"见*面"中面是脸的意思，所以，不能直接说"见*面谁"，要说"见朋友一面"或者"跟朋友见面"。在语法教学中，把字句的使用条件是，动词有处置义且不能为光杆动词。那么怎么向学生解释"处置义"和"光杆动词"？看下面老师对"处置义"的讲解："看看这两个句子，我把飞机开回家了，我把飞机坐回家了。这两个句子对吗？看一下把字句的结构：谁+把+东西+动词+怎么样了。对，两个句子结构都是对的，可是第二个句子不行，因为把字句还有一个要求，这个动词必须是谁做了什么，因为做这件事，所以这个东西怎么样了。那我开，所以飞机回家了，对吗？对。但是，因为我坐飞机，所以飞机回家了吗？不行。对不对。所以，把字句的动词代表因为做这个，所以东西怎么样了。这样的动词才可以用在把字句里。"到中高级阶段可适当使用一些常用易理解的术语，如名词、动词、主语、宾语等。

3. 多举例，创造情境，用例句让学生在情境中理解，化抽象为具体

抽象的概念即使用翻译或者另外的词来解释，往往也难以理解。但是如果放到情境中，结合学生的生活经验，举出合适的例句，就会很容易理解。比如，在讲解"安慰"时，老师可以设置一个情境："现在我是你们的同学，这次考试我考得很不好，很伤心。你们快来安慰我！"学生马上七嘴八舌地想办法安慰老师。这样不仅明白了"安慰"的意思，还学会了"安慰"的用法。

4. 借助图片、动作、图表等演示技能，让学生在情境中理解

这一点我们将在演示技能中具体说明。表 4-10 是讲解技能的评价要素表。

表 4-10　讲解技能的评价要素表

教学技能评价要素	好	良	中	及格	差	权重
1. 讲解目标明确、设计合理	□	□	□	□	□	0.10
2. 所选择的讲解内容与学生语言水平和需求相适应	□	□	□	□	□	0.15
3. 讲解内容准确、观点科学，符合汉语本体相关研究结论	□	□	□	□	□	0.15
4. 讲解过程中的层次合理（由易到难，由已知到未知）、逻辑清晰	□	□	□	□	□	0.15
5. 注意讲解过程中各部分知识之间的联系，推理、论证严密	□	□	□	□	□	0.15
6. 能与学生的已有知识、生活经验、社会实践和其他学科知识联系	□	□	□	□	□	0.10
7. 适当强化重点内容	□	□	□	□	□	0.10
8. 语言简练、清晰，描述生动，富于感染力，能够调动学生的积极性，提高学生的学习积极性	□	□	□	□	□	0.10
对整段微格教学片段的评价：						

（4）演示技能。

演示技能是指教师在课堂上进行实验示范或操作表演的一种教学行为。具体地说，是指教师运用实物、卡片、图表、幻灯片、影片或录像等演示材料，根据预设方案进行演示操作，并指导学生获得知识或技能，培养学生观察、思维和记忆能力的一种教学活动。在第二语言教学中，演示尤为重要，因为学生的语言水平有限，与其用复杂的语言解释，有时用图片、实物或动作能够有更好的直观解释作用。试比较（表 4-11）：

表 4-11　语言表达与直观演示的对比

语言表达	直观演示
"上去""下来"等趋向补语的解释 表示事物随动作而移动的方向 "去表示离开说话者的方向" "来表示靠近说话者的方向"	用实物展示： 老师用纸折了一架飞机，朝不同的方向扔 往上，飞机"飞上去了" 往前，飞机"飞过去了" 往下，飞机"掉下来了" 往教室外，飞机"飞出去了" 用图片展示：

续表

语言表达	直观演示
	用符号/图表/公式展示：　　↓　　　　　　↑ 　　→ 来 ←　　　 ← 去 → 　　　↑　　　　　　↓
	用视频展示： 老师播放农夫运老虎、羊和花的视频，让学生观察不同的趋向。并描述"老虎跳起来""把花摘下来""把羊运过去"
	用动作展示： 老师一边说"快下来"，一边看着上方，手做着往怀里的动作。说"不，不下去"时看着下边，手心朝外，往外推

　　在语言教学中常用演示技能分为四种：展示演示、电化演示、形体演示和实验演示。①展示演示是通过向学生展示实物、卡片、图表等直观教具，引导学生感知事物、获得感性认识的教学技能。②电化演示是教师利用录音、投影、录像、电脑等教学媒体，展现事物的现象及发展过程的一种教学技能。③形体演示是指教师用身体直接演示与教学内容有关的动作，指导学生学习的一种教学技能，包括动作演示和情境演示（如带学生表演课文中的小故事）。④实验演示则是，教师利用一定的设备和材料，借助一定的自然条件，通过控制条件的操作过程，引起实验对象的某些变化，使学生从观察这些现象的变化中，获得直接经验或验证某些知识的教学方式。比如在讲小乌鸦喝水时，教师用瓶子装水，再投入石子，让学生观察水面升高的过程。在语言与学科结合时，如讲解地理、科学等相关阅读文章时，都可以利用这种实验演示。

　　演示一定要根据教学目标、学生的心理特征和学校的硬件条件，挑选适当的演示方式。有些教师为了演示而演示，PPT 中出现大量与教学内容无关的图片，吸引学生注意，却反而降低了学生对学习内容的专注度，影响了学习效果。在学校缺少电脑、投影等设备时，也可利用打印图片、闪卡、自制教具的方式来创造不同的演示方法，不要过分依赖电化设备。教师在教学演示过程中，一定要结合必要的讲解，引导学生感知演示材料，获得正确的感知信息，促进学生对教材内容的理解与掌握。

　　表 4-12 是演示技能的评价要素表。

表 4-12 演示技能的评价要素表

教学技能评价要素	好	良	中	及格	差	权重
1. 演示目的明确，解决教学重点难点	□	□	□	□	□	0.10
2. 媒体选择恰当，有利传递教学信息	□	□	□	□	□	0.10
3. 演示前对图表、实验等交代清楚	□	□	□	□	□	0.10
4. 演示中指导学生观察，强调关键	□	□	□	□	□	0.10
5. 演示程序步骤有条不紊	□	□	□	□	□	0.10
6. 演示操作规范，示范性好	□	□	□	□	□	0.10
7. 演示、讲解结合，有启发性	□	□	□	□	□	0.10
8. 演示效果明显，直观性好	□	□	□	□	□	0.10
9. 多种媒体配合，增强效果	□	□	□	□	□	0.10
10. 演示物准备充分，有利观察	□	□	□	□	□	0.10

对整段微格教学片段的评价：

（5）提问技能。

提问技能是指教师在课堂教学中通过提出问题，以及观察学生回答的反应方式，了解学生的学习状态，启发思维，使学生理解和掌握知识、发展能力的一类教学行为。"教师的提问能力越高，课堂的互动效果越好，学生的学习成绩就越高。也就是说，教师提问的有效性与学生的学习效绩有正相关性。"（靳洪刚，2018）如何提问是一门艺术，提问恰当，可以激发学生思维，提高学生学习兴趣；提问不当，不但达不到教学目标，还会影响课堂气氛。

提问要讲究技巧和策略。提问前，问题的设置要有目的性、层次性、启迪性、适应性和有效性。目的性，指提出问题要与教学内容的目标和学生的需求相结合，学生通过回答问题，可以帮助他们理解学习内容并进行进一步的思考。层次性，指问题应该是递进式的，有节奏，前后相互衔接、相互呼应，逐步深入。也就是说应该由浅入深，由易至难，由封闭性问题到开放性问题。启迪性，是指提问应该引导学生利用旧有的知识和经验，启迪学生将教学内容与旧有知识相连接，积极思考，从而获得或形成新知识。答案开放、具有挑战性、与学生的切身经历相关的问题才能引起学生的兴趣，才能让他们积极参与。适应性，是指教师的提问应该兼顾全班，不能只针对部分学生。学生的语言水平（好、中、差）、性格（外向、害羞）、学习风格（喜欢语法还是交际）、编排座位（前后、中间还是两边）、国别，都是教师应该考虑的因素。尽量给每个学生公平回答的机会，个别提问和全班提问可结合进行。可将问题分层次，较容易的问题让较差的学生回答，最后由中等或好学生做总结。较难的问题给中等以上的学生回答。有效性，是指教师的提问应该表述简洁清楚，句长和词汇的难度应符合学生现有的语言水平。以下是一个教"V着"存现句时的提问例子。

老师：这是哪儿？（停顿）小明。

小明：这是客厅。

老师：很好！谁家的客厅？（停顿）惠琳。

惠琳：老师家的客厅。

老师：对，很聪明，看到老师的照片了！哈哈，客厅里有什么？（停顿）伟强。

伟强：客厅里有沙发，电视还有照片。

老师：对。少了量词，measure word。加上量词，怎么说？（停顿）戴文。

戴文：客厅里有一张沙发，一台电视，还有一幅照片。

老师：非常好！那沙发、电视、照片是怎么放的呢？用什么动词？（一边做动作一边看大家）

学生七嘴八舌：放沙发，摆电视，挂照片，贴照片……

老师：你们生词记得不错！放沙发，用"V着"怎么说？（停3—5秒）伟强。

伟强：客厅里放着沙发。

老师：量词！

伟强：客厅里放着一张沙发。

老师：大的还是小的？

伟强：大的。

老师：句子？

伟强：客厅里放着一张大的沙发。客厅里放着一张大沙发。

老师：很棒，知道不要"的"。（笑）谁家的客厅里放着……？（停顿）惠琳。

惠琳：老师家的客厅里放着一张大沙发。

老师：太棒了！一起来。

学生一起：老师家的客厅里放着一张大沙发。

老师：戴文！（配合请回答的手势）

戴文：老师家的客厅里放着一张大沙发。

老师：小明！（配合请回答的手势）

小明：老师家的客厅里放着一张大沙发。

在这个例子里，为了练习新的存现名"地点+V着+数词+量词+名词"这个句型，教师并没有直接切入，而是利用了这个句型的垂直结构和学生的旧知识，表存现的有字句，从地点到事物到动词一步步为学生搭好了脚手架。将长句分解成若干个小的问题，在提问时注意学生的水平，从较容易的问题开始，问水平较低的学生。问题层层推进，在用"有"的存现句的基础上，复习了量词、多重定语的顺序，最后才切入事物摆放的动词，让学生说完整的"V 着"存现句。这是因为学生的语言表达存在着语言变异和情境变异，同一条语法规则，学生理解起来没有问题，但是在表达中如果遇到不熟悉的生词，或者句子变长，就容易出现错误。在练习新句型时，老师可先用短句生词，再到旧词长句，反复训练，以达到熟练表达的目的。

　　提问后，当学生答不出问题的时候，教师可以通过停顿、鼓励、补充提问或补充信息源、转向的方式帮助学生。如：

　　老师：谁可以用"被"来说一下这幅画说了什么？

　　学生：小猫跳，然后，然后……（想不起来花瓶怎么说）

　　老师：(微笑着看着他等了 2 秒，然后用手指着图画里的花瓶)这是什么？（停顿，鼓励）

　　学生：花……花……

　　老师：(提示)你喜欢喝可乐，是吧？我们常常说一……什么……可乐？（补充信息源）

　　学生：一瓶可乐！啊，花瓶！花瓶被小猫坏了！

　　老师：怎么坏了？（做"碰撞"的动作）这个动词怎么说？（补充提问）

　　学生：(想不出来)……

　　老师：别的同学，有谁知道？（转向）

　　其他学生七嘴八舌：打！碰！撞！

　　老师：那这个坏，是怎么样的坏呢？（指着碎片）

　　其他学生：烂了，碎了！

　　老师：很好！我们可以说打烂了，打碎了。小明，你再说一遍完整的句子好吗？

　　学生：花瓶被小猫打碎了。

　　提问之后评价学生的回答也有一定的技巧，积极强化是教师经常使用的一种技巧，可以鼓励学生积极参与，给学生成就感。强化包括语言强化和非语言强化（表情、眼神、动作带有真切的情感）。语言强化中有简单反馈（如：对，好，很棒）和具体的反馈（如：生词记得不错！知道不要"的"）。具体有针对性的反馈可以给学生更好的情感体验。即使学生回答错了，也可以从其他方面进行鼓励，如："最近有进步！常常积极回答问题。""加上这个词就对了，差一点点！再努力！"

　　普北班和明德暑校的语言教学模式中明确提出教师要多问 5W1H 特殊疑问问题，即 who、when、where、why 和 how，少问"yes or no"问题（是非问）或选择问句，以避免教师问得长，而学生回答短。另一方面，要求学生尽量用完整的句子和刚学过的句型回答，而不能仅用单个的词或词组回答。这样的提问技巧简单易操作，有利于训练学生语言形式的熟练度。

提问从交际角度可分为认识性提问（epistemic question）和回应性提问（echoic question）（表 4-13）。"认识性提问目的在向对方索取信息；回应性提问作用主要是通过提问来要求对方重复刚说的话或确认对方的意思。认识性提问包括展示性提问（display question）和信息性提问（referential question）。展示性提问往往是在答案已知的情况下进行的提问，属于'明知故问'。信息性提问是为了获取或交换信息而提出问题，提问者并不知道问题的确切答案，也不能预测被提问者会给出怎样的回答。"（靳洪刚，2018）

表 4-13　认识性提问和回应性提问

认识性提问——引发、持续课堂互动的提问			
展示性提问——课文、教学、练习		信息性提问——练习	
课文导向	语言解释/练习/加强导向	事实导向	推理导向
（1）事实提问	（1）事实提问	（1）个人化提问	（1）个人化提问
（2）推理提问	（2）推理提问	（2）地方化提问	（2）地方化提问
回应性提问——调整课堂互动的提问			
理解检测（comprehension checks）		例：听懂了吗？明白吗？	
要求说明或澄清事实（clarification requests）		例：可以再说一遍吗？我没听清。	
确定理解正确与否（confirmation checks）		例：你是说……吗？你的意思是……？	

从认知水平可分为回忆性提问、理解性提问、运用式提问、分析式提问、综合式提问和评价性提问。思维水平的维度与语言难度并非一个概念，语言难度不一定能反映思维复杂度，但思维复杂度的提升要考虑语言水平的适合度，在语言教学中，语言难度（横向）与思维复杂度（纵向）的区分与平衡使用非常重要，会直接影响学习者课堂语言表达的数量及思维的深度和质量（图 4-5）。普林斯顿大学的教授周质平有句名言："不要高估学生的语言水平，也不要低估学生的思维水平。"研究显示，浅层思维提问对事实性材料的记忆有所帮助，但如果在课堂上过多使用浅层思维提问，学习者的回答在语言难度及思维复杂度方面都会大幅降低，学习者的学习兴趣也会随之下降。一堂课中的深层思维提问比例适当十分重要，超过全部教师提问 20%的深层思维提问可较大幅度提升中小学生的学习成绩，占全部教师提问 50%左右的深层思维提问对提升大学生或成人学习者的学习效果

而言最佳。

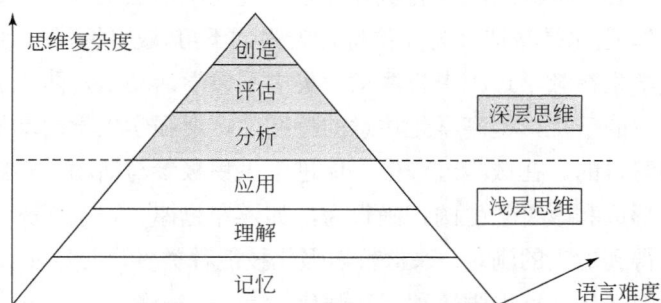

图 4-5 六种思维方式及层次顺序

    教师必须了解教师提问的各种类型及功能，厘清不同类型教师提问的共性和差异。此外，教师还要在课堂上不断尝试灵活平衡地使用各种类型的教师提问以达到最佳提问效果。例如，在什么语言水平的课堂使用什么样的教师提问，什么时候需要提升和转换不同难度和复杂度的教师提问，如何掌握课堂讨论的走向、调整语言使用、促进课堂互动，这些都是语言教师需要思考和研究的有关教师提问实施程序的问题。表 4-14 是提问技能的评价要素表。

表 4-14 提问技能的评价要素表

教学技能评价要素	好	良	中	及格	差	权重
1. 问题设计围绕教学目标，内容明确，重点突出	☐	☐	☐	☐	☐	0.10
2. 问题联系旧知识，解决新问题，给学生留有思维空间	☐	☐	☐	☐	☐	0.10
3. 问题设计包括多种类型和水平，能培养学生能力	☐	☐	☐	☐	☐	0.10
4. 把握提问时机，促进学生思维	☐	☐	☐	☐	☐	0.10
5. 内容表述清晰，表达连贯，语言难度适中，有利于学生理解	☐	☐	☐	☐	☐	0.10
6. 提问后根据问题难易适当停顿和放缓语言速度，探求学生回答	☐	☐	☐	☐	☐	0.10
7. 提示适当，帮助学生思考	☐	☐	☐	☐	☐	0.10
8. 提问面广，照顾到各类学生	☐	☐	☐	☐	☐	0.10
9. 对学生的回答能认真分析评价，使大多数学生明确自身问题所在	☐	☐	☐	☐	☐	0.10
10. 对学生以鼓励为主，批评适时适当	☐	☐	☐	☐	☐	0.10

对整段微格教学片段的评价：

（6）反馈强化技能。

强化是一个心理学概念，"使有机体在学习过程中增强某种反应重复可能性的力量称为强化"。强化是塑造行为和保持行为强调不可缺少的关键。强化能引起学生的注意，使学生在教学过程中将注意力集中到教学活动上，防止和减少非教学因素刺激所产生的干扰，提高学生注意的持续性。增强学生学习动机，激发学习兴趣，明确学习目的。在教学过程中，促进学生积极参与活动，活跃教师与学生的双向交流。形成和改善学生的正确行为，如遵守纪律、正确观察等，使学生的努力在心理上得到适当的满足。课堂教学强化技能种类多，主要有以下几种类型：语言强化、动作强化、标志强化和活动强化。

语言强化：是教师用语言评论的方式，语言强化一般有两种形式：口头语言强化（表扬、鼓励、批评）、书面语言强化（老师在作业和学期总结上给学生写的评语）。

动作强化：是指教师运用非语言的身体动作，对学生在课堂上的行为表达自己的情感态度。教师的点头示意、微笑、期待的目光、专注的表情等，都有此时无声胜有声的效果。动作强化包括目光、手势、表情、身体接近或触摸、沉默、点头、摇头等。

标志强化：又称符号强化，教师用一些醒目的符号、色彩的对比来强化教学活动。比如，小学生课堂上教师使用小红花、竖起的大拇指等表示表扬；课后给学生发小贴纸、积分卡兑换礼物、奖状等来表示奖励。

活动强化：是以特殊的个别活动作为奖赏物，对在教学活动中有贡献的学生进行奖赏和鼓励。例如，当小老师部分地代替教师工作，帮助教师检查学生的练习；在班级设立幸运椅子，达到要求的学生可以坐；规定自由时间，完成了学习任务的，在自由时间段可以享有特权等。

强化的方式要与学生的反应相适应，还要注意与学生的年龄、特点相适应。尽量采用正强化，避免采用负强化的方式，以鼓励为主，兼以适当的批评。强化的量也要适时适度，及时强化，不宜过多。理论证明，获得间歇性强化的反应比连续强化的反应在停止强化后保持的时间要长。表 4-15 是强化技能的评价要素表。

表 4-15　强化技能的评价要素表

教学技能评价要素	好	良	中	及格	差	权重
1. 教师采用的强化目的明确	□	□	□	□	□	0.10
2. 强化引起了学生的注意力	□	□	□	□	□	0.15
3. 强化促进了学生参与教学活动	□	□	□	□	□	0.20

续表

教学技能评价要素	好	良	中	及格	差	权重
4. 强化运用时机适当	☐	☐	☐	☐	☐	0.10
5. 教师运用强化时情感热情、真诚	☐	☐	☐	☐	☐	0.15
6. 强化方式多样	☐	☐	☐	☐	☐	0.10
7. 强化自然、恰当	☐	☐	☐	☐	☐	0.10
8. 以正面强化为主，鼓励学生进步	☐	☐	☐	☐	☐	0.10
对整段微格教学片段的评价：						

（7）组织技能。

课堂组织管理是教师为了有效地完成教学任务，调动各种积极因素为学生学习创造良好的学习环境和心理环境，引导学生积极参与课堂活动，有效地利用和管理课堂。管理主体是教师，客体是学生，管理范围是课堂环境、课堂纪律和课堂氛围，管理目标是有效地完成教学，良好的课堂管理能有效地促进教学效果。组织技能的实施，是使课堂教学得以动态调控，以便使教学顺利进行的重要保证。尤其对于年龄小的幼儿园和小学生而言，教师的教学组织技能起着至关重要的作用。很多赴国外的汉语教师志愿者在国内缺乏这方面的经验，给学生上课时，40 分钟里 30 分钟都在维持课堂秩序，教学时间都得不到保证，就更别提教学效果了。我们将在第七章里详细讨论课堂教学组织管理，这里不再赘述。表 4-16 是组织技能的评价要素表。

表 4-16 组织技能的评价要素表

教学技能评价要素	好	良	中	及格	差	权重
1. 教学组织目的明确，激发学生学习兴趣	☐	☐	☐	☐	☐	0.20
2. 课堂管理方法有效、合理，课堂教学有秩序	☐	☐	☐	☐	☐	0.20
3. 利用反馈调整控制好教学	☐	☐	☐	☐	☐	0.10
4. 教师采用多种方法，使学生思维处于活跃状态	☐	☐	☐	☐	☐	0.10
5. 采用不同方法照顾到不同水平的学生	☐	☐	☐	☐	☐	0.10
6. 采用表扬方式激发学生兴趣和积极性	☐	☐	☐	☐	☐	0.10
7. 教学过程生动，安排合理，组织学生进行课堂交流互动	☐	☐	☐	☐	☐	0.10
8. 师生关系融洽，创造和谐的教学气氛	☐	☐	☐	☐	☐	0.10
对整段微格教学片段的评价：						

（8）变化技能。

教态是教师讲课时的表情、动作、神态、姿态等体态的表现，是伴随教师开展课堂教学的一种重要辅助手段。教师的教姿教态和体态语言是教学语言的重要组成部分。良好的教态和体态体现教师的人格修养、气质和整体素质。教态的基本构成包括仪表服饰、身姿体态、手势动作、面部表情和眼神等。在国际汉语教师的基本素质里有一点，就是教师需要较强的亲和力。亲和力从哪儿来？教师热情的微笑、温柔的目光、鼓励的眼神、表扬的手势都可以给学生安全感和自信心。教态是亲和力的重要来源。变化技能包括体态的变化、面部表情的变化、眼神的变化、适当的停顿和声音的变化等，具体要求如下。

仪表服饰：发型、服饰等整洁大方，不能不修边幅，也不能标新立异。尊重教授学生所在国的习惯。

身姿体态：①身姿挺拔，头部平正，自信大方；②避免不良习惯，手不乱晃，腿不乱抖，双手不撑讲台，也不插裤兜里；③注意位置的移动，以站在讲台上为主，但不要总站在一个位置不动，可适当在讲台上走动；在讲台上的走动具有统领效果，能控制全班的行为，宜于讲解新课或引起全班共同注意。学生分组活动时，要走下讲台指导学生。从讲台上下来走到学生中间，这种空间距离的缩小，直接影响是与学生心理上的接近，加强课堂上师生间的感情交流。同时，在走动中教师可进行个别辅导，解答疑难，了解情况，检查和督促学生完成学习任务。

手势、动作：手势是强化语言效果的重要方式，恰当的手势能够吸引学生注意力，加深印象，加强表达效果，激发学生的听课情绪。①手势动作不能太随意，比如，不停地挠头、挖鼻孔、敲桌子、转笔等很容易分散注意力，影响教学效果；②手势的变化不能过碎过多，也不能过少过于呆板，应自然适度；③手势要靠小臂和手的动作完成，不要用手指指点学生。切忌不停地挥舞或胡乱地摆动，更不能做带有侮辱轻蔑意义的手势。

面部表情和眼神：教师的面部表情对激发学生的情感有特殊的重要作用。教师的面部是教师丰富内心世界的外部表现。目光亲切，态度和蔼，保持微笑。眼神保持与全体学生视线交流，不能只盯着前排几个同学。善用不同的眼神表情达意，能用面部表情和眼神的变化在无声中控制课堂。如当学生违反纪律或影响课堂氛围时，可用严肃的表情和责备的眼神示意，而不是大声批评，打断课堂正常的进行。

停顿和声音：停顿也是一种语言，是引起注意的一种有效方法。在讲述一个重要事实之前作一个短暂的停顿，能够有效地引起学生的注意。不要长时间停顿，两三秒足够，超过 20 秒会让人难以忍受。声音的质感、声调和讲话速度的变化，以及富有感情的语言，会使教学变得很有生气。声音可以由低到高，也可以由高到低，一个有技巧的、训练有素的教师能直觉地运用这一方法。教态是教师的基本功，跟演员上台一样需要训练，平时可对着镜子多练习表情和站姿。表 4-17 是变化技能的评价要素表。

表 4-17 变化技能的评价要素表

教学技能评价要素	好	良	中	及格	差	权重
1. 课堂走动符合教学需要，快慢适宜，停留得当	□	□	□	□	□	0.10
2. 面部表情准确、自然、适度，微笑，态度和蔼	□	□	□	□	□	0.15
3. 服饰和谐，体态端正，自然大方	□	□	□	□	□	0.10
4. 声音节奏、强弱变化适当，增强语言感情	□	□	□	□	□	0.15
5. 手势、动作变化自然协调、得体	□	□	□	□	□	0.15
6. 眉目积极有神，面向全体学生	□	□	□	□	□	0.10
7. 适当利用停顿，引起学生注意	□	□	□	□	□	0.10
8. 教态变化能引起注意，有导向性	□	□	□	□	□	0.15

对整段微格教学片段的评价：

（9）板书技能。

在现代化技术日益发展的今天，有人认为板书最终会被电子白板、投影仪等智能教学设备所代替。但是，无论将来的技术如何发展，目前板书在汉语作为第二语言教学中仍然有不可替代的作用。板书在某些方面依然具有自己的特点与优势，如：①整体感和灵活性强，随时可写可擦，可随时间展开，最后形成局部与整体相互呼应的布局。②一张一张的幻灯片容易转换过快，缺少过渡和整体印象。汉字的书写过程，在教师的板书中，可以自然而然、潜移默化地教给学生。③省时省力，制作精美的 PPT 往往会耗费教师大量的时间和精力，去寻找合适的教学材料、排版、动画效果等。④容易上手，不易受技术条件的影响。⑤因为输入源较少，学生的注意力不容易被其他干扰。多媒体的电子教学则有着提高教学效率、丰富教学输入模态、活跃课堂气氛、丰富教学手段的优势。因此传统的板书和现代教育技术的多媒体展示有着各自的优点，应该相辅相成，相互补充使用，而不应该放弃传统板书的教学。我们将在第九章具体分析在现代教育技术快速发展的今天，教师应该具备怎样的信息化教学能力。这里我们主要讨论板书的技能训练要素。国际汉语教师的一言一行都是学生模仿的样板，因此教师的板书书写对学生的影响也是非常大的。

首先，书写规范。为给学生起到示范作用，教师应该尽量规范自己的汉字书写，做到笔顺、笔画正确，不写错别字，不写倒笔。由于汉字笔顺的复杂性，有很多汉字笔顺的规范也曾经几度更改，这种情况虽然不能强求一致，但是要保证自己的书写在符合笔顺基本规律的范围内。写好"三笔字"（钢笔字、粉笔字和毛笔字），是师范生基本的素质要求，也是教师必备的基本职业技能之一。其次，字的书写应该清晰美观，注意字的大小、位置，不要忽大忽小、忽高忽低、忽远忽近，保证后排的学生能够看到。再次，主次分明，善于用不同颜色、符号来突出重点。最后，注意布局，分出不同板块，如标题区、生词区、核心区、补充区等。哪些先写，哪些后写；哪些写中间，哪些写旁边；哪些要保留，哪些要擦掉，都应该有一个整体的设计。我们将在后文教学设计中具体讨论生词、课文、语法教学的板书设计，此处只列出板书技能的评价要素见表4-18。

表 4-18　板书技能的评价要素表

教学技能评价要素	好	良	中	及格	差	权重
1. 板书文辞精练、准确	☐	☐	☐	☐	☐	0.20
2. 书写工整、布局美观	☐	☐	☐	☐	☐	0.20
3. 板书反映教学内容系统正确	☐	☐	☐	☐	☐	0.20
4. 变化生动灵活，有利于学生记忆	☐	☐	☐	☐	☐	0.20
5. 文字规范、笔顺正确	☐	☐	☐	☐	☐	0.20
对整段微格教学片段的评价：						

（10）信息化教学技能。

信息时代各种网络技术、多媒体教育技术的发展以及人们生活方式的改变，迅速地改变着教育的形态和模式。除了面对面的课堂教学中，智慧教室和智慧教学设备等越来越多的技术设备的使用，课堂外的自主学习、翻转课堂、混合学习、网上慕课、微课、SPOC（small private online course，小规模限制性在线课程）学习、基于实时会议软件的各类直播，也成为人们日益熟悉并接受的新型教育方式。信息化教学能力是时代对教师提出的新的要求，正成为教师必备的教学能力之一。曾经有人问："随着 AI 技术的发展，教师会被 AI 所取代吗？"有人回答："教师这个行业不会被 AI 技术所取代，但是不会技术的教师会被会技术的教师所取代。"这说的可能就是信息时代教师培养发展的一个趋势。信息化教学技能会成为教师技能中新的必备技能之一。信息化教学技能在微格教学技能训练中的评价要素见表4-19。

表 4-19　信息化教学技能的要素评价表

教学技能评价要素	好	良	中	及格	差	权重
1. 多媒体教学课件设计美观、高效	☐	☐	☐	☐	☐	0.10
2. 熟悉多媒体教学设备操作，能够根据教学内容恰当地选择并应用相应的教学设备和软件	☐	☐	☐	☐	☐	0.20
3. 能够将多种多媒体设备和技术组合运用，丰富教学方式	☐	☐	☐	☐	☐	0.10
4. 在技术出现问题时，能快速解决，不影响教学进度	☐	☐	☐	☐	☐	0.10
5. 善于通过技术快速寻找教学资源，并根据需求进行改编制作（如图片、音频、视频剪辑，动画、网页制作等）	☐	☐	☐	☐	☐	0.20
6. 能够应用技术进行教学过程管理和个人教学资源管理	☐	☐	☐	☐	☐	0.10
7. 能够利用信息技术支持学生开展自主、合作、探究等学生活动	☐	☐	☐	☐	☐	0.20

对整段微格教学片段的评价：

（11）结束技能。

结束技能指教师完成一项教学任务时，通过重复强调、概括总结、转化升华等方式，对学生所学的新知识和技能进行及时的系统化巩固，使刚学的新知识融汇到学生的认知结构中去。结束技能非常重要，起着画龙点睛的作用。在教学中，结束的形式多种多样，这里主要介绍两种形式，即认知型结束和开放型结束。

认知型结束，又称为"封闭型结束"。其目的是巩固学生所学到的知识，把学生的注意力集中到课程的要点上去，这种方法虽然是对问题或课程的归纳总结，对结论和要点的明确及强调，但也应该是有趣的，尽可能引出新的问题，把学生刚学到的知识应用到解决新问题中去。例如：

今天我们学了被字句，让我们一起来看看被字句应该怎么用？今天我们学了哪些有"被"的句子？（指板书示意大家一起读）

小王的自行车被汽车撞坏了。

他的钱包被小偷偷走了。

他的新杯子被小猫打碎了。

都是好事吗？不是，对，被字句常常说不好的事，倒霉的事（语用总结）。那pattern 是什么样的，东西＋被＋什么人（或者东西）＋动词＋怎么样了（结构总结）。对不对，好，"我弄脏了衣服"用被字句可以怎么说，对，"衣服被我弄脏了"。主＋V＋结果＋了＋宾语（主动句）——宾语＋被＋主语＋V＋结果＋了（被动句）（语义总结）。我弄脏了衣服；衣服被我弄脏了。这就是我们今天学的被字句，请大家回家用"被"写一写自己发生了哪些倒霉的事，好吗？

开放型结束，与其他学科、生活现象或后续课程联系比较密切的教学内容完成以后，不只限于对教学内容要点的复习巩固，而且要把所学的知识向其他方向延伸，以拓宽学生的知识面，引起学生更浓厚的研究兴趣，或把前后知识联系起来，使学生的知识系统化。例如：

今天我们学了用汉语怎么买衣服，买衣服时有哪些方面很重要？"对，价格，样式，面料，品牌，质量，尺码，颜色……"我们怎么问呢？可以问哪些问题？（有些内容已经板书了，如果学生说出新的，可以补充到板书里）

	相关表达
价格	这条裙子多少钱？能便宜点儿吗？可以打折吗？
大小（尺码）	这是多大码的？你有……码的吗？ 有点大（小），你有……一点的吗？
样式	我想要（T恤、衬衫、裙子……），我想要流行的……
颜色	有什么颜色的？
面料	这是什么面料的？穿着舒服吗？
质量	质量怎么样？
品牌	这是什么品牌的？这是哪个国家产的？

好了，还有很多，今天我们就学这些。今天我们学的是去商店买东西。可是现在人们也常常在哪里买衣服？对，上网，在网上买衣服。你们知道哪个网？淘宝，有的同学知道淘宝。你们喜欢在淘宝买衣服吗？嗯，好的，今天老师就给你们一个任务，请你们到 taobao.com 这个网站上看看，买衣服在哪里看价格、大小、样式、质量。如果你在淘宝买过衣服，请你介绍一下，网上买衣服好不好？请尽量用我们学过的生词和句子，好不好？好的，今天的课就到这里。

在结束一个课题的时候，大体需要经过以下几个阶段：①简单回忆：对整个教学内容进行简单回顾，整理认识的思路。②提示要点：指出内容的重点、关键是什么，必要时可做进一步的具体说明，进行巩固和强化。③巩固和应用：把所学知识应用到新的情境中去，解决新的问题，在应用中巩固知识，并进一步激发思维。④拓展延伸：有时为了开拓学生的思维或把前后知识联系起来，形成系统，而把课题内容扩展开来。结束技能的教学评价要素表见表 4-20。

表 4-20　结束技能的教学评价要素表

教学技能评价要素	好	良	中	及格	差	权重
1. 目的明确	□	□	□	□	□	0.15
2. 明确教学重点，提示知识结构和要点	□	□	□	□	□	0.20

续表

教学技能评价要素	好	良	中	及格	差	权重
3. 结束形式多样，强化学生对课程的兴趣	□	□	□	□	□	0.15
4. 形成知识系统，深化知识、升华主题	□	□	□	□	□	0.15
5. 总结有承上启下的作用	□	□	□	□	□	0.15
6. 语言简洁、贴切、生动，富有感染力	□	□	□	□	□	0.10
7. 时间掌握恰当（紧凑性）	□	□	□	□	□	0.10
对整段微格教学片段的评价：						

（12）微格教学综合评价量表。

在各单项技能逐一训练之后，可将各项技能综合运用，表 4-21 是语言要素微格教学的综合评价量表。

三、教学反思

传统的课堂教学评价，常常是他人评价（同行或学生来对教师的教学效果进行评价），教师大多处于被动接受的地位。但是只有通过自我评价，才能促进教师的成长和发展，进行自我教育和提高。教师的自我评价就是教师以自己的教学活动过程为思考对象，对自己教学过程中采取的行为、措施、方式、方法以及结果进行全面审视和分析，检讨得失、权衡利弊、系统总结，从而提高自身的教学水平，与教学研究密切相关。常见的方式有教学反思和行动研究。

教学反思指教师在课堂教学过程中或结束后，通过自我总结和反思，将自己授课中的闪光点和问题进行记录，并与课前预设的教学目标和学生学习的实际情况进行对比，为今后的教学总结经验，改进教学方法和方式。我国著名心理学家林崇德提出"优秀教师=教学过程+反思"的成长模式。叶澜教授说："一个教师写一辈子教案难以成为名师，但如果写三年反思则有可能成为名师。"新手教师不能满足于做一个教书匠，一个技术操作工人，只用别人设计好的课程依样画葫芦，达到别人设计好的目标。而有经验的教师也不能仅满足于获得经验，20 年的经验也许只是一年工作的 20 次重复。只有善于对经验进行反思，才能激发教师的教学智慧，探索教学内容新的呈现方式，构建师生互动和学生学习的新方式，使批判性反思、研究性反思成为教师成长发展的新动力（申继亮，2006）。

1. 教学反思的内容

反思教学成功之处。如，课堂上精彩的师生互动、学生争论；对突然出现的

表 4-21　语言要素微格教学综合评价量表

组别与姓名	设计与辅写 教学目标明确、具体、可操作，教学过程结构清晰、衔接紧密，教学评价有方法					导入 引起兴趣、方法恰当、注意力集中、气氛活跃、衔接紧密					讲解 方法与内容相适应、语音规范、重点突出、不啰嗦、音量语速适度，然适度					演示 目的明确、紧密结合教学内容、启发引导、观察易理解、模仿移效果良好					提问 围绕目标、问题集中各个层次、留有思维空间、根据难度语速停顿降低语言、回答及时评价					组织 环节安排有条理、保持学生注意力、最大限度调动学生积极性、时间合理					强化 引起学生注意、激励积极性、及时、准确、方法合理、自然、真诚热情					结束 目的明确、集中所学知识重点、进一步学习兴趣、同紧凑					教学体态（变化） 站姿、手势、头部动作得体、身体移动适当、面部表情自然、时服饰得体					信息化教学及板书 与教学内容紧密联系、重点突出、强化理解和记忆、激发学生兴趣和思考					总评
	1	2	3	4	5	1	2	3	4	5	1	2	3	4	5	1	2	3	4	5	1	2	3	4	5	1	2	3	4	5	1	2	3	4	5	1	2	3	4	5	1	2	3	4	5	1	2	3	4	5	
1																																																			
2																																																			
3																																																			
4																																																			
5																																																			
6																																																			
7																																																			
8																																																			
9																																																			
备注																																																			

20　年　月　日　评价人：

问题的临时应变；对某种教学理念或教学原则运用的体会；对教材的改进或创造性处理。这些都可以成为自己或他人以后教学的参考。

反思失误之处。审视自己课堂上的失误，并思考失误的原因，解决问题的方法、对策。如，语言情境的创设是否符合学生的年龄和语言水平；提问是否真实，有没有给学生思考的空间；学生活动的组织是否围绕教学目标，是否能促进学生小组合作和自主学习；练习和活动是否温故知新，难度层层推进；是否关注学生的兴趣和个性，是否考虑学生的情感、态度、价值观的发展和跨文化的差异。根据这些失误，进行深刻反思和分析，提出新的改进策略、解决方法和教学思路，并进行"二次设计"，作为以后教学的借鉴。

反思学生独到见解。"教学相长"，学生的独到见解不仅能启发同伴，对教师的教学同样具有开拓思维的作用。学生精彩的回答、有创意的作品都是十分宝贵的课程资源，需要及时整理记录。

2. 教学反思的过程

反思过程一般包括以下几个步骤：发现问题—分析问题—提出假设—验证假设。也有人以经验学习理论为基础，将教师反思分为以下四个环节：具体经验—观察分析—抽象的重新概括—积极的验证。在此过程中提高教师的反思能力，从而提高教学能力。

3. 教学反思的形式

（1）教学日志。

教学日志是最常见的教学反思的记录形式。教师每天记录自己进行的教学活动以及这些活动实施的效果、影响课堂教学的关键细节等情况，有意识地生动地表达教师自己的活动，是教师很好的认识自己的一种方法。教学日志可以包括教学中的有意义的事件、个人的感受、对事情的反思等，具体来说可以记录自己在教学和研究过程中所发现的问题，个人的困惑、个人的解释和看法等。因为日志具有经常性的特征，因此日志可以记录和保存很多其他研究方法无法采集到的数据。例如，日志可以记录下我们对事物的认识的变化、事情发展的趋势、不同阶段的不同特点和教师受到的不同启示等。日志使我们可以经常地回顾已经走过的路程，分析其中有意义和有价值的实践、事件和观点。日志可以是描述性的，也可以是思考性的。反思教学方面的问题：你教了什么，如何教的，教学计划是否与教学实际情况相符，为什么有些内容或方法能够按计划完成，而有些却不能？学生方面：他们学了什么，不同的学生有什么不同的反应？学习的场景、行为描述、出乎意料的事件等。师生互动情况：教师与学生的双边交际活动进行的情况如何？有什么反思？详见表 4-22。

表 4-22　教学日志的模板

记录类型（可以是教学观摩、教学设计反思、课后反思、访谈实录或读书日志）：
记录（此部分记录教学过程、访谈实录或教学心得）：
反思：

例：

从第一周的汉语课上课情况来看，学生总体表现良好，提前到达教室，准时上课，越来越愿意配合老师跟读和对话。但是有个别学生比较高冷，属于被动内向型，很少有笑容。她不怎么说话，有时候发现别人比她学得快，她会更加不想开口说汉语。因此出现这样一个情况，就是所有同学一起回答的时候，该同学沉默不语，需要教师主动点名回答来检查她的学习效果。

反思：对学生水平期待有点高，跟在国内教汉语不一样，进度更慢。学生被动，喜欢被老师推着走，喜欢写笔记，课堂安静。虽然点名回答能检查学生的学习效果，但是这种一对一的问答方式比较花时间，如果课堂上经常点名某个学生回答，容易降低教学效率。对于自信心不足的学生，教师平时在作业和表达等方面对学生具体做得好的地方给予肯定和表扬，指导学生在学习中的不足，降低要求，培养学生的成就感。（摘自华南师范大学某同学 2019 年 10 月 18 日的教学日志）

现在也有教师喜欢用网络来记录教学日志，如"陈老师的对外汉语教学日志"①。由于纸质的教学日志较难收集管理，电子的教学日志越来越受到研究者们的欢迎。

（2）教学反思量表。

有效的反思也可以用量表来进行测量，将评价目标分解成易考核指标的定量评价。量表有利于科学、全面地观察自己的课堂，从不同的维度进行观察和思考。

---

① https://www.douban.com/note/616316502/。

陈光磊（2002）提出了"对外汉语课堂教学评价指标体系"。该量表不仅包括了教学的过程（备课、教学语言、练习、板书、提问、作业、资源、辅导等各方面），还包含了教师素质（专业基础知识和教学仪态）。详见表4-23。

表 4-23 对外汉语教师主体自评量表

项目	内容	评估等级
专业基础知识	1. 系统地掌握现代汉语的语音、词汇、语法和文字知识。 2. 注意学习、研究国内外同行关于汉语教学的理论及经验。 3. 努力学习与语言教学有关的理论（普通语言学、社会语言学、心理语言学、教育心理学等）。 4. 经常参加院、系组织的学术报告会。 5. 熟悉我国的概况及文化习俗。 6. 了解世界各国概况及学生所在国家的简单情况。	
备课情况	1. 总是持"不备好课就不能上课堂"的态度。 2. 能驾驭教材的全部内容，掌握其前后之间的内在联系，设计合理的教学方案。 3. 熟悉不同阶段、不同的教学内容（如语音、汉字、词汇、功能项目及语法点）。 4. 在备课时能根据不同程度的教学对象找出难点、重点，并有针对性地、分层次地组织有效的、一定量的操练材料。 5. 常编写补充材料和练习。 6. 在课前准备好本课所需要的教具（如卡片、图片、实物、幻灯、录音、录像等）。	
课堂教学情况	1. 所传授的语言理论知识正确，示范明显。 2. 能根据不同的教学内容，运用不同的形式激发学生的学习兴趣，使各层次的学生都积极参与教学活动。 3. 能正确地处理听说和读写的关系，并突出所承担课型的语言技能训练的特点。 4. 严格控制师生语言比例，做到精讲多练。 5. 能正确处理学生单人操练、双人操练和集体操练的关系。 6. 能正确处理理解性操练、机械性操练和活用性（创造性）操练的关系。 7. 能正确处理单人操练和综合训练的关系。 8. 能正确处理准确和速度的关系，逐步使学生的速度接近正常语速。 9. 板书经过精心设计，起到引导、归纳本课内容的作用。 10. 通过画龙点睛式的小结，达到使学生理解、运用本课全部内容的目的。 11. 对学生不适当的提问及错误回答能恰当处理。 12. 给学生留有提问的余地。 13. 以最低限度准确地使用媒介语。 14. 经常做到合理地安排时间，按时上、下课，不拖课。 15. 能有效地使用教具及现有视听设备。 16. 对不懂或不知道的问题敢于说"我不知道"或"下次告诉你"。	
批改作业	1. 能迅速准确地批改作业。 2. 根据作业或测试，写出规律性的问题，作好小结。	
辅导	能坚持课外辅导以弥补课堂教学不足。	

续表

项目	内容	评估等级
教态 仪表	1. 随时注意自己的举止、仪表对学生情绪的影响。 2. 在课堂上有一套简明的口语及手势语，与学生达成默契。 3. 教学语言干净简练，减少口头语。 4. 课堂上不管什么时候，无论对什么教学对象都表现出极大的耐心，给人以亲切感。 5. 注意使用幽默手段（避免哗众取宠）来活跃气氛。 6. 总是精神饱满，对所要传授的内容显得胸有成竹。 7. 目光能始终注视学生，以吸引他们的学习注意力。	

李斑斑和徐锦芬（2011）以 Akbari 等（2010）提出的英语教师反思理论模型为基础构建了中国本土化高校英语教师反思量表（表 4-24），包含实践、认知、情感、元认知、批判、道德、课堂规范 7 个维度。

表 4-24　反思模型因子定义样例①

因子	定义	行为
实践	通过不同的工具，如日志、与同事交流等方式进行的反思实践。	我在笔记本或日记中记录我的教学情况。 每堂课结束后我会记录课堂教学的成功和不足之处。 我用专门记录教学情况的文件做教学记录。
认知	通过参加学术会议或阅读专业书籍、期刊的方式，以个人专业发展为目的的主动努力。	我把课堂中出现的一些问题看作潜在的研究课题，并进行研究。 我打算根据我的课堂经历撰写论文。 我在课堂上进行一些小型研究活动以更好地了解教与学的过程。 我阅读与教学相关的书籍和文章以改进我的课堂教学。 我在课堂中尝试新的教学技巧。
情感	主要涉及关于学生及其情感、认知状态的了解。	我跟学生交流以了解他们的学习风格和喜好。 我要求学生陈述他们对我授课的感受，以及课堂中他们喜欢和不喜欢的部分。 我跟学生交流以了解他们的家庭背景、爱好、兴趣以及能力。 我询问学生是否喜欢某一种课堂活动。 当发现某学生情绪低落或被其他同学疏离，我会花较多的时间与他交流。
元认知	涉及教师对自身以及自身的信念、个性，对教学定义方式和教师职业的认知和了解。	我思考自己作为教师的优势和劣势。 我试图找到我的教学中哪些方面能带给我满足感。 我回顾自己学生时期正面教师典范和负面教学实例，并考虑其对我的教学产生的影响。 我思考教师职业的意义。

---

① 根据（李斑斑和徐锦芬，2011）中的表 1 和表 2 改编。

续表

因子	定义	行为
元认知	涉及教师对自身以及自身的信念、个性，对教学定义方式和教师职业的认知及了解。	我思考在我的课堂实践中的不尽如人意之处。 我思考自己的个人经历或背景如何影响我对教师的定义。 作为教师，我会思考我的教学理念及其影响我教学的方式。
批判	主要涉及对教学的社会政治等方面的反思。	我会让学生通过与贫困和性别歧视等现象作斗争来改善他们的社会生活。 我思考发生在身边的社会不公平的实例，并试图在课堂中讨论。 在教学中我涵盖老龄化、性别歧视、种族歧视以及贫富差距等话题。 我思考在我教学中体现的政治观点，并考虑这些观点对学生政治观点的影响。 我考虑如何在课堂乃至整个社会中推广宽容和民主的价值观。 我考虑性别和家庭背景以及地域对我的学生学习的影响。 我考虑会影响我的课堂教学的社会事件。
道德	主要涉及对价值观、移情、公平等方面的反思。	我把自己看作学生的榜样，所以力争起到道德模范作用。 我觉得关心和爱护学生是我的工作职责。 我相信正义，并在课堂实践中尽量体现正义。
课堂规范（增加）	动态评价、给予公平的课堂参与机会、营造良好的课堂气氛以激励学生积极参与课堂活动。	我在课堂出勤以及期末课程评估等方面给学生制定一系列明确的要求。 我要求所有学生（无论英语水平高低）积极参与课堂活动。 我有一套明确的学生应该遵守的课堂行为规范。

英语教学中的教学反思所包含的内容比汉语教学中的更为广泛，且分类方式不同。其目的并不仅在于提高课堂教学的有效性，而更关注教师的发展。

过去的几十年教育界发生了从寻找一种最佳语言教学法到认识到语言教学复杂性的转变（Yesilburea，2011）。外语教学根本不存在最佳方案。Richards（1990）认为，外语教师不应该试图追求最佳教学方法，"而应寻求可有效提高教学效果的环境与条件"。

Kumaravadivelu（1994，2006）提出并发展了后方法的概念。在后方法时代背景下，外语教师教育研究也从外语教学理论和教学技能探讨转向对教师专业化发展的研究（Doyle，1990）。这与西方对教学反思的内涵不断扩展，教学反思水平也不断深入有关，从实用主义教育学家杜威倡导的科学理性地对信念或假设的知识进行的思考，到肖恩主张的反思是直觉的、个人的、非理性的反思，再到 Luft（1999）主张应包含教师信念、经验、知识、态度、价值观以及社会环境提供的道德、政治的挑战。反思既包含了行动中短暂而迅速的反思（直觉式的），也包含了行动后持续、系统的思考（科学理性的）。教学反思既指向教学技术层面（对教学技巧、方法的反思，目的是通过对自己教学行为有效性的反思，改变教学行为）；也指向教学信念层面（指教师花较长时间对自己行为背后的原因和目的进行深入思考，目的是探讨将来可供选择的多种方案）；还指向社会层面（对学校教育、教学行为背后的社会、道德、伦理意义上的思考）（刘加霞和申继亮，2003）。而汉语教学的反思基本上集中在教学技术层面，对教学信念和社会层面的拓展较少。

值得一提的是，在 Akbari 等（2010）提出的原理论模型中的 6 个因子、42 个反思行为，在中国高校英语教师的调查中最后增加了 1 个因子"课堂规范"，但是具体的反思行为却有所差别。在实践行为中原来的 6 个行为，在中国高校中却只保留了 3 个，删除了教师互相听课的反思。这受到中国文化背景的影响，英语教师课多，难以互相听课。而且在传统中一般是老教师或系领导检查工作，才去听课。即使有互相听课的要求，出于面子观念，听课意见也多以褒奖为主。可见教师反思的具体行为也存在着跨文化的差异。

（3）案例分析。

教学案例分析也是普遍使用的教学反思方法。与教学日志的日常性和经常性不同，教学案例具有真实性、典型性、浓缩性、启发性的特点。教学案例是从教学实践活动中总结出来的实例（真实性），每个案例都要突出一个鲜明的主题，它常常与教学改革的核心理念、实际教学活动中常见的疑难问题和容易引起困惑的事件有关（典型性）。它源于教学实践但又不是简单的教学活动实录，它有相对完整的情节乃至戏剧性的矛盾，以反映事件发生的过程，反映教学实践中的教师和学生角色的变化，揭示教学工作的复杂性，并引人入胜（浓缩性）。一个能够提供借鉴的教学案例，既可以是教学活动中的成功事例，也可以是教学实践中遭遇过的失败，前者可以提供经验，后者可以提供教训，同样具有借鉴意义（启发性）（何锋，2006）。

写教学案例分析需要包含以下要素：背景、主题、细节、结果、评析。背景：指事件发生的时间、地点、人物、事件的起因等。主题：这个案例要说明的某个问题，与课堂管理语言要素教学、语言技能教学、跨文化哪个方面相关。细节：根据主题对原始材料进行筛选，有针对性地选择最能反映主题的特定内容，把关键性的细节写清楚。要特别注意提示人物的心理。人物的行为是故事的表面现象，人物的心理是故事发展的内在依据。面对同一情景，不同的教师可能有不同的处理方式。为什么会有不同的做法？这些教学行为的内在逻辑是什么？执教者是怎么想的？揭示这些能让读者既知其然又知其所以然。结果：案例不仅要说明教学的思路，描述教学的过程，还要交代教学的结果，包括学生的反应和教师的感受等。评析：在记叙基础上的讨论，表明对案例所反映的主题和内容的看法和分析，以进一步揭示事件的意义和价值。评析可以是自评，就事论事，有感而发，也可请专家点评、深化。国际汉语教学领域的教学案例分析的写作，可参考朱勇的《国际汉语教学案例与分析》、叶军的《国际汉语教学案例分析与点评》、方小燕的《海外少儿汉语课堂教学与研究》等。

四、行动研究

教育行动研究是指有计划、有步骤地对教育实践中产生的问题，由教育实践工作者和专业研究者相结合，将问题发展成研究主题进行系统的研究，边研究边行动，以解决实际问题和提高认识为目的的一种科学研究方法。行动研究兴起于美国 20 世纪 30—40 年代，50 年代进入教育领域，强调作为行动者的教师应该作为研究者参加教学研究并改进教育实践。到 70 年代时，进一步主张教师成为"行动研究者"，提出课程行动研究过程原则，倡导校本（school-based）课程的开发。80 年代，行动研究进一步发展，提出"教学是反思性实践""反思性教学"，澳大利亚的凯米斯认为行动研究是一个螺旋式发展的过程，每一个螺旋发展圈都包括了四个互相联系、互相依赖的环节：计划、行动、观察和反思，也称为"凯米斯程序"（图 4-6）。

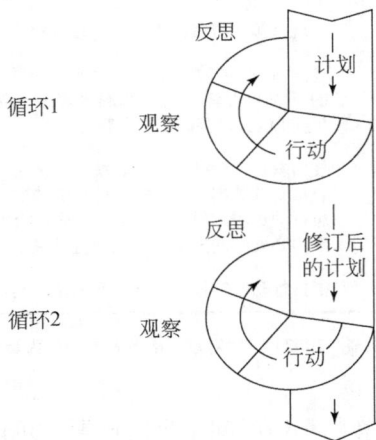

图 4-6 行动研究的互动螺旋

崔永华（2004）指出"很多基础研究课题的专业化程度很高，跟教学实践有一定的距离，所以要把那些对教学有用的研究成果应用到教学实践中去，常常需要进一步的研究和试验——把新的教学思想具体化，把理论上提出的方法或邻近学科的方法移植到课堂教学。而这种把基础研究成果付诸教学实践的应用研究还很少。"而行动研究正是基础研究成果与教学应用成果之间必不可少的桥梁——应用研究的一种很有效的方法。行动研究属于准实验研究。"它常常使用一个小样本（在小范围内，通常是一个班），解决的问题有较强的实践性和针对性，从试验的角度看，在操作上（比如对干扰因素的控制）不如严格意义的实验研究严谨，且受到教师个人认识水平、操作方式的限制，因此得到的结论常带有一定的局限性。"包含教育行动研究、校本行动研究、教师行动研究、课堂研究、自我反思研究、参与性研究、协作研究、行动学习研究等不同类别（张向阳和洪淑秋，2003）。行动研究的过程见表 4-25。

表 4-25　行动研究的过程及对过程的解释

过程	对过程的解释
发现问题	发现教学中的问题或引进新的教学方法
提出假设	分析问题发生的原因或教学方法的适用性
调查研究	用查阅文献、问卷、访谈、征求意见等方法对上述假设进行初步的验证
重新认识问题	根据上述调查研究修正假设
制定行动计划或措施	确定解决问题的措施或实验新的教学方法的方案
实施计划	在教学中实施上面制定的措施或方案
在实施中根据实际情况调整计划	发现措施和方案的不足，加以调整
观察、收集数据	在第 6、7 项的实施中，由本人、同行或学生观察、记录实施过程中的行为、收获、效果和感受等，包括使用录音、录像、听课记录、学生作业、问卷调查等手段
分析、反思与评价效果	使用叙述、归纳、综合、统计、比较、图表、文献等手段，整理、分析收集到的数据；对比实施前后的情况，对执行措施和方案做出评价，反思行动过程的得失，如可能，尽量给出理论解释；提出新的改进行动方案，必要时制定新的行动研究计划
撰写研究报告	根据行动研究报告的格式和要求，写出本次研究的报告

注：表中"过程"一栏来自（王蔷，2002），"对过程的解释"一栏为崔永华所加。

　　行动研究有利于解决教师科研时间不足的问题，可以达到提高教师课堂教学能力与科研能力的双重效果；可以加强教学与科研的紧密结合，促进对外汉语教学与研究的同步发展；也利于提高整个教学单位的汉语教学质量（丁安琪，2004）。以下是行动研究应用于汉语教学的一个例子（图 4-7）。

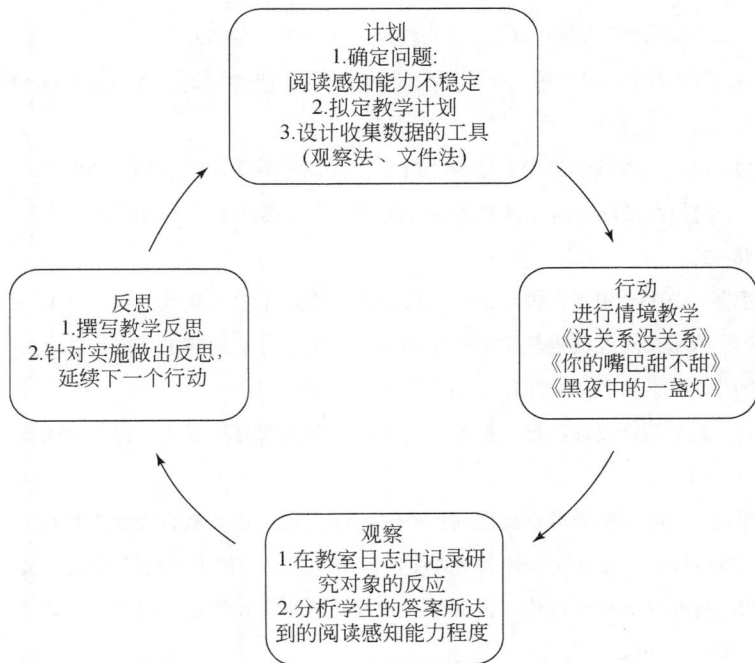

图 4-7　小学汉语行动教学实施计划

参 考 文 献

蔡云凌，2010. 对建立"对外汉语各课型题型库"的思考：从汉语精读课的试卷分析谈起［J］.
　　云南师范大学学报（对外汉语教学与研究版），8（6）：1-7.

陈光磊，2002. 对外汉语教学评估问题探讨［C］//《第七届国际汉语教学讨论会论文选》编委
　　会. 第七届国际汉语教学讨论会论文选. 北京：北京大学出版社：32-38.

崔永华，2004. 教师行动研究和对外汉语教学［J］. 世界汉语教学，（3）：4，89-95.

崔永华，杨寄洲，2002. 汉语课堂教学技巧［M］. 北京：北京语言文化大学出版社.

丁安琪，2004. 论行动研究在对外汉语教学中的应用［J］. 云南师范大学学报：对外汉语教学
　　与研究版，2（1）：42-45.

方小燕，王葆华，陈蔚宇，2012. 海外少儿汉语课堂教学与研究［M］. 南京：科学出版社.

傅海燕，2007. 汉语教与学必备：教什么？怎么教？［M］. 北京：北京语言大学出版社.

高立群，孙慧莉，2007. 对外汉语课堂教学量化工具的设计构想［J］. 世界汉语教学，（4）：
　　6，107-119.

国家汉语国际推广领导小组办公室，2007. 国际汉语能力标准［M］. 北京：北京语言大学出版社.

韩孝平，1984. 试论对外汉语教学工作的评估［J］. 语言教学与研究，（4）：44-61.

何锋，2006. 如何撰写教学案例［J］. 幼儿教育，（Z1）：54-55.

黄甫全，1993. 关于教学、课程等几个术语含义的中外比较辨析［J］. 课程·教材·教法，（7）：56-59.

靳洪刚，2011. 现代语言教学的十大原则［J］. 世界汉语教学，25（1）：78-98.

靳洪刚，2018. 提问互动法：语言课堂教师提问的理论与实践［J］. 国际汉语教育（中英文），3（1）：46-62.

李斑斑，徐锦芬，2011. 中国高校英语教师反思量表构建［J］. 现代外语，（4）：79-86.

李海鸥，1999. 情境在对外汉语教学中的作用及其运用［J］. 语言文字应用，（3）：31-35.

李如龙，2009. 论汉语的单音词［J］. 语文研究，（2）：1-7.

李松林，2011. 教学活动设计的理论框架：一个活动理论的分析视角［J］. 教育理论与实践，31（1）：54-57.

刘加霞，申继亮，2003. 国外教学反思内涵研究述评［J］. 比较教育研究，（10）：30-34.

刘巍，2010. 微格教学在对外汉语师资培训中的应用［J］. 新课程（教研版），（4）：100-101.

吕必松，1993. 对外汉语教学概论（讲义）（续五）第四章教学过程和教学活动［J］. 世界汉语教学，（3）：206-219.

宁建花，2014. 反思源起及国内外教师反思研究的综述［J］. 语文学刊，（8）：165-167.

皮连生，2000. 教学设计：心理学理论与技术［M］. 北京：高等教育出版社.

任友群，闫寒冰，李笑樱，2018. 《师范生信息化教学能力标准》解读［J］. 电化教育研究，39（10）：5-14，40.

申继亮，2006. 教学反思与行动研究：教师发展之路［M］. 北京：北京师范大学出版社.

孙培健，2013. 非目的语环境下第二语言课堂教学策略的对比研究：以美国俄克拉荷马大学汉语、法语、德语教学为例［J］. 语言教学与研究，（4）：8-16.

王蔷，2002. 英语教师行动研究：从理论到实践［M］. 北京：外语教学与研究出版社.

王添淼，2006. 教学目标的有效陈述与对外汉语教学［J］. 汉语学习，（3）：65-69.

王巍，孙淇，2011. 国际汉语教师课堂技巧教学手册［M］. 北京：高等教育出版社.

姚金凤，2015. 对外汉语教学中的导入设计研究［J］. 科教导刊（电子版），（8）：72.

张向阳，洪淑秋，2003. 开放远程教育理论与实践互动的有效途径：行动研究[J].江苏广播电视大学学报，14（6）：16-18.

赵金铭，2010. 对外汉语教学法回视与再认识［J］. 世界汉语教学，24（2）：243-254.

赵金铭，2014. 附丽于特定语言的语言教学法［J］. 世界汉语教学，28（4）：554-565.

赵杨，2017. 外语教学法的演进：从方法到原则［J］. 国际汉语教学研究，（1）：20-22.

周健，2009. 汉语课堂教学技巧325例［M］. 北京：商务印书馆.

周健，2011. 试论汉语教学的大局观［J］. 华文教学与研究，（3）：35-40.

祝智庭，闫寒冰，2015. 《中小学教师信息技术应用能力标准（试行）》解读［J］. 电化教育研究，36（9）：5-10.

祖晓梅，2008. 汉语课堂更正性反馈的调查与分析［J］. 汉语学习，（1）：93-100.

Akbari R，Behzadpoor F，Dadvand B，2010. Development of English language teaching reflection inventory［J］. System，38（2）：211-227.

Doyle T J，1990. Use of teacher effectiveness research in the teacher education programs of the Lutheran Church-Missouri Synod［J］. Dissertation Abstracts International.

Koehler M J，Mishra P，2005. What happens when teachers design educational technology? The development of technological pedagogical content knowledge［J］. Journal of Educational Computing Research，32（2）：131-152.

Kumaravadivelu B，1994. The postmethod condition：(e)merging strategies for second/foreign language teaching［J］. TESOL Quarterly，28（1）：27-48

Kumaravadivelu B，2006. Understanding language teaching：from method to postmethod［J］. Mahwah，NJ：Lawrence Erlbaum Associates.

Luft J A，1999. Teachers' salient beliefs about a problem-solving demonstration classroom in-service program［J］. Journal of Research in Science Teaching，36（2）：141-158.

Richards J C，1990. The language teaching matrix［M］. Cambridge，Eng：Cambridge University Press.

Spada N，Fröhlich M，1995. COLT—communicative orientation of language teaching observation scheme：coding conventions and applications［R］. Sydney：National Centre for English Language Teaching and Research.

Yesilburea A. 2011. Reflection at the interface of theory and practice：an analysis of pre-service English language teachers' written reflections［J］. Australian Journal of Teacher Education，36（2）：104-116.

第五章　国际中文教学设计

第一节　教学设计的系统观

一、教学设计的定义

教学有效性的探讨建立在教学科学性的基础之上，教学不仅是一门艺术，更是一门科学。教学的效果是可以评估和测量的。加涅等（1999）曾在《教学设计原理》中界定："教学设计是一个系统化（systematic）规划教学系统的过程。教学系统本身是对资源和程序作出有利于学习的安排。任何组织机构，如果其目的旨在开发人的才能均可以被包括在教学系统中。"Merrill 等（1990）指出："教学是一门科学，而教学设计是建立在这一科学基础上的技术，因而教学设计也可以被认为是科学型的技术（science-based technology）。"赖格卢斯（2011）指出："教学设计是一门涉及理解与改进教学过程的学科。任何设计活动的宗旨都是提出达到预期目的的最优途径（means），因此，教学设计主要是关于提出最优教学方法的处方的一门学科，这些最优的教学方法能使学生的知识和技能发生预期的变化。"

现代教学设计理论深受现代建构主义、最近发展区和有意义学习理论、教学理论、传播理论、教育系统化理论的影响，传统教学设计观念把教学设计过程看作纯粹个人经验的产物，缺少一定的理论基础。现代教学设计模式则已经跳出这种传统框架，反映了现代教学设计理论与实践的状况，重点不再限于描述教学设计的具体步骤，而成为连接理论研究与实践操作之间的桥梁。

教学设计在实践上经历了"应用—美学—探究—动态"四个不同阶段，体现了不同的教学理念。第一阶段以行为主义心理学家为代表，主张教学设计的主要任务就是"把学习分解成各种类型的行为目标，根据这些行为目标选择适当的媒体和方法，为教学提供一种可行的教学序列"。第二阶段，一些富有创造性的媒体制造者则倾向于用美学的方法对教学进行设计，重视教学中学习者的情感尤其是兴趣的发展，强调用美学效果吸引学习者的兴趣。第三阶段的教学设计侧重于解决问题的方法和过程，主张教学设计"不应该根据预先确定的目标制定机械的教学步骤，而应通过学习者自行探究和解决问题而进行"，因而强调设计的探究、协作和创造性。第四阶段，教学设计强调学习是一个动态的建构过程。尤其是进入20世纪90年代以来，教学设计者和教师们逐渐意识到学习往往是个人的事情，学习是否成功与学习者先前已有的知识和经验有关，而且学生获取知识和经验的范围不断增加和扩展，更新和变化的速度也大大加快。教学设计目的不再是建立一系列学习步骤，更重要的是帮助学生建构自己的知识和世界。教学设计者和教师分别变成了学习背景的设计者和说明者。

但不论怎样变化，教学设计过程都必须清楚地解决四个基本问题：一是学习者的特点是什么？二是教学的目标是什么？三是教学资源和教学策略是什么？四是怎样评价和修改？本书采用了崔永华（2008）对教学设计的定义："教学设计是以获得优化的教学效果为目的，以学习理论、教学理论及传播理论为理论基础，运用系统方法，分析教学问题、确定教学目标、建立解决教学问题的策略方案、试行解决方案、评价试行结果和修改方案的过程。"

二、教学设计的三个层次

教学设计是一个问题解决的过程，根据教学中问题范围、大小的不同，教学设计也相应地具有不同的层次，即教学设计的基本原理与方法可用于设计不同层次的教学系统。教学设计一般可归纳为以下三个层次。

1. 课堂层次的教学设计

这个层次的设计范围是课堂教学，它是根据教学大纲的要求，针对一个班级的学生，在固定的教学设施和教学资源的条件下进行教学设计。其设计工作的重点是充分利用已有的设施，选择或编辑现有的教学材料来完成目标，而不是开发新的教学材料（产品）。如果教师掌握教学设计的有关知识与技能，整个课堂层次的教学设计完全可由教师自己来完成，如教师编写的教案就属于这个层次。

2. 产品层次的教学设计

教学设计的发展是从以产品为中心的层次开始的。它把教学中需要使用的媒体、材料、教学包等当作产品来进行设计。教学产品的类型、内容和教学功能常常由教学系统设计人员和教师、学科专家共同确定。有时还吸收媒体专家和媒体技术人员参加，对产品进行设计、开发和测试、评价，如教材、多媒体课件、学习APP等。

3. 系统层次的教学设计

按照系统观点，上面两个层次中的课堂教学和教学产品都可看作教学系统，但这里所指的"系统"是特指比较大、比较综合和复杂的教学系统。例如，一所学校或一门新专业的课程设置、某行业职业教育中的职工培训方案、课程的大纲和实施计划等。这一层次的设计通常包括系统目标的确定，实现目标方案的建立、试行和评价、修改等，涉及内容面广，设计难度较大。而且系统设计一旦完成就要投入范围很大的场合去使用和推广。因此这一层次的设计需要由教学系统设计人员、学科专家、教师、行政管理人员，甚至包括有关学生的设计小组来共同完成。

当然，也可以把教学设计分为宏观和微观两个层面，规模大的项目如课程开发、培训方案的制定等都属于宏观层面的教学设计；而对一门具体课程、一个单元甚至一个媒体材料的设计都属于微观层面的教学设计。

无论是在系统宏观层面，还是在产品、课程的微观层面，国际汉语教学都已经有一些成果可供普通教师参考。国家汉办于 2008 年颁布了《国际汉语教学通用课程大纲》，2014 年出版了修订版，对孔子学院（课堂）及国内外大中小学等各类汉语教学工作起到了重要的指导作用。大纲中对各个级别（对应新 HSK 6 个级别）的课程目标，从语言知识、语言技能、策略和文化意识等各个方面做了详细的说明。附录中还包括了教学话题建议表、文化题材和任务举例表、教学任务活动示范表、语法项目分组表、常用字表、常用词表、汉语拼音声母、韵母与声调表等各个非常实用的教学参考性大纲。

在教材选择方面，中山大学国际汉语教材研发与培训基地建设的中山大学全球汉语教材库于 2011 年 6 月正式在线运行，收录海内外 552 个出版社出版的国际汉语教材信息 16 000 余册（种），涵盖 52 种教学媒介语，可在高级搜索项中根据媒介语、适用水平、适用学校、课型等条件进行搜索。

在教材编写方面，国际中文教学指南网站①可供教师们在编写教材或教学辅助材料时使用。平台在系统分析 5000 多套通行教材的基础上，提炼 515 个语言应用场景，加工标注近 6000 万个汉字、词汇、语法、文化点、练习等语素语料，并根据《国际汉语教学通用课程大纲》和 HSK 分级标准（表 5-1 和表 5-2）进行科学归纳，用户只需选定教学对象、等级、话题等指标，系统即自动生成用户所需讲义、教材和教辅资料。可帮助新手教师解决"教材话题学生不感兴趣，自己编写又对学生所处水平阶段需要掌握的字、词、语法项目不太熟悉"的问题。

---

① http://www.cltguides.com/。

表 5-1　国际汉语分级（对应 HSK）目标描述

级别	描述
一级	学习者能理解有关个人和日常生活的基本语言材料，可以较准确地进行词句复述、背诵及抄写，能模仿范例书写词句。开始培养学习汉语的兴趣和信心。在教师的指导下，初步接触简单的学习策略、交际策略、资源策略和跨学科策略。开始了解中国的文化知识，开始具有初步的跨文化能力和国际视野。
二级	学习者能理解和掌握有关个人和日常生活的基本语言材料，掌握基本句型，可以造一些简单的句子，对事物做简单的描述，以比较简单的方式进行简单的语言交流。开始培养学习汉语的兴趣和信心。初步学习简单的学习策略、交际策略、资源策略和跨学科策略。开始了解中国的文化知识，具有初步的跨文化能力和国际视野。
三级	学习者能理解并学习与生活相关的语言材料，可以运用较为复杂的句型，就熟悉的话题进行沟通、交流与描述，可以组织简单的语段。具有学习汉语的兴趣和信心。掌握简单的学习策略、交际策略、资源策略和跨学科策略。了解简单的中国文化知识，具有一般跨文化能力和国际视野。
四级	学习者能理解与社会生活相关的语言材料，造句的正确率高，能就熟悉的题材进行描述、解释或比较，可以进行一些基本的成段表达，能组织简单的篇章。具有学习汉语的兴趣和信心。掌握一般的学习策略、交际策略、资源策略和跨学科策略。了解中国文化中基本的文化知识，具有基本的跨文化能力和国际视野。
五级	学习者能理解多种主题的语言材料，能熟练造句，掌握一些成段表达的技巧，具备组织比较完整的篇章的能力，具备进行比较流利的语言交流的能力。对学习汉语具有较强的兴趣和信心。较全面地掌握学习策略、交际策略、资源策略和跨学科策略。比较深入地了解中国的文化知识，具有跨文化能力和国际视野。
六级	学习者能理解多种主题的语言材料，能熟练造句，掌握成段表达的技巧，具备组织完整的篇章的能力，具备进行流利的语言交流的能力。对学习汉语具有强烈的兴趣和信心。全面地掌握学习策略、交际策略、资源策略和跨学科策略。深入了解中国的文化知识，具有跨文化能力和国际视野。

表 5-2　教学阶段及教学主要任务

阶段	教学主要任务
初级	掌握语音基础，语音语调基本标准。
	掌握常用词的基本意思与主要用法。
	掌握汉语的句型和词序，提升造句能力（解决正误问题）。
中级	语音语调标准、自然。
	扩大词汇量，自如运用所学词语进行交际。
	掌握语素、词组和语篇（解决语言形式异同问题）。
高级	语音语调准确自如，善于运用声音技巧表达。
	进一步扩大词汇量并掌握尽可能多的形式。
	掌握复杂句式和语篇（解决语言形式高下问题）。

三、教学设计的基本要素和基本程序

根据传播学的"7W"要素原理（表 5-3），教学过程中所涉及的要素包括教师或其他教学信息源、教学内容、教学方法和教学媒体、教学对象、教学效果、教学目标和教学情境。

表 5-3　教学设计的基本要素

传播学的"7W"要素		教学过程中的类似要素
who	谁	教师或其他教学信息源
says what	说什么	教学内容
in which channel	通过什么渠道	教学方法和教学媒体
to whom	给谁	教学对象
with what effect	取得什么效果	教学效果
why	为了什么目的	教学目标
where	在什么情况下	教学情境

那么教学设计的过程，就可以概括为"教师或其他教学信息源"根据"教学对象"的特点需求和"教学内容"的要求，在一定的"教学情境"下，设定"教学目标"，选择适当的"教学方法和教学媒体"对"教学对象"进行教学，并期待达到某种"教学效果"的活动。我们可将教学设计过程分为"分析""策划""评价"三个阶段。分析阶段主要是对学习环境、学习者和学习任务进行分析，由此制定教学目标。也就是根据在哪儿和教谁来确定教什么、学什么的问题。策划阶段则是确定教学内容的顺序、教学时间的安排、教学重难点的安排、教学的方法组合、教学媒体的组合等，即确定怎么教、怎么学的问题。评价阶段则是确定用什么样的评测手段来看教得怎么样、学得怎么样的问题。一般会结合使用形成性评价和终结性评价。由于教学设计是一个动态发展的过程（图 5-1），在这个过程中都可以不断地回到其中某个因素，根据情况的变化，对教学设计进行重新的修改调整。

1. 前期教学分析阶段

（1）教学需求分析。

教学需求是从学习者学习的起点到要达到的教学目标之间的差距，是从教学的起点到达到教学目标之间，期望学习者在原来的知识和能力系统中增加什么。即"教学需求＝期望达到的学习状况－目前的学习状况"。经过需求分析，确定各级总体目标。需求分析是教学设计的起点，需求是教学的出发点。

需求分析（need analysis）在外语教学中有举足轻重的作用。在外语教学领域，需求分析是语言课程设计和实施不可或缺的启动步骤，它"至少有 4 大重要作用：①为制定外语教育政策和设置外语课程提供依据；②为外语课程的内容、设计和实施提供依据；③为外语教学目的和教学方法的确定提供依据；④为现有外语课程的检查和评估提供参考"（束定芳，2004）。

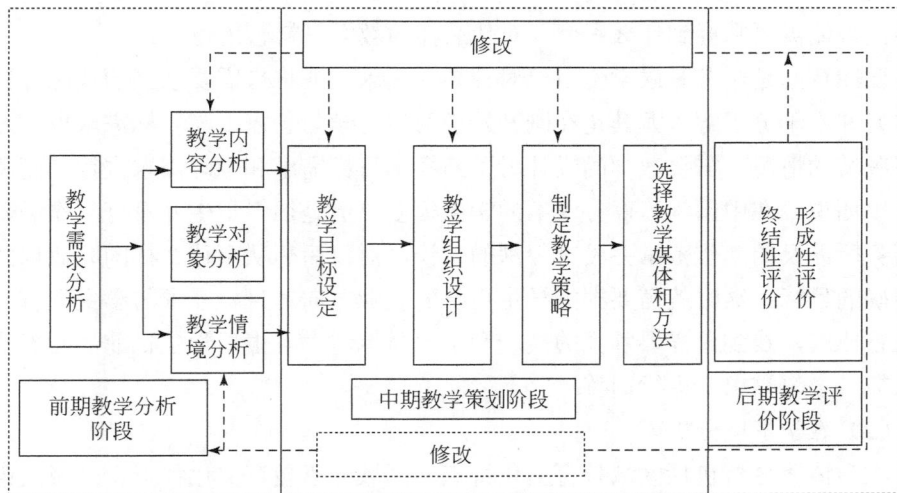

图 5-1　教学过程系统设计①

　　需求分为内部需求和外部需求。内部需求是来自学科教学内容本身的需求，如教学大纲和教材的要求。而外部需求则是社会需求、学科发展的时代需求、学习者需求。从社会需求来看，1949 年以前的汉语学习者主要是汉学家、传教士，到 20 世纪 50—60 年代则是为了促进与新中国的科学技术文化交流的专家学者，在 70 年代改革开放以后转向以经贸交流为主的来华留学生，2000 年以后则是国内外的全面交流，儿童教育、生活、旅游、职业、专业汉语教学都蓬勃发展。不同时期对第二语言教学的目标认识也在不断发展，在 20 世纪 40 年代以前主要教学方法为语法翻译法，人们认为语言知识是语言教学的主要目标，重视语言知识和技能。到 70 年代，以直接法和听说法为代表的经验派崛起，语言教学更加注重听说等技能的掌握。90 年代以后，在功能派的影响下，语言教学开始注重交际能力，注重将结构、功能、文化相结合。而进入 21 世纪后，在后方法思潮的影响下，语言教学更加注重语言与内容相结合，注重语言背后的文化、思维因素，注重综合语言运用能力，强调在"用中学"。学习者需求则是学习者自身对语言学习的需求。

　　需求分析包括目标需求分析和学习需求分析两个方面。目标需求，简而言之，就是学习者现有能力与希望达到的目标之间的差距。目标需求包括三个方面：学习者所必须达到的（necessities）、目前所缺少的（lacks）和希望要达到的（wants）。也就是说要分析学生的自身需求，以及他们的缺陷和未来目标，来确定教学内容。学习需求则是学生在学习过程中对教学内容、教学材料、学习方式、学习时间、教师、学校的需求。如，学生喜欢什么样的课堂活动组织形式，最需要的是哪种

---

① 根据（崔永华，2008）中教学过程图改编。

技能，技能需要掌握到什么程度，对什么样的教学材料感兴趣等。

要注意的是，有时候学生自己对社会的需求，或将来需要掌握的技能（目标需求）并不十分了解，尤其是在刚开始学习时，学习者需求与目标需求也许还会出现脱节的情况，需要教学的设计者不断根据目标需求和学习需求进行平衡和调整。比如说，在中国学习商务汉语的学生很多，但是很多学生并没有工作经验，对商务所涉及的工作范围并没有很深的认识，对以后想从事什么样的职业也并没有明确的目标。这时就需要根据学生主要的就业方向对目标需求与学生现有的能力进行比较，找到最需要掌握的技能和学习目标，并且根据学生目前的心理状态和兴趣（学习需求）进行调整。

（2）教学情境分析。

教学情境分析包括区域教育文化特点、区域外语教育文化特点、区域汉语认知度、学校教育文化特点、汉语教学的学科地位、汉语教学设施。

从大环境来看，区域教育文化特点指的是整个社会对于教育的观念，如东亚国家一般都非常注重成绩，课外学习时间长，作业多，上课准时，不反对背诵和抄写这样机械的练习方式。区域外语教育文化的特点，专指某个国家或地区对外语教学普遍接受的观念，如是以语法翻译法为主？还是以体验式、任务型教学为主？注重学生的语言交际能力，还是语言知识考试成绩？区域汉语认知度则是指社会上懂汉语知道汉语的人多不多。

从小环境来看，学校教育文化特点包括学校的性质属于公立学校、私立学校还是国际学校？汉语教学是沉浸式教学还是普通的外语教学？汉语教学的学科地位，指汉语在学校课程里属于必修课、选修课还是兴趣课？汉语课的成绩是否对学生有重要意义？汉语教学设施如何，有没有固定教室，有没有多媒体教学设施？等等。在很多国家，汉语的认知度和学科地位还不太高，课程安排的课时少，时间不好，可能因为活动就随时被取消，没有固定的教室。国际汉语教师需要正视这样的现实，在条件允许的情况下尽可能提高学校对汉语教学的重视，但亦不可强求与英语教学同等条件和地位。教师要尊重当地的教育文化和外语教育文化特点，在学校允许、学生接受的条件下，设定教学目标，选择相应的教学方法。

（3）教学对象分析。

教师常把备课形象地称为"备学生"和"备教材"。备学生即进行教学对象分析，其因素包括学生的年龄、母语、汉语水平、学习动机、学习需求、文化背景和学习风格等各个方面。学生的年龄，可以帮助教师分析不同年龄段学生的认知心理特点和认知水平；学生已有的汉语水平、学习动机和学习需求，可以帮助教师确定教学起点和教学重难点；学生的母语和文化背景，可以帮助教师分析社会和家庭背景对教学可能产生的影响；这些都可以为教学目标的设定和教学方法的选择提供依据。

（4）教学内容分析。

一般情况下，教师都会根据教材来进行教学设计，写教案。但是以下几点必须注意：

①分析教学内容必须要有整体的教学观念，以小学为例，要懂得整个小学阶段汉语教学的目标。你所教的年级处于整体教学阶段中的哪个阶段，这个学期的整体教学目标是什么，目前所教的这一课前铺的知识有哪些，后续的知识有哪些。这样才能搞明白每个部分内容在整体内容中的地位和作用。

②分析本节教学内容需要讲解的教学内容的范围与深度、重点与难点，以适应班级不同层次学生的需求；教材是死的，而老师是灵活的，可以根据学生的现有接受能力从教材中选取或补充教学材料，并决定讲解的深度和难度。当教学内容难度较高时，可适当舍弃一些内容，或者只讲解较浅层次的知识。而当教学内容部分学生显得"吃不饱"时，可提供相关的一些"真实语料"供学有余力的学生学习。

③分析蕴含于语言知识和技能中的文化、情感和策略因素，以利于学生对知识、技能的掌握和智力的开发。在外语教学中，穿插适当的文化教学和情感目标，有时候并不那么容易，不能生硬地要求所有教学内容都一定要有文化内容和情感教育。要尽量自然地融入。

2. 中期教学策划阶段

在中期教学策划阶段的任务包括教学目标设定、教学组织设计、教学策略和方法选择及教学媒体选择四个方面。我们会在后文中一一详细说明。

（1）教学目标设定：包括知识、技能、情感、策略各个方面教学目标的设定。

（2）教学组织设计：包括教学时间分配、教学顺序安排、各个教学环节的安排和衔接等。

（3）教学策略和方法选择：教学策略如课前准备计划、课中灵活应对、课后及时反思总结等；教学方法如讲授法、任务型教学法、情景法、游戏法、表演法等。

（4）教学媒体选择：包括板书、教具、投影、多媒体（音频、视频、动画）等。

3. 后期教学评价阶段

包括作业、教学评估测验、考试等，以及教师的各类形成性评价和终结性评价等。

四、教学设计相关案例

作为教师，在课堂教学之前必须要做好充足的准备，具备一定的教学设计能力。在这里举一些常见的教学设计案例供大家参考。

1. 前期设计案例：行前教学准备

陈老师一个月后将前往印度尼西亚一所初中担任汉语老师。目前他收集到了关于这项教学任务的以下信息：学生的年龄为 13 岁左右，每周的汉语课有 3 个课时，学校没有指定的汉语教材，教室里没有配备电脑。

（1）前期信息分析。

教学对象为 13 岁左右的初中生，已经过了语言关键期；注意青春期的心理特点。

教学情境是在印度尼西亚，属于海外的青少年汉语教学。海外缺乏汉语环境，每周的课时也不多，只有 3 个课时。

（2）中期教学策划。

教学目标：没有指定教材，教师得自己进行课程策划，并确定教学实施的大致思路。初中生的认知水平和接受能力有限，教学目标不宜制定得太高。教学内容要贴近初中生的兴趣和学校的要求。

教学组织：学生认知水平较为有限，一周只有 3 个课时，学习内容不宜过多，教学节奏不宜太快，课型为综合课，以听说为主，读写为辅。

教学策略和方法：初中生上课时注意力较成年人更容易分散，宜多采用小组活动、游戏等比较生动有趣的课堂活动形式。初中生的认知以形象思维为主，逻辑思维开始发展，因此不宜使用过多理论化的讲解。

教学媒体：教室里没有配套电脑等多媒体设施，教师要多利用板书、绘画等方式及图片、闪卡等教具开展课堂活动。海外汉语教学材料较少，教师可在行前多采购一些带至海外，或者准备电子版，到海外打印。

（3）后期测试与评估。

初中生承受压力能力有限，测试频率不宜太多，时间也不宜太长。学生年龄较小，可能无法单独完成教学评价，可邀请学生父母或其他相关方协助完成形成性评价。

2. 中期策划案例：学期教学大纲和教学计划（syllabus and lesson plan）

中国某大学的听说课（每周 6 个课时，一学期 18 周＋1 周考试）采用了听说合一的教学方式，不单独设立听力课和口语课，而是由同一位老师灵活安排听力和口语环节。但是由于听说合一的初级班教材非常少，大部分的教材都是听力和口语分开的，因此最终选取的教材为《汉语听力速成》和《汉语口语速成》。这就造成了两个问题：一，听力课本和口语课本各有一本，每一本有20篇课文，共计40课，在一个学期内难以学完；二，听力课本和口语课本并不配套，是按各自的编写体系编写而成的。最后课程安排如下：每周6节课，18周共108节课。每4—6节课学完1篇课文，一学期一共学完22篇课文，包括12篇口语课文和10篇听力课文。

（1）前期信息分析。

教学对象：中国大学的成年学生。具有一定的自学能力，有较强的学习动机，也有明确的学习目的。

教学情境：周课时有6个课时，学生有完整的学习时间。在目的语环境学习，除了课堂之外，有目的语的语境。可利用目的语语境，让学生在课外时间进行真实语境内听说活动。

教学需求：案例中显示教学内容较多，不可能在一学期的课堂时间内学完所有内容，可在开学初对学生进行需求调查，选择学生最需要、最感兴趣的口语话题在课堂内学习，选择部分内容精听，部分泛听，其他为自学内容。

（2）中期教学策划。

教学目标：通过本课程的学习，学生能够听懂语速正常、内容熟悉的连贯性讲解，能够较准确地理解说话者的意图；在日常交际中，听和说满足日常生活和一定范围内的工作需要，能就一般性问题发表个人看法，参加讨论，具有快速、合理地组织语言的能力和比较流利地、连贯地、成段地进行表述的能力。

教学策略：口语教材20课，听力教材20课。最终根据学生需求调查的结果和课时的限制，确定了整个学期的教学计划，口语课共需完成12课，听力共10课。计划期中考试前口语上6课，听力上5课；期中考试后口语上6课，听力上5课。其余的课教师可灵活安排作为课外作业或者自学内容。

C 班听说课教学大纲

	口语课	听力课	交际活动
	1. 让我们认识一下，好吗？	1. 校园生活	
	2. 健康第一	12. 健康	
期中以前	3. 好东西人人爱吃	2. 饮食	世界美食汇，请每个国家的同学准备自己国家的特色食品。介绍其食材、做法，带到班级大家共享。
	4. 这种款式适合我吗？	3. 购物	小组表演：设计对话表演，须用上本课学习的生词和句型。
	5. 你喜欢逛商店吗？		
	6. 生活有时候就是琐碎的	4. 寻求帮助	

续表

	口语课	听力课	交际活动
期中以后	7. 让我们轻松一下 8. 计划赶不上变化 9. 大手大脚还是精打细算？ 10. 我想咨询一下 14. 我想去旅行 11. 有话好商量	5. 休闲娱乐 6. 交通状况 7. 婚姻与家庭 9. 参观旅游 11. 职业与工作	辩论：你赞成公共交通还是开车？ 拍摄 vlog：去旅行社咨询旅行路线，最后你们选择了哪一条，为什么？

C 班听说课学期教学进度

周次	第1次课（2课时）	第2次课（2课时）	第3次课（2课时）
第1周	口语第1课	口语第1课	口语第1课
第2周	听力第1课	听力第1课	口语第2课
第3周	口语第2课	口语第2课	听力第12课
第4周	听力第12课	口语第3课	口语第3课
第5周	口语第3课	听力第2课	听力第2课 （交际活动1）
第6周	口语第4课	听力第4课	口语第4课
第7周	听力第3课	口语第5课	口语第5课
第8周	口语第5课	听力第3课 （交际活动2）	口语第6课
第9周	口语第6课	口语第6课	听力第4课
第10周	听力第4课	期中考试	口语第7课
第11周	口语第7课	口语第7课	听力第5课
第12周	听力第5课	口语第8课	口语第8课
第13周	口语第8课	听力第6课	听力第6课 （交际活动3）
第14周	口语第9课	口语第9课	口语第9课
第15周	听力第7课	听力第7课	口语第10课
第16周	口语第10课	听力第9课	口语第14课
第17周	口语第14课 （交际活动4）	听力第9课	口语第11课
第18周	口语第11课	听力第11课	听力第11课
第19周		期末考试	

（3）后期测试与评估。

课程总评成绩构成：平时成绩 40%，期中考试 30%，期末考试 30%（听力和口语成绩各占一半）。在平时成绩中，出勤和课堂表现 10%，作业 10%，4 次交际活动 20%（每次 5 分）。

课程的教学目标和教学大纲宜在开学之初就明确地告诉学生，让学生清楚课程的学习目标和教学要求。

3. 后期实施和评价案例：文字教案

教师对教学课程的设计方案，称为教案。教案的详细内容包括课题、课时、教学目标、教学内容、教学的重点及难点、教学方式、教学过程、板书设计、教学准备（多媒体、教具等）、作业布置等。

在教案的准备过程中，教师的教学理念和教学策略是贯穿其中的。以下面这个获奖教案为例，在针对儿童的语言教学中，多元智能开发的教学理念得以体现，不是为教语言形式而教语言，而是培养儿童对自身能力的认识，"旨在鼓励学生多做自己可以做的事，学会生活自理，培养学生自己动手做事的好习惯"。这样不仅将汉语学习与学生的情感生活相联系，也避免了枯燥的机械形式练习。在教学目标的设置上，也根据儿童的年龄特征，并没有设置过多生词、汉字目标。将读写目标分开，借助音乐、图画、游戏创设良好的学习情景，结合学生生活体验来谈自己会做的事，使用了多样化的教学用具，这都体现了作者针对性的教学策略。

《水果》教案设计

【**课堂题目**】：水果

【**教案作者**】：燕雪宁[①]

【**任教学校**】：Chokchai Lat Phrao School

【**课时安排**】：两个课时（120 分钟）

【**学习情况分析**】：

①教学对象：幼儿园三年级学生。

②班级人数：30 人左右。

③汉语水平：学生已学习两年半的汉语，初级水平；已掌握问好、动作、数字、自然、颜色、动物等单词；会唱《你好歌》《两只老虎》《数字歌》《再见歌》；性格活泼，记忆力好，接受能力强，班级纪律较好。

④其他分析：Chokchai School 为私立学校，本校区有 nursery 和幼儿园一年级到三年级的学生，年龄为 2—6 岁。学生类型为泰国本土学生、华裔学生、混血儿学生。学生从幼儿园一年级开始学习中英泰三种语言，以英语为主要外语，汉

---

① 燕雪宁，女，2018 年 5 月由广东省教育厅派出，任教于泰国曼谷 Chokchai Lat Phrao School 学校。

语每个班级一周学习一个小时，无指定教材，学生性格活泼，记忆力强，喜欢音乐和舞蹈，爱画画，爱涂色，且英语专业班的学生学习能力较强，大多时候教学活动和任务都可以顺利开展。

【教学目标】：

①认知领域：

单词：掌握本节课要学习记忆的七个单词，分别是水果、苹果、香蕉、菠萝、榴莲、西瓜、芒果；

儿歌：会唱《水果歌》；

语法：掌握语法，"数词+个+水果"的用法，如一个苹果、一个西瓜等；

句子：掌握句子，"你喜欢什么水果？""我喜欢……"

②技能领域：

听：学生可以听懂老师说的关于水果的词汇、数量与句子。

说：学生可以自然快速地说出水果名称、数量、颜色等词汇，并且说出"我喜欢……"的句型。

读：幼儿语言学习能力强，模仿能力强，要求语音语调准确。

③情感领域：

兴趣：学生通过课堂中的游戏练习，提高对汉语的兴趣，并且更加热爱汉语。

感情：通过课堂互动，增进学生对教师的亲密感与信任感。

态度：能吸引学生注意力，学生认真听课，并且积极举手回答、参与课堂活动。

【教学方法】：

①直观教学法；②翻译法；③游戏法；④全身反应法。

【教学重点】：

①学生能认读水果、苹果、香蕉、菠萝、榴莲、西瓜、芒果的读法。

②完全理解并可以根据老师的问题回答正确的句子，例如，"我喜欢苹果""三个香蕉"。

【教学难点】：

①在较少借助泰语的情况下完成课堂操练的操练性任务。

②课堂练习和游戏环节，尽量让全班学生都有参与感，练习到位。

③数量词的讲解将涉及到"二"与"两"的使用方法。

④如何更好地讲解句型，好让学生可以完全理解句子的意思，以及做出正确回答。

【教具】：

实物类	手工类	奖励类
真实的水果道具	水果树展板	水果味糖果
水果词卡	水果涂色卡	小贴纸
小话筒	水果手牌	
魔法棒	魔法盒子	

【教学步骤】:

第一课时（60 分钟）

一、组织上课（3 分钟）

1. 上课仪式：双手合十，说"老师好"。教师说"非常好，同学们好"。

2. 与学生说"你好""早上好""晚上好"，合唱《你好歌》。学生唱得好，给予表扬。

二、复习旧课（5 分钟）

1. 教师手举词卡，问学生"这是什么颜色？"学生回答。速度最快者与准确者给予贴纸奖励。

2. "我的颜色"游戏。教师发出颜色指令，身上有该颜色的学生迅速跑到老师身边，然后说出相应颜色词汇。学生回答正确，给予肯定，最快最好者给予贴纸奖励。

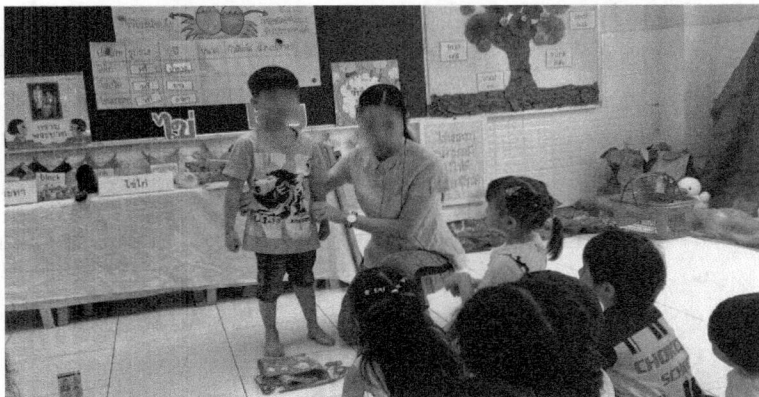

三、新课学习（15 分钟）

1. 带领认读环节：

①苹果：教师拿出真实的水果，问学生"这是什么颜色？"学生答"红色"，教师继续问"这是什么？"学生可能回答"apple"。教师领读"苹果"，三次齐读之后问"女生，这是什么？""男生，这是什么？"学生回答"苹果"。

②香蕉：教师从魔法盒子（类似下图）中拿出香蕉的一部分，并说"黄色"，问学生"这是什么？"学生用英语回答，教师请一位学生从箱子中拿出香蕉，教

师领读三次，速度逐渐加快。点读 5 位同学。

③菠萝：教师请一位同学上台拿出放在箱子里的菠萝，展示给其他学生。后教师领读三次，最后问该学生这是什么？

④中间操练：教师双手平举，一手一种水果，问学生"哪一个是苹果"，学生指出后要求其读出来，操练刚学的三个单词。

⑤榴莲：教师从箱子中拿榴莲，假装手被扎到，然后让学生闻气味，猜是什么水果。学生可能会用泰语回答，然后教师展示榴莲，领读三次"榴莲"。

⑥西瓜：请两位小朋友合力把西瓜搬上桌子，教师领读"西瓜"，请搬西瓜的两位小朋友做小老师，带读。

⑦芒果：教师把手放进魔法箱中，假装被榴莲刺了一下，再让几位同学上台闻一闻味道，问这是什么？后领读"榴莲"。

⑧中间操练：教师双手平举，一手一张词卡，问学生"哪一个是西瓜""哪一个是榴莲"等问题，检测学生是否记忆正确，并且巩固瞬时记忆。

⑨把全部的卡片贴在黑板上，画一个大括号，引出"水果"这个单词。

2. 加深记忆环节：

观看《水果歌》视频，并学唱《水果歌》。

《水果歌》学唱结束后，教师手举词卡，检查学生记忆情况，并加强输入。

四、新课操练（32 分钟）

1. 魔法手牌（6 分钟）：将水果实物放在教室前方，教师展示水果实物，台下学生读出相应词汇，台上学生选择相应水果手牌。后期可一次说出两个词汇。进行三轮，每轮四位学生。一人举牌一次，此游戏优点为全班学生都可参与，且教师此时化身为组织者，让学生有更多的机会输出。

2. 我是小明星！（8 分钟）：教师请发音准确、表现优秀的同学上台，给该同学魔法棒与小话筒，请他领读教师指定的词汇，请三位同学，每位同学领读两个单词。领读结束后，教师再次播放《水果歌》视频，请三位同学作为小榜样带领全班同学边唱边跳《水果歌》。

3. 什么水果不见了？（5 分钟）：通过前面学习与练习的铺垫，升级游戏难度。将六张词卡贴于黑板上，学生背对黑板，教师拿走部分词卡，问学生"什么水果不见了？"学生说出被拿走的词卡，教师问同学"这是什么？"班内同学作出回答。游戏进行五轮，前两轮全班一起进行，后三轮每轮四位学生，根据学生水平可调整难度，教师选择取下几张词卡。

4. <u>水果涂色</u>（13 分钟）（为下节课水果树游戏做准备）：将打印好的水果卡纸发给学生，并组织学生涂色。教师说出一个水果名称，学生将该水果涂上色，教师问"苹果是什么颜色？"（若学生不懂，可辅助泰语）学生回答"红色/绿色"，之后一一进行剩余水果的涂色，这其间教师在教室行走检查学生是否听懂词汇。

五、总结复习（5 分钟）

①手举词卡复习单词；

②学生说"谢谢老师，老师再见"。唱《再见歌》，教师与学生互道再见后下课。

【课后评估反思记录】

	评估情况（人数）	有意外	反思
是否掌握课堂内容	25	5 位学生进度稍缓	增强观察力，照顾到每一位学生
教学过程是否顺利开展	是		在泰国教师的帮助下
练习是否操练到位	是	台下学生的参与感较弱	更加灵活地使用"三三"原则
学生是否积极参与	是		

第二课时（60 分钟）

一、组织上课（3 分钟）

1. 上课仪式：双手合十，说"老师好"。教师说"非常好，同学们好"。

2. 合唱《水果歌》。学生唱得好，给予表扬。

二、复习旧课（7分钟）

1. 教师手举词卡，问学生"这是什么水果？"学生回答。速度最快者与准确者给予贴纸奖励。

2. "水果蹲"游戏。教师展示头套，回答最快者得到该头套并上台，随后玩水果蹲的游戏，"苹果蹲，苹果蹲，苹果蹲完××蹲"，优胜者得到水果口味糖果的奖励。

3. 一起数数1—10，唱《数字歌》，为学数量词做准备，把数词与量词连接起来。

三、新课学习及练习环节（45分钟）

1. 语法展示环节（4分钟）：教师拿出一个苹果，说"一个苹果"；拿出两个芒果，说"两个芒果"；拿出三个香蕉说"三个香蕉"。

2. 语法练习环节（6分钟）：教师把不同数量的水果放在桌子上，请同学们齐声说出桌子上有什么。目标句"两个苹果，两个香蕉，两个西瓜"。再换不同数量，进行第二轮的练习。后为单人练习。

3. 句子学习环节（10分钟）：教师说"你喜欢什么动物？"（动物主题时学过该句子）（边说边做手势）若学生忘记，重复动作和句子两次，然后做出兔子的动作。学生回答"我喜欢兔子"。

教师再问"你喜欢什么水果？"（配合手势）拿出苹果，学生说"我喜欢苹果"。后进行替换练习，全班同学齐声练习。目标句"我喜欢榴莲/苹果/芒果/香蕉/西瓜/菠萝"。

（我：拍自己胸脯）　　　　　　　　　（喜欢：比出一个爱心）

4．句子练习环节：

①魔法箱子游戏（10分钟）。让学生从箱子中摸出一个水果，然后老师问"你

喜欢什么水果？"学生回答"我喜欢××"并问下一个同学"你喜欢什么水果？"全班进行一次。

②水果树游戏（15 分钟）。教师把上节课涂好的水果卡纸重新发回给学生，把准备好的道具搬上讲台，问学生"这是什么？"学生回答"树"，教师继续说"水果树"。教师请班级中汉语水平较高的学生 A 上到讲台（学生手中拿着自己的涂色卡），教师问"你喜欢什么水果？"学生回答"我喜欢苹果"。然后教师把学生的苹果挂在水果树上，再请下一位学生 B 上来，A 问 B，B 作答后，挂上自己的水果，依次进行。

练习结束之后，教师带领学生一起数"苹果，一个苹果、两个苹果、三个苹果……"；"香蕉，一个香蕉、两个香蕉……"；"菠萝，一个菠萝、两个菠萝、三个菠萝……"（强调"两"）。

四、总结复习（5分钟）

①全班起立，唱《水果歌》进行短时间的放松。

②抽问几位同学"你喜欢什么水果？"学生给出回答后，再带领全班同学领读该答案。

③问学生今天学了什么？齐读水果名称。教师给予表扬。

④最后，邀请全班同学上台与水果树合照。师生互道再见，下课。

【课后评估反思记录】

①体会到要上好一节课并不容易，首先是精心准备一份教案，并预设教学活动中可能出现的问题以及学生的预设回答，再想好对策。在上课前，还需提前几分钟进入教室，布置教学环境，可以细致到道具的摆放顺序，也可以大致摆放移动一下教学物品，都是为了帮助学生更快地融入课堂，顺利开展教学活动。

②课堂中，幼儿注意力有限，因此教学环节需设计紧凑，不断变换。本节课的游戏环节中，有的同学在座位上蠢蠢欲动，这时我让全班同学齐读台上学生的句子，有时也点名单读，将学生的注意拉回课堂，兼顾台上台下。在全班齐声回答的时候，学生水平仿佛都很高，但是单独回答的时候水平就参差不齐，单独练习还是很有必要，在以后的课堂中，在保证学生理解的情况下，还应加强单独输出。营造安全、和谐的氛围，鼓励幼儿学生多开口。每一节课都应该变成增强师生感情的宝贵机会。

③教具尽量精美且可重复使用，不同教学主题都可使用为最佳。

注：学校无教材，按照教学主题进行教学。

4. 后期实施和评价案例：表格式教案

相较于文字教案，表格式教案更加简单明了，能够起到清晰思维、突出重点的作用。但是过程就较为简略，见表5-4。

表5-4　表格式教案样例

节次	第3课时	课题	老字号与中国饮食文化遗产	11月2日
教材分析	《新商务汉语精读教程（下册）》，清华大学出版社，2015年1月第1版。包括电子商务、市场营销、跨国经营、文化产业、餐饮业、零售业、农业、居民消费等各个方面。			
教学目标	①语言目标：能使用较正式（书面）的词汇或句型准确、得体地对某老字号的历史和现状进行介绍，对某事物或现象进行解释。②商务目标：能总结老字号的概念、特征，能介绍老字号的历史、现状、经营理念和文化内涵。③思政目标：了解中国老字号的文化遗产/非物质文化遗产；重点了解广州有代表性的饮食老字号及其文化内涵。能够理解老字号长久不衰与本诚信为本经营理念、商业精神之间的关系。有中外对比意识，如能比较"诚信"文化与西方契约文化的异同。			

续表

重点	句型："据……统计""涉及""之所以……是因为""不仅仅……更是……"			
难点	多音字"行"、近义词			
课型	精读课	媒体教具	腾讯会议、PPT、自制视频、腾讯文档、Quizlet 等	

教　学　过　程

环节	时间分配	能力目标	师生活动	媒体教具	作业
组织教学导入	3 分钟	引起兴趣	快速浏览中华老字号分布情况，并使用"据……统计"的新句型来回答问题	淘宝中老字号的统计图片	
学习目标介绍	1 分钟	介绍产出导向的输出任务	教师介绍本节课输出目标	PPT	
复习（前测）	5 分钟	检查第一部分课文（1—4 段）的难点字（多音字、形近字）、生词词义配对和搭配练习	看生词表回答问题、Quizlet 竞赛、词语搭配、在 PPT 上连线	Quizlet、雨课堂、手写笔	必做作业：拍视频介绍（要求向朋友介绍，3 分钟左右）。
视听说输入促成	10 分钟	提高正式口语表达的准确性和丰富度、初步了解广州老字号经营产品和涉及行业	看视频简单回答问题。要求说出新词新句，引导学生总结老字号的特点	介绍广州老字号的视频	选做写作：选择一个本国的老字号搜索资料并介绍，最好与广州同行业的某个老字号进行对比分析，尤其是对比其经营理念和文化内涵。
阅读输入促成	10 分钟	阅读三个广州老字号的典型案例，进一步了解典型老字号的历史、经营理念与文化内涵，进行深度学习	让学生分组将相应的回答放到共享文档里，小组竞赛看哪个组最快完成，答案最准确。在经营理念与文化内涵关系的探讨中贯穿思政点	Flipgrid、腾讯共享文档	
讨论写作任务	8 分钟	总结老字号的共同特征，第一轮口头写作输出	小组讨论	共享文档线上分组	
师生合作评价	7 分钟	将学生的答案与课文中的典型例句进行对比、点评	教师点评，学生互评（投票选出最好的小组），学生自评（课后自行修改）	线上投票小工具	
总结布置作业	1 分钟	进一步巩固，第二轮口头写作输出	让学生课后录制视频或写作文		

五、对教学设计的评估

对教学设计我们可以从以下几个方面来进行评价和反思。

（1）教学需求评估：是否清楚自己的教学切入点，前面学过哪些知识点？是否了解自己的教学环境和条件？

（2）教学内容评估：对国际中文等级标准中的语言知识、语言技能、交际功能、跨文化交际等是否了解；是否能明确本课所教的知识、技能、功能和文化的内容要点。

（3）教学目标评估：是否全面、具体、可操作。

（4）教学过程评估：①教学环节是否清晰、有逻辑、有时间规划；②课堂活动安排是否丰富、合理，各种师生互动类型多样；③教学资源和教学媒体的使用是否有效。

（5）教学反馈评估：有没有给学生有效的反馈。

我们可以使用课堂教学设计的评价量表（表 5-5）来对教学设计进行评估。

第二节　教　学　目　标

国际汉语教学是一门新兴学科，英语作为第二语言教学发展的历史悠久，理论丰富。我们先来看看我国英语课程的教学目标，再来看看国际汉语教学课程的教学目标。

一、基础教育阶段英语课程教学目标

第二语言教学最核心的教学目标是培养和发展学生综合语言运用能力，也就是运用这门语言自如交际的能力。我国《全日制义务教育普通高级中学英语课程标准：实验稿》围绕这一核心目标，提出以下几个层次的教学目标。

①语言知识目标：语音、词汇、语法、功能、话题等；

②语言技能目标：听说读写等；

③学习策略目标：情感策略、认知策略、调控策略、交际策略、资源策略、跨学科策略等；

④情感态度：动机兴趣、自信意志、合作精神、祖国意识、国际视野等；

⑤文化意识：文化知识、文化理解、跨文化交际意识和能力等。

《全日制义务教育普通高级中学英语课程标准：实验稿》中提出："基础教育阶段英语课程的总体目标是培养学生的综合语言运用能力。综合语言运用能力的形成建立在学生语言技能、语言知识、情感态度、学习策略和文化意识等素养整体发展的基础上。语言知识和语言技能是综合语言运用能力的基础，文化意识是

表 5-5　课堂教学设计评价量表

组别	教学需求 1. 准确理解教学总体目标 2. 明确本设计新知识切入点（教学起点） 3. 掌握教学环境和条件，调整教学安排					教学内容 1. 明确汉语知识内容 2. 明确汉语技能训练内容 3. 明确汉语交际功能项目 4. 明确跨文化交际意识学习点					教学目标 1. 有价值高期望 2. 明确具体 3. 适合学生需要 4. 全面深刻 5. 明确考核内容及方式					教案设计 1. 教学前端说明 2. 教学目标和内容（重点、难点） 3. 教师教学活动及行为 4. 学生行为 5. 教学媒体 6. 时间分配 7. 教学策略					课堂活动 1. 情境设置与学习目标一致 2. 小组活动 3. 师生互动 4. 生生互动 5. 活动与作业					教学媒体及资源 1. 对可用教学资源意识明确 2. 教学资料和资源全面促进目标的实现 3. 帮助学生提高学习有效性					教学反馈 1. 用具体有效方法评价课堂教学效果 2. 用多种方法激励学生积极参与学习 3. 作业内容与目标相关				
评价项目与指标	5	4	3	2	1	5	4	3	2	1	5	4	3	2	1	5	4	3	2	1	5	4	3	2	1	5	4	3	2	1	5	4	3	2	1
1																																			
2																																			
3																																			
4																																			
5																																			

备注：

得体运用语言的保证，情感态度是影响学生学习和发展的重要因素，学习策略是提高学习效率、发展自主学习能力的保证。这五个方面共同促进综合语言运用能力的形成。"（图 5-2）

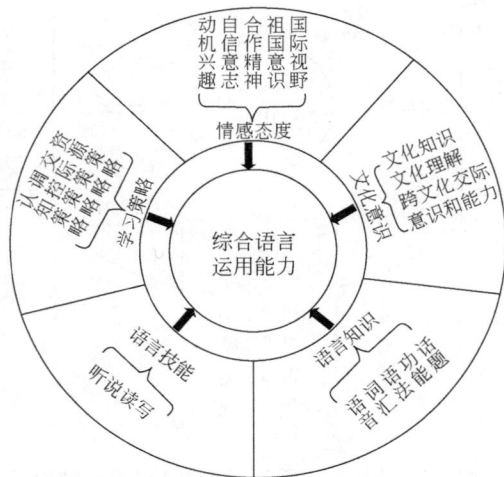

图 5-2　基础教育阶段英语课程的教学目标结构

二、国际汉语教学课程教学目标

《国际汉语能力标准》(国家汉语国际推广领导小组办公室，2007）参考了《欧框》等国际认可的语言能力标准，2014 年修订版的《课程大纲》还借鉴了美国的《21 世纪外语学习标准》，从跨文化语言教学的角度，吸收了现阶段国际汉语教学的成果与经验，对典型的汉语语言知识、文化知识等教学内容进行了梳理。《能力标准》不像传统的汉语能力标准那样过多强调对语言本体知识的掌握和运用，而是突出结合语言知识、语言使用所需的文化能力、语言使用技能和语言使用策略的综合语言运用能力（图 5-3）。

《欧框》和美国《21 世纪外语学习标准》的优点是注重语言的运用能力，不单纯注重语言本体知识，而注重语言能力与情境、文化及其他学科的联系，注重语言交际能力的培养。在标准分级中多用"能"做什么来进行描述。但因在设计之初未考虑汉语这样的非拼音文字的特点，很多翻译照搬拼音文字的相关描述，有些并不符合汉语的特点。我国以往的大纲多注重量化的语言要素标准，如初级应掌握多少汉字、多少词汇、哪些语法项目和功能等。《课程大纲》吸收了二者的优点，即"对课程目标及学习者所应具备的语言技能、语言知识、策略和文化能

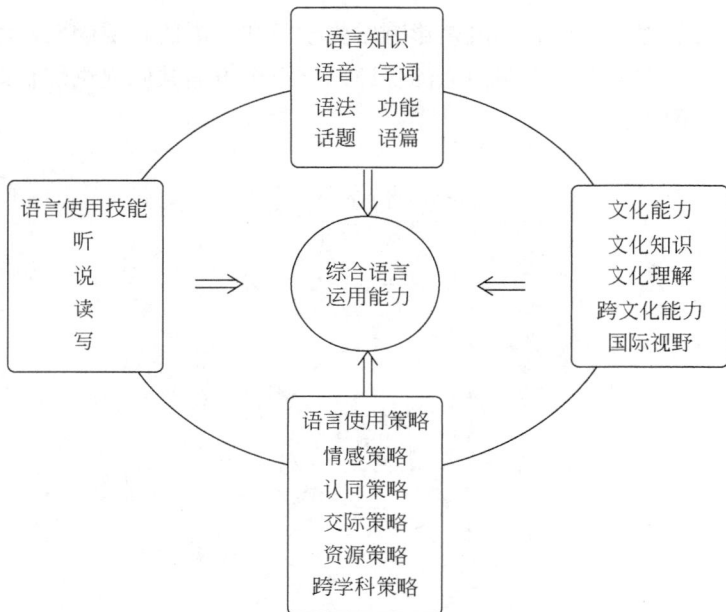

图 5-3　国际汉语教学课程的教学目标结构

力等方面，进行了分级分类描述。同时，还提供了'汉语拼音声母、韵母与声调'
'常用汉字表（一—六级）''常用汉语词语表（一—六级）''常用汉语语法分级表
（一—六级）''汉语教学话题及内容建议表''汉语课堂教学常见课型结构流程建
议表''汉语课堂常用综合教学模式课例''汉语教学常用评价活动建议表'等大
量具有实用参考价值的附件"。

三、课堂教学目标的特征

具体一堂课的教学目标是指教学活动预期达到的结果，是教育目的、教学目
标和课程目标的具体化，也是教师完成教学任务所要达到的要求和标准。课堂教
学目标比课程目标更具体，是课程目标在具体的教学过程中的体现。教师需要根
据课程目标和具体的教学内容来确定详细的教学目标以便选择教学内容和确定教
学效果。课堂教学目标是课程目标分解、细化了的一小部分。

1. 有价值，体现高期望

古语云："取法于上，仅得为中；取法于中，故为其下。"教学目标的设定不
能太难，更不宜太低，应在大部分学生的能力上，要求再高一些。尽量向高层次
的目标靠近。

2. 全面、综合、深刻

和课程教学目标一样，课堂教学目标同样包括认知、交际技能、情感态度、学习策略等多个领域，是一个多维的综合体。每个领域下的教学目标又包含多个层次，详见图 5-4。

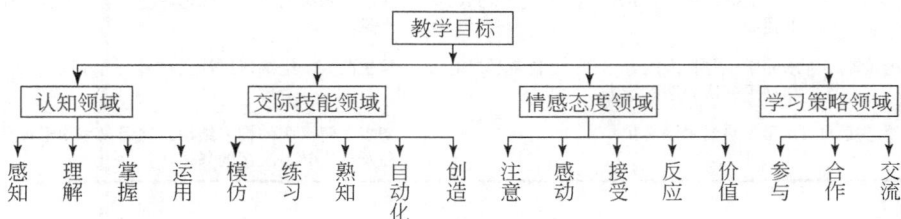

图 5-4　教学目标分类体系框架图[①]

3. 适合学习者需求

学习者有不同的年龄、职业、心理特征、文化背景等，教学目标要适应学习者的需求。如，同样的教学内容，对于课外兴趣班的学生和大学本科专业的学生，教学目标的设定就应该有所区别。兴趣班的学生学习时间短，更注重交际运用；本科专业的学生则要求系统的语言知识训练。同样第一课是汉字教学，幼儿园的小朋友可能仅需要认识并对汉字有兴趣即可，而长期进修班的成人则可能还需要掌握汉字基本笔画的写法和笔顺的规则，其考核的方式也大不相同。

4. 清楚、具体、可操作，有明确的考核内容及方式

我们具体来看看最后一点要求。试比较表 5-6 中的两种教学目标的描述。

表 5-6　教学目标描述的示例

		描述 1	描述 2
汉字		学会本课生字词。	认识 10 个生字，正确书写"一""人""大""天""小"5 个生字。认识并正确书写 6 种基本笔画。
词汇		掌握本课全部 25 个生词，能准确理解和使用。	能用颜色词说出自己喜欢的衣服、鞋子。10 个重点生词能听写，正确率达 80% 以上。
语法		掌握本课语法结构的意义和用法。	用表存在的"动词+着"描述图片，说 5 个句子，正确率达 80%。

---

①引自（姜丽萍，2006）。

	描述 1	描述 2
课文	能大声流利朗读课文；背诵课文。	用课文的框架进行流利、完整的同类对话，基本没有错误。在没有提示的情况下，能够流利地复述课文，基本没有错误。
技能（交际能力）	通过课文话题听说读写的训练，使学生运用汉语交际的能力，尤其是表达能力得到切实的提高。	能听懂常见的水果的名称，能根据图片说出自己喜欢的水果的颜色和味道。能询问对方喜欢什么水果。
学习策略	培养学生与他人的合作能力、自主学习能力和动手解决问题的能力。	学生两人一组练习讨论买衬衫（合作）。
情感态度	让学生热爱中国文化。	初步了解汉字的构字结构，感受汉字的形体美，激发学生学习汉字的兴趣。

左边的描述 1 都是比较笼统、含糊的，无法用具体的方式加以考核，甚至可以说放之四海而皆准，放到哪一课都没有太大的问题。这显然无法对具体的教学内容、教学策略的安排起到基准导向的作用。而右边的描述 2，则非常清楚、具体地量化了教学目标的内容及考核方式，使得观察者可以非常清晰地检测这一节课到底有没有达到教师设定的教学目标，达到的程度如何。

从语言的知识（认知）目标来看，要细化到这一课需要掌握哪些汉字？会认还是会写？掌握哪些词汇？是领会式还是听说读写四会式掌握？掌握哪些语法点，语法点的什么特征，在哪种情境下使用？就语言的技能（交际技能）目标而言，要从听说读写技能着手，与任务相结合。简单来说，就是能听懂什么，能说什么，能阅读什么，能写什么，能用这些技能完成什么事情。文化目标一定要与本课教学内容相关，切忌生搬硬套，还要符合学生的年龄、文化习惯和心理特点。

学习策略和情感态度并非显性的教学内容，尤其学习策略在传统的教学目标中较少提及，但只有让学生掌握了学汉语的方法，才能让学生达到自主学习、终身学习的目标，学习策略的培养通过参与、合作、交流等方式获得。情感态度方面，需让学生在学习的过程中自然而然地熟悉中国人的情感、思考方式和价值观，能够理解共情，也是非常必要的。

目前强调的专业课程中的思政目标，其实就是强调学习策略与情感态度目标，也就是更加强调"教书育人"中"育人"的作用。对于外国留学生汉语学习中的学习策略与情感态度目标，要注意与对中国人的区别。因为外国留学生有自己的语言文化背景和民族思维习惯，汉语作为第二语言教学，必须要站在多元文化理解、文化比较、全球视野角度，将培养世界公民和全球人才作为终极目标，促进学习者愿意主动了解中国人的文化、情感、思考方式和价值观，培养其对其他文化理解共情的能力，增进国际合作与国际交流的能力，增强学习者的抽象思维和逻辑思考能力。

四、教学目标的描述法

如何让教学目标具体可见、有可操作性、便于考核，美国著名心理学家 R.F. 马杰（R. F. Mager）提出的行为目标描述法 ABCD 编写方法[1]（图 5-5）给了我们很好的模板。

对象	行为	条件	行为标准
教学对象，又称行为主体，指的是学习者。	行为动词，说明所要学习的行为或能力。	行为条件，所习得的行为或能力应在何种条件之下表现出来。	表现水平或标准，又称表现程度。

图 5-5　ABCD 行为目标描述法

对象 A（audience）——谁：学习者。

行为 B（behavior）——做什么：在 B（行为）中要少用"了解""熟悉""热爱""理解""掌握"这样的模糊动词，而要用"说""写出""讨论""制作"这样明确的动词。

条件 C（condition）——怎么做：①人：是单独进行、小组集体进行还是在教师指导下进行等；②物：有没有一些资料的帮助，如图片、视频、提示语、文章框架等；③时间：如速度、时间限制等。

行为标准 D（degree）—做得如何：学生对目标所达到的最低表现水平，用以评价学习表现或学习结果所达到的程度，使得学习目标具有可测定性。如 2 分钟完成听写，达到 80% 的正确率。

行为目标描述法的教学目标示例：A 学完本课的学生，B 给课文中出现的"着"的用法分类，C 对照教师板书将"着"的三种用法分别标记出来，D 准确

---

[1]马杰于 1962 年出版《准备教学目标》，转引自（皮连生，2000）。

率达 90%。

行为目标避免了传统方法陈述目标的含糊性，但它只强调了行为结果而未注意内在的心理过程，教师可能因此只注意学生外在的行为变化，而忽视其内在的能力和情感的变化。Gronlund（1978）采用内部心理与外显行为相结合的目标陈述法，此种教学目标在陈述时，首先提出一个一般性目标，又称终点目标（terminal objectives）。该目标可以先用表示心理活动的词语来陈述，如知觉、理解、领会、欣赏、热爱等。然后，再陈述过渡目标，又称使能目标（enabling objectives），即用来提供证明学习者满足目标要求的具体行为（王添淼，2006）。例如：

1. 了解中国人买东西时的习惯和常用语（终点目标）。

1.1 能够读、写本课生词，完成选词填空，正确率达 80%（过渡目标/使能目标）；

1.2 用本课新句型造句："一分钱一分货""开玩笑""便宜没好货，好货不便宜""换季降价""看着还可以""挺精神的"，正确率达 80%（过渡目标/使能目标）；

1.3 两人一组，运用本课生词和新句型进行买东西的对话表演（过渡目标/使能目标）。

教学目标具有导向性，是教师教学设计的起点，是实施教学策略、选择教学媒体、评价和修改教学方案的依据。有效地描述教学目标，是国际汉语教师必备的基本功之一。

第三节　以成果为导向的逆向教学设计

一、成果导向

OBE（outcome based education）理念，又称为成果导向教育、能力导向教育、目标导向教育或需求导向教育理念。OBE 理念最初是 1981 年由美国学者斯派迪（Spady）提出来的。这一教育理念提出的背景是工业革命的发展以及高等工程教育的需求。

OBE 理念是一种以成果为目标导向，以学生为本，采用逆向思维的方式进行的课程体系的建设理念，是一种先进的教育理念，其理念关系图见图 5-6。我国文秋芳教授在英语教学中提出的产出导向法就是 OBE 理念下的一种教学法。OBE 理念中的"成果"所指的是学生完成所有学习过程之后获得的最终成果。这种成果既包括知识的内化，又包括情感价值观的形成以及实践能力的发展。这种教育理念以结果作为导向，强调个人能力、绩效责任以及个性化评定等内容。这里所强调的相关内容与 OBE 理念提出的时代背景是有很大关联的。

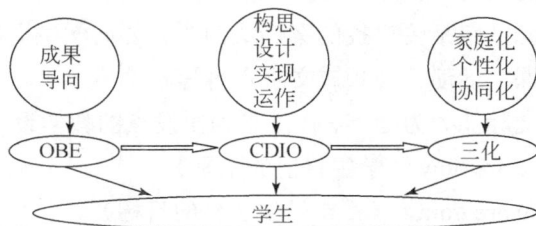

图 5-6　以学生为中心的 OBE 理念关系图

二、逆向设计的定义和步骤

逆向设计（backward design），又称反向设计，美国教育评量学者威金斯和麦克泰（Wiggins and McTighe，2005）认为最有效的课程设计应该是逆向的。他们对逆向设计的定义为：教师从最终的结果——预期的目标或标准出发，然后根据目标或标准对学生学习的要求以及为达到此要求而实施的教学（如测量的手段和方法等）来设计课程（威金斯和麦克泰格，2017）。逆向设计强调课堂、单元和课程在逻辑上应该从想要达到的学习结果导出，而不是从我们所擅长的教法、教材和活动中导出。墨尔本大学教授约翰·哈蒂（John Hatte）在《可见的学习》中也强调：学习起始于"逆向设计"，而不是起始于教科书、备受喜欢的课程或久负盛名的活动。学习从教师（最好还有学生）了解期望的结果（对应于学习目的的成功标准）开始，然后逆向运行到学生开始上课的状态。

逆向设计的程序，包括以下三个步骤（图 5-7）。

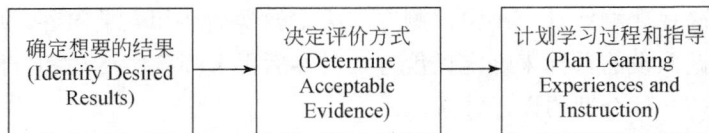

图 5-7　逆向设计的实施步骤

第一步，设定教学目标，也就是这节课结束后希望学生了解什么、知道什么、能做些什么，这些就可以形成教学目标。

第二步，确定怎样才可以知道学生是不是达到了目标，也就是用测验来衡量学生的学习表现，评估学生对教学目标的完成情况。评估的方式包括提问、观察、对话、测验、背诵或者默写等。

第三步，根据教学目标和评估方式，对教学活动进行计划。考虑在教学过程中应该利用什么样的活动、素材和资源，帮助学生掌握学习内容，达到学习目标。实现课程目标的资源，包括要讲授的案例或例题、要向学生提出的问题、配套的课后练习题，还有课堂活动、视频或文字资料等。

逆向设计是以交际能力为标准、以结果为出发点的教学设计。简单来说，即：

Know where you are now.（学生目前的水平）

Know where you are going.（希望学生达到的目标）

Map out how you will get there.（教学活动过程设计）

逆向设计在北美的外语教学中得到广泛的使用，北美的学校大多没有指定的教材，美国的外语教学统一的只有各个州的标准（standards）和对学生语言能力的描述（can-do statement）。教师可根据外语教学标准和语言能力描述，确定想让学生达到的目标，自由选择或自行编写教学材料，这与中国教师习惯根据一本教材确定教学内容和目标的教学设计方式完全不同。逆向设计让我们领悟到，教师不是"教教材"，而是"用教材来教"，教材是死的，而教师是灵活的，只有根据学生的需求，找到现实水平和目标要求之间的空隙，才能更好地满足学生的需求，提高学生的语言交际能力。

三、逆向设计的理念

逆向设计受到了 OBE 理念的影响，其是针对传统的正向设计而言的（表5-7）。对普通汉语教师而言，面向课堂的微观正向设计始于课程内容的顺向思考，注重知识体系的完整性，由教学内容确定教学目标，由教学目标确定教学活动和教学过程，最后再确定评测手段。而逆向设计则是从需求开始，由需求决定教学目标，由教学目标决定评测要求，再由评测要求决定教学活动和教学内容。逆向设计以终为始，根据预设的目标来确定评价方式，然后再选择教学活动和方法、教学材料和资源，是一种合理的设计方法。

表 5-7　正向设计与逆向设计的区别

区别	正向设计		逆向设计
顺序不同	教材		教学目标
	教学活动		评测
	评测		教学活动

续表

区别	正向设计	逆向设计
理念目标不同	以语法点为纲 学习语言是唯一目标 内容围绕语法点展开 以书面考试评定成绩（重视语音、词汇、语法等语言知识）	以主题为纲（如"水果"这一主题下有水果名称、水果颜色、水果味道等小主题） 语言是手段、工具，不是终点 内容围绕真实生活情境展开 以综合能力评估成绩，评估手段多样（问答、口头表达、对话表演等）

四、逆向设计的案例

逆向设计案例 1：初级上阶段一个课时的逆向设计（主题：水果）。

第一，设定合适的教学目标，知道学生现在能做什么？希望他们学完后知道什么？（语言知识目标）能做什么？（语言技能目标）

小主题 1：水果的名称

（1）知道水果的名称，能够说出生活中常见的水果的名称（苹果、香蕉、葡萄、西瓜等）。

（2）能够回答自己和家人喜欢什么水果。

小主题 2：水果的颜色

能够说出不同水果的颜色。句型：……（水果）是……色的。

小主题 3：水果的味道

（1）能够说出水果的味道（酸、甜）。

（2）能够根据味道表达喜欢或者不喜欢水果的理由。句型：我喜欢……，因为……甜甜的。

第二，设定评估方法，如何证明学生已经了解？

学生应该能够：

（1）**提问并回答**：这是什么？你（爸爸、妈妈）喜欢吃什么水果？你为什么喜欢吃苹果？

（2）挑选喜欢的水果，做一份水果沙拉。

口头表达：我的水果沙拉里有红色的苹果、黄色的香蕉和紫色的葡萄。

我喜欢苹果，因为它甜甜的。我也喜欢葡萄，因为它酸酸甜甜的。

我不喜欢柠檬，因为它太酸了。

第三，计划教学活动，需要包括交际活动中的理解诠释类任务（interpretive task）、人际交流类任务（interpersonal task）和表达演讲类任务（presentational task）。

（1）活动 1：表达演讲类任务，课前任务，请每个学生带 3 种自己喜欢的水果,上网查翻译,上课时介绍水果的中文名字。句型:这是……(水果)。我喜欢……。

上课时老师先带大家复习"这是……""你喜欢……?"句型,然后进入学生介绍自己带来的水果的环节。学生在介绍的过程中,如果有发音不准确的,老师可以纠正,让大家熟悉水果的中文名称,并在黑板上写下拼音和汉字。在介绍过程中,老师可以提问,你喜欢苹果吗?谁喜欢苹果?学生根据同学展示的真实情况进行回答。最后总结常见的水果的中文名字,用闪卡进行复习,让学生掌握形、音、义之间的联系。

(2)活动 2:人际交流类任务,小调查,你的家人喜欢什么水果?四人一组,互相调查,你家有几口人?他们喜欢什么水果?大家都喜欢的水果是什么?老师提问或者请小组的同学来对话。

(3)活动 3:理解诠释类任务,老师先带学生复习颜色的词汇,再提问,葡萄是什么颜色的?什么水果是红色的?学习生词,味道;酸酸的,甜甜的。苹果甜甜的,柠檬酸酸的。老师提问,什么水果是紫色的,味道是酸酸甜甜的?

(4)活动 4:表达演讲类任务,做沙拉,请小组同学四人一组,合作做沙拉。做好后请大家介绍,自己的水果沙拉里有什么水果,是什么颜色、什么味道的。谁喜欢什么水果,为什么?

逆向设计案例 2:初级下阶段一个单元的逆向设计(主题:饮食)[①]。

Stage 1:教学目标

语言知识(what to know):

- Sb.(不)喜欢,(因为……)
- 买单/结账!
- 酸、甜、苦、辣、风味、口味

语言技能(what to do):

- 学生能看懂菜单,认识一些常见的中国菜。
- 学生能表达自己想喝、吃什么东西。
- 学生能掌握用餐礼仪,包括请客、点菜和结账等。

Stage 2:How will you know that students can do that?(教学测评)

- 教师可以通过以下活动来测试学生是否达到了以上的教学目标。

本节课集中于学生的角色扮演,这些角色扮演要证明学生是否掌握了用餐的词汇和句型,而且是否能够符合中国的用餐礼仪。最后有一个单元考试,学生可以通过考试展示他们的知识。

---

① 改编自 2013ACC-K12 项目学员何明乐教案。

Stage 3：What instructional activities will be used?（Use as many as necessary to achieve your learning targets.）（教学活动和过程设计）

Opening/Activity 1：你要不要喝茶？

1.上课之前，教师把学生的桌子分为四人一组，安排如下。这样可以模拟饭店的餐桌。

2.在每位学生的小桌子上有以下材料：

- 一个杯子（一次性的）
- 一本词典
- 一张卡，上面印着一种中国菜的图片和名字（比如：春卷），卡上的菜没有拼音。

3.教师要求学生看自己的卡，把菜名的拼音写下来。如果不知道拼音，可以用词典来查字。

在学生写拼音的同时，老师给每个学生倒茶，先问"你要不要喝茶？"学生可以回答"要"或"不要"，然后再说"谢谢"。

Activity 2：菜单的分类

1.教师把菜的种类名称写在黑板上。

2.教师要求学生把自己的菜贴在合适的分类下面。

3.教师检查学生是否把自己的卡贴在合适的位置，然后简单解释不熟悉的菜应该放在哪里。

4.教师让学生讨论怎么猜想一种菜的分类（比如：月字旁与肉有关、草字头与蔬菜有关等）。

Activity 3：角色扮演

1. 教师提前准备一段小对话，分给每一位学生。教师先和一位学生一起来做角色扮演。

2. 角色扮演以后，教师跟不同的学生小组再次模拟对话的不同部分。比如说，在某个桌子问学生"几位？"学生回答。然后到其他桌子问学生"你要喝什么？"等。

3. 教师要求学生自己做角色扮演。每一个小组有三个顾客和一个服务员。学生看黑板点菜，然后服务员从黑板上把卡拿下来给他们。

zài fàn diàn
在饭店

服务员：　"欢迎 光 临！几位？"

顾客：　　"……位。"

服务员：　"你要吃什么？你要喝什么？"

顾客：　　"我要/我来一份……"（一碗饭、一杯茶、一瓶可乐）

服务员：　"还有什么？"

顾客：　　"没有了。"（或 "我还要……"）

服务员：　"好，您点的是……"

顾客：　　"服务员！再来……"

顾客：　　"买单/结账。"

Activity 4：问答游戏

教师提前准备一些有关中国用餐礼仪的多选题。最好的问题是一些有幽默答案的问题。问题的内容包括：

- 怎么请客（"做东""AA 制"等）
- 倒茶
- 夹菜
- 结账（怎么买单、给小费的礼仪）

1. 例题：If your friends say "我请你吃饭"，what is the best way to respond?

a. 谢谢!我们几点见？　　　　　　b. 你太客气了！

c. 你为什么请我吃饭？　　　　　　d. 不好意思。

Correct Response：b. "你太客气了！" means "You're being too polite! This is a way to indirectly thank your friend and verify whether they really mean to invite you. If they insist on treating you, you should thank them（"谢谢！"）and then set a time to eat.

2. 学生分小组讨论每一个问题，把答案写在纸上。如果小组有正确答案，他们得 1 分，如果不正确就得 0 分。

3. 得分最多的小组赢得一个小奖品（比如糖、饼干等）。

Closing/Activity 5:

1. 教师给学生展示一份菜单模板，最好菜单上有不同风味和口味的菜（例如：麻婆豆腐、北京烤鸭、鱼香茄子等）。

2. 学生可以看看菜单然后表达是否喜欢某种菜，例如"我很喜欢烤鸭"。

3. 教师布置作业：

- 一个小组要制作一份自己的菜单。
- 学生要从每一种菜品分类中选三个有代表性的菜，然后设计自己的菜单。
- 学生要研究他们选的菜：名字叫什么（拼音）？有什么口味？属于什么风味的菜？
- 下一节课，小组要做小报告来解释他们的菜单。

Materials needed for this lesson:

- 杯子（见第一个活动）
- 卡
- 菜单
- 茶叶、茶壶、开水
- 有关用餐礼仪的 PPT（问答游戏）
- 小奖品

Performance Tasks:

Interpretive tasks（理解诠释类任务）：

- 学生看有关饮食文化的材料和电影，能够回答问题。
- 学生看卡片，把菜分成不同种类。学生也能猜测不熟悉的菜属于哪些分类。
- 单元考试：学生展示所掌握的和快食有关的语言知识。学生能够表达是否喜欢或想要××东西，能够看菜单、点菜，能够回答有关饮食文化和用餐礼仪的问题。

Interpersonal tasks（人际交流类任务）：

角色扮演：学生能模拟在饭店吃饭的全过程，比如怎么点菜、结账等。

Presentational tasks（表达演讲类任务）：

- 学生设计自己的菜单，做小报告解释某种菜的特点、来源等。
- 单元考试：学生要写小短文或句子来表达为什么喜欢或不喜欢某种菜（比

如，用表示口味的词汇："我喜欢宫保鸡丁，因为很辣！"）或为什么要买某种东西（例如："因为我要做沙拉，所以我买西红柿、黄瓜和生菜。"）。

参 考 文 献

陈光磊，2002. 对外汉语教学评估问题探讨［C］//《第七届国际汉语教学讨论会论文选》编委会. 第七届国际汉语教学讨论会论文选. 北京：北京大学出版社：25-31.

崔永华，2008. 对外汉语教学设计与导论［M］. 北京：北京语言大学出版社.

国家汉语国际推广领导小组办公室，2007. 国际汉语能力标准［M］. 北京：外语教学与研究出版社.

国家汉语国际推广领导小组办公室，2008. 国际汉语教学通用课程大纲［M］. 北京：外语教学与研究出版社.

哈蒂，2015. 可见的学习：最大程度地促进学习：教师版［M］. 金莺莲，洪超，裴新宁，译. 北京：教育科学出版社.

韩孝平，1984. 试论对外汉语教学工作的评估［J］. 语言教学与研究，（4）：44-61.

加涅，布里格斯，韦杰，1999. 教学设计原理［M］. 皮连生，庞维国，等，译. 上海：华东师范大学出版社.

姜丽萍，2006. 关于有效陈述对外汉语教学目标的思考［J］. 云南师范大学学报（对外汉语教学与研究版），（4）：17-21.

孔子学院总部/国家汉办，2014. 国际汉语教学通用课程大纲：修订版［M］. 北京：北京语言大学出版社.

赖格卢斯，2011. 教学设计的理论与模型：教学理论的新范式. 第 2 卷［M］. 裴新宁，郑太年，赵健，译. 北京：教育科学出版社.

李志义，2015. 成果导向的教学设计［J］. 中国大学教学，（3）：32-39.

廖建玲，2013. 国际汉语教学设计［M］. 北京：高等教育出版社.

孟迎芳，连榕，郭春彦，2004. 专家—熟手—新手型教师教学策略的比较研究［J］. 心理发展与教育，20（4）：70-73.

皮连生，2000. 教学设计：心理学理论与技术［M］. 北京：高等教育出版社.

盛炎，1990. 语言教学原理［M］. 重庆：重庆出版社：362.

盛炎，沙砾，1993. 对外汉语教学论文选评：第 1 集（1949—1990）［M］. 北京：北京语言学院出版社：330.

束定芳，2004. 外语教学改革［M］. 上海：上海外语教育出版社.

孙培健，2013. 非目的语环境下第二语言课堂教学策略的对比研究：以美国俄克拉荷马大学汉语、法语、德语教学为例［J］．语言教学与研究，（4）：8-16.

王添淼，2006．教学目标的有效陈述与对外汉语教学［J］．汉语学习，（3）：65-69.

威金斯，麦克泰格，2017．追求理解的教学设计：第二版［M］．闫寒冰，宋雪莲，赖平，译．上海：华东师范大学出版社.

文秋芳，2015．构建"产出导向法"理论体系［J］．外语教学与研究，47（4）：547-558，640.

夏家发，彭近兰，2010．教学活动设计［M］．武汉：华中师范大学出版社.

杨文惠，2009．轻松教汉语：汉语课堂教学实用技巧72法［M］．北京：世界图书出版公司.

杨翼，2008．汉语教学评价［M］．北京：北京语言大学出版社：2-7.

赵金铭，2010．对外汉语教学法回视与再认识［J］．世界汉语教学，（4）：243-254.

赵金铭，2014．附丽于特定语言的语言教学法［J］．世界汉语教学，（4）：554-565.

赵杨，2017．外语教学法的演进：从方法到原则［J］．国际汉语教学研究，（1）：20-22.

中华人民共和国教育部，2001．全日制义务教育普通高级中学英语课程标准：实验稿［M］．北京：北京师范大学出版社.

Gronlund N E，1978. Stating behavioral objectives for classroom instruction［J］. Stating Objectives for Classroom Instruction：58.

Hattie J，2008. Visible learning：a synthesis of over 800 meta-analyses relating to achievement ［M］. London：Routledge：4，16，18-19，237-239，258.

Merrill M D，Li Z，Jones M K，1990. Second generation instructional design （ID2）［J］. Educational Technology，30（2）：7-14.

Wiggins G，McTighe J，2005. Understanding by design, expanded 2nd edition［J］. Association for Supervision & Curriculum Development，Pearson Schwz Ag：370.

第六章　国际中文课堂教学实施与活动

第一节　课堂的教学过程与教学活动

广义的第二语言教学过程包括总体设计、教材编写（或选择）、课堂教学以及成绩测试这四大环节（吕必松，1993）。其中最重要的环节是课堂教学。而课堂教学的过程是教师和学生协同合作的过程，包括教师、学生和教学中介三大要素。教学过程由一系列相互联系的教学活动组成，在这一过程中，教师将自己的教学计划和教学设计通过一定的教学方法贯穿到教学活动当中，从而传授教学内容，达到教学目标。

教学过程是课堂教学的核心部分。教师、学生、教学目标、教学内容、教学方法、教学媒体和教学环境都是影响教学效果的基本因素。在教学实践中，常常会发现同一份经典的活动方案，由不同的教师执教会产生不同的活动状态。由此可见，一个成功的教学活动，除了要制定合适的目标，精心设计活动过程外，教师在教学现场的师生互动水平、处理预设和现场生成的能力等，也是影响教学活动质量的重要因素，因此，教师组织活动的能力是反映教师专业素养的一个重要方面。

一、教学活动的定义和分类

从广义上说，教学本身就是一种人类的活动。教学活动是课堂教学过程中的基本单位，是学校教学工作的基本形式。教学活动是一个完整的教学系统，它是由一个个相互联系、前后衔接的环节构成的。教学活动从不同的角度来看，可以分成不同的类型。从形式上看，教学活动可分为个体活动、小组活动和全班活动。从所涉及的不同的思维层次可分为感知体验式的感性教学活动、操作认识式的知性教学活动、创造探究式的理性教学活动等（夏家发和彭近兰，2010）（表 6-1）。这些不同的活动都有不同的活动设计程序。本节仅以传统传授式课堂和任务型课堂为例，介绍一下这两种有代表性的课堂教学环节和具体的教学步骤。

表6-1　教学活动的多样化类型

对象	教学客体	实践活动	认识活动		审美活动	评价活动
	教学主体	师生交往活动			生生交往活动	
	主体自身	教师的自我反思活动			学生的自我反思活动	
目标	三大领域	认知类活动		技能类活动		情意类活动
	三种取向	行为类活动		生成性活动		表现性活动
构成	外部活动		感知活动		操作活动	言语活动
	内部活动		认知活动		情感活动	意志活动
形式	个体			个体活动		
	小组			小组活动		
	群体			群体活动		
层次	对客体的作用程度		感知活动	操作活动	认识活动	创造活动
	思维介入的程度		感性活动		知性活动	理性活动
	活动的总体水平		记忆型活动	理解型活动	探究型活动	创造型活动

资料来源：（李松林，2011）。

从狭义上看，随着现代教育心理学、语言学、应用语言学的发展，以及互动教学理论、交际教学理论的出现，"课堂活动"有了特殊意义。出现了狭义的课堂活动，"指为达到教学目标，由教师设计并在课堂上实施、师生共同参与、有特定内容和实践活动"。姜丽萍和李俊芬（2014）指出："活动教学法是在建构主义、任务型教学和汉语教学理论指导下，以任务为导向，以活动为载体，以学生为中心，师生共同参与完成的教学活动。"

二、教学活动的教学环节

教学环节是指一个教学单位对某一项具体的教学内容的处理，即完成教学活动中某一项具体的教学任务。

1. 传授式课堂的教学环节

传统的传授式课堂，其课堂教学过程的教学环节包括：组织教学、复习与预习检查、讲练新内容、巩固新内容、小结和布置课外作业。具体见表6-2。

表 6-2　3P①汉语课堂教学常用的主要程序

1. 组织教学。（3%）

稳定学生情绪，使其集中注意力。创造有利于学习的气氛。包括问候，点名，宣布本节课的教学目的和主要教学内容。

2. 复习与预习检查。（10%—15%）

检查上一次课程学习内容的掌握情况和本次课程学习内容的预习情况，以过渡到新课的学习。了解学生对已学内容的掌握情况，获得反馈，及时弥补缺陷。包括检查作业完成情况，听写，复述课文等。

3. 讲练新内容。（50%—60%）

这是重要步骤，展示（教师适当讲解）和训练新内容（学生练习）结合，其他环节为此环节服务。突出教学的重点难点，精讲多练，以练代讲。通过机械性及半机械性的操练，从掌握语言的结构形式，过渡到有意义的形式表达。以旧代新、从易到难、循序渐进。

4. 巩固新内容。（15%—20%）

（1）仍以练习为主，但已经是情境交际的运用。

由机械操练转入有意义的练习，并进行初步的运用练习。经过对新知识的记忆、巩固，形成新的语言习惯。对学生的熟练度和灵活性不能要求太高，需要在课后的复习和下一次课前检查中达到更高的水平。

（2）对新学习的知识和语法结构进行归纳总结。

对新教学的内容所涉及的语法知识进行归纳总结。利用黑板上现成的例子归纳出一个公式或一个结构，用彩色粉笔点明学生的错误（板书归纳）。也可通过提问的方式帮助学生自己总结（提问归纳）。

5. 小结和布置课外作业。（5%）

这个步骤非常重要。突出本节课教学重点，巩固学习的新内容，督促学生及时复习预习。布置作业要有明确的要求，以便下节课开头进行检查。作业不宜过多，难度不宜过大，应包括口头作业和书面作业。

2. 任务型课堂的教学环节

任务型教学法认为课堂教学应当遵循真实性原则、整体性原则、意义优先原则、以学生为中心原则及互动性原则，并提出了一个可操作的任务型教学过程框架，分为任务前、任务环和任务后三大环节。详见表 6-3。

表 6-3　任务型汉语课堂的教学环节

1. 任务前（pre-task）。（20%—25%）

教师引入任务，包括教学活动、意识提升活动和计划。

a. 教师向学生介绍话题和任务；（5%）

b. 呈现和学习完成任务所需要的语言知识，突出关键词语，激活语言；（10%—15%）

c. 介绍任务的要求和实施任务的计划。（5%）

2. 任务环（task cycle）。（50%—60%）

包括执行任务、计划任务和后续的报告三个方面。这一阶段主要是涉及多个微型任务，构成任务链。学习单元中任务的设计由简到繁，由易到难，层层深入，形成由初级任务向高级任务以及高级任务涵盖初级任务的循环。学生以个人、伙伴或小组形式完成各项任务，尽己所能地运用已学的语言知识。

---

① 3P 指的是演示（presentation）—操练（practice）—成果（production）。

续表

a. 任务（task）——学生执行任务；（15%—20%）

b. 计划（planning）——各组学生准备如何向全班报告任务完成的情况；（15%—20%）

c. 报告（reporting）——学生报告任务完成情况。（20%）

3. 任务后（post-task）。（20%—25%）

包括分析和操练。评价任务，对语言形式的分析和练习放在了任务后环节。任务后的第一阶段的教学目标为提升准确性，因而不主张过度的流利性，采用的技巧为公开表演、分析和测试；任务后的第二阶段的目标为分析和综合的循环，技巧为注重任务的顺序性，甚至重复任务系列的训练。

a. 分析（analysis）——学生通过录音分析其他各组执行任务的情况；（10%）

b. 操练（practice）——学生在教师指导下练习语言难点。（10%—15%）

3. 教学过程、教学单位、教学环节、教学步骤的关系

值得注意的是课堂教学过程又划分为不同的阶段，比如国内大学的精读课，6 个课时完成一个课文的学习，这 6 个课时是一个总的过程。分为三次课，每次课 90 分钟是一个单位。每次课分为 2 个课时（每个课时 45 分钟），每个课时又是一个小单位。每个相对完整的教学阶段可称为一个教学单位。教师要根据教学计划，将教学内容较好地分配到不同的阶段中去。每个阶段都最好有相对完整的教学过程。如，第一次课为生词和课文教学阶段，第二次课为课文和重点语法教学阶段，第三次课为交际活动与练习检验阶段。第一次课的 2 个课时，第 1 个课时主要处理生词，即可称为生词处理环节。而第 2 个课时则是在巩固生词的基础上，对课文进行初步理解，则可称为课文处理环节。在每个课时中各个不同环节的时间分配以及环节之间的衔接过渡特别重要，教师需要较为准确地把握新知识讲解和练习的时间。从一个环节过渡到下一个环节要注意前后内容的关联性。吕必松（1997）是这样描述课堂教学程序的：备课时将教学过程划分为一个个教学单位（一般即一节课），再规划每节课中的教学环节（如生词处理环节、课文处理环节），在每个环节再按一定的步骤来进行教学。而课堂操作中则是反过来的（图 6-1）。

备课：教学过程→ 教学单位→ 教学环节 → 教学步骤

课堂操作：教学步骤→ 教学环节→ 教学单位 → 教学过程

图 6-1 课堂教学程序

三、语言点教学活动的教学步骤

一个教学环节需要若干个教学步骤来完成，每个教学步骤也有一个具体的教学目的。传授式课堂中，对语言点教学的教学过程基本遵循了由感知到理解、记

忆再到巩固、迁移运用的心理规律。因此其教学步骤也是按照导入、呈现、练习再到小结这样的经典步骤。练习形式也是由易到难，从控制性的机械操练开始，让学生先熟悉语言形式，建立信心之后，再增加难度；由完全的控制（答案是固定的），到半控制（给出限定的情境，每个人的答案是不一样的），到最后的交际练习，达到让学生在语境中自由运用的目标（图 6-2）。加利福尼亚大学戴维斯分校的储诚志老师曾经将这一过程形象地比喻成妈妈教孩子走路的几个阶段：抱着走（让学生听、观察、模仿）—牵着走（给学生帮助的手，让学生自己尝试，却是按老师的方向走）—圈着走（给学生一定的语境范围，在这个范围内自由地表达），最后才是在生活中完全自由地表达。学生虽然是教学的主体，教师却是教学的主导，教学的方向始终由教师把控着。

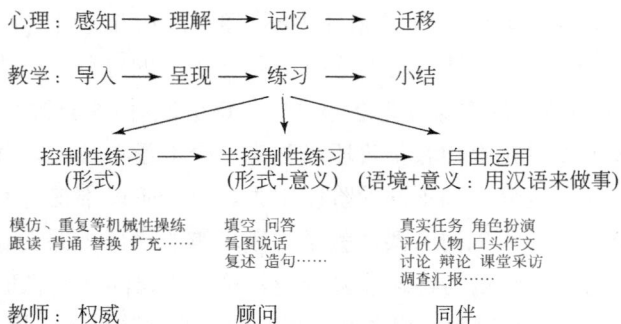

心理：感知 ⟶ 理解 ⟶ 记忆 ⟶ 迁移

教学：导入 ⟶ 呈现 ⟶ 练习 ⟶ 小结

控制性练习 ⟶ 半控制性练习 ⟶ 自由运用
（形式） （形式+意义） （语境+意义：用汉语来做事）

模仿、重复等机械性操练　填空 问答　　　　真实任务 角色扮演
跟读 背诵 替换 扩充……　看图说话　　　　评价人物 口头作文
　　　　　　　　　　　复述 造句……　　讨论 辩论 课堂采访
　　　　　　　　　　　　　　　　　　　调查汇报……

教师：权威　　　　　　顾问　　　　　　同伴

图 6-2　语言点的基本教学过程[①]

四、教学活动组织的原则

（1）情境性。

语言教学活动需要特别关注情景的设置。美国教育家杜威就指出教学过程中必须以学生个人生活实践或直接经验作为学习的中心，强调真实的经验的情境，充分利用学生原有的生活经验来帮助学生认识与理解新知识。具体的情境能将语言知识与实际生活联系在一起，在语言形式和意义之间搭建起桥梁，有效培养学生的语言交际能力。"从某种意义说，情境是联结结构与功能教学的纽带，它是语言结构教学的工具（途径），也是功能项目的载体。语言教学只有借助一定的语言环境和上下文，才能把句子的结构、意义和交际功能结合起来。"（李海鸥，1999）例如，存现句有三种不同的句型：窗户外边是一棵大树；窗户外边有一棵大树；

[①] 方小燕，《汉语作为第二语言教学简说》课堂讲义，未公开出版。

窗户外边种着一棵大树。那这三种句型有什么区别呢？如果只是向学生解释："是"是判断，"有"是说明，"V 着"是具体描写；"V 着"句的表达意图为，不仅想让他人知晓某处所存在某事物，还要让其直观地了解该事物的存在状态。这样的解释不仅麻烦，而且教学语言太难，不如借助教学情境的设置。见图 6-3。

男孩儿旁边有一只小狗，女孩儿旁边也有一只小狗。

男孩儿旁边有一只小狗。　　　女孩儿旁边有一只小狗。
　　　　↓　　　　　　　　　　　　　↓
　　　pā　　　　　　　　　　　　dūn
　　　趴着　　　　　　　　　　　蹲着
男孩儿旁边趴着一只小狗。　　女孩儿旁边蹲着一只小狗。

图 6-3　表静态存在的"V 着"句
资料来源：（卢福波，2017）。

（2）针对性。

活动情境的设置必须符合学生的年龄特点和认知特点，在第二语言教学中还必须符合学生现阶段的第二语言水平，靠近学生的最近发展区。例如，用存现句的句型描述自己的房间和学校对于成人和儿童都是较为熟悉且合适的情境，但是如果让年龄较小的幼儿用存现句描述自己的城市可能就超出了他的认知能力。而对于成人来说，虽然他有城市生活的经验，却无法用第二语言自如地表达（如公园、机场、火车站、购物中心这些词汇都是生词），必须要借助词典或词汇表才能完成。

情境的设置要调动起学生的积极性，要使学生主动参与课堂教学活动，教师就必须对学生的课外生活、兴趣以及不同学生的特点都有一定的了解，并将这些都运用到课堂教学活动的情境创设中去。例如，在教授"V 着"句型表达人物的外貌和穿着时，很多老师都会用图片，让学生用"V 着"造句。但如果老师可以用班上同学的照片，无疑会更加吸引学生，激发学生的兴趣。情境的创设可以借助多样化的媒介，语言、表情、肢体语言、卡片、图片、视频、歌曲都可以成为有效的情境媒介。

（3）目标性。

课堂教学活动的目标应该与教学内容的目标一致。有些教师为了活跃课堂气氛，经常会在课堂上进行各种活动，如游戏、学唱歌、看视频等。值得注意的是，教学目标是一切教学活动的出发点和终点，教学活动都必须围绕某个教学内容的目标展开，而不是毫无关联的。如，教师所教的歌曲，不能随意挑选，要根据学生的兴趣和语言水平，挑选学生感兴趣能听懂的曲目，其中的词汇和句型最好与本学期学习的语言有一定的重合，可以帮助学生更好地理解课本上的语言点。教学活动如果缺乏明确的目标，即使表面上气氛热烈，形式花哨，学生喜欢，最终却不能提高学生的语言水平。

（4）多样性。

教学活动的程序虽然都遵循着导入、呈现、练习、小结这样的规律，但是在同样的教学环节我们却可以用不同形式的教学活动来进行，从而增加课堂的丰富度，避免单一。比如导入环节，可以有问题导入、故事导入、歌曲导入、视频导入、图片导入等不同的形式。再好的教学活动和教学方法，用得多了，也难免会令人厌烦，需要经常变换以保持趣味性。教学活动的互动形式可以有小组互动（3—6 人一组）、生生互动（2 人一组 pair work）、师生一对一互动、师生（全班）互动等，各种不同的互动方式相结合。小组的构成方式也可经常变换一下，可按位置同组、国别同组、不同语言水平搭配同组等。这样既可以增加教学活动的覆盖面，让全班所有的学生都参与到教学活动中，也可在学生之间增加互动的机会，达到语言交际的目的。教学活动还可以与一定的成果结合，让学生更有成就感。如教笔画笔顺时，让学生用书法写自己的名字；教祝福语时，让学生制作生日贺卡、母亲节贺卡等。

第二节　课堂活动设计的理念与原则

课堂教学的过程是由一个个课堂教学活动组成的，它是学校教学工作的基本形式。课堂教学的效果如何，课堂气氛是否活跃，都由课堂活动的质量决定，是教学中至关重要的一环。与其他学科相比，第二语言教学的课堂更具特殊性，因为第二语言教学所传授的知识并不是靠传授理解的陈述性知识，而是靠习惯养成的程序性知识。简而言之就是"知道"并不等于"会"。语言知识需要在大量的交际活动的实践中，依靠"可理解性输入"和"互动"，才能转化为学习者真正的语言交际能力。

在第二语言教学课堂中，语言交际能力的培养与学生交际活动是密不可分的。从某种程度上来说，第二语言的学习过程就是一个形成语言习惯的过程。外语教学语法的目的是培养语言能力，而不是为了懂语法而教语法、练语法。只有把语言教学置于有意义的交际活动之中，把以教师为中心的课堂讲授变为以学生为中心实践的课堂活动，学生才可能真正地掌握这门语言。因此，设计有趣的课堂活动是汉语国际教育专业的重要基本功之一。

在重视语言功能和交际的第二语言课堂上，教学活动形式多种多样，可以是游戏、角色扮演、语言实践任务等动态活动，也可以是最常见的听写、朗读课文、做语法练习等静态活动；从互动对象来说可以是师生互动活动，也可以是生生互动活动，甚至是人机互动。一般来说，课堂活动宜动静结合，静态的活动适合做需要深层次思考与讨论的问题。而动态的活动需要的时间较长，趣味性和互动性较强。

课堂教学活动的设计以教学效果最优化为目的进行，我们可以结合课堂实施的各个环节步骤来组织教学活动，也可以从汉语要素内容的设计方法入手，分析如何设计课堂教学活动。课堂活动丰富多彩、层出不穷，需要时时更新保持新鲜感，在网络教学日益占据重要地位的今天，我们还需要借助技术手段，开动脑筋，开发更多适宜线上的课堂活动。然而万变不离其宗，课堂活动的设计、实施都需要遵循一些基本的理念和原则。

一、教学活动的理论基础

1. 知行合一，在"做"中学

杜威的理论是现代教育理论的代表，区别于传统教育"课堂中心""教材中心""教师中心"的"旧三中心论"，他提出"儿童中心（学生中心）""活动中心""经验中心"的"新三中心论"。从"知行合一"的理念出发，杜威反对传统的被动知识讲授与灌输，主张"活动和体验"是联结学校与社会的桥梁，主张学生通过"活动"课程，主动探究式学习。无独有偶，我国著名教育学家陶行知先生也提倡"生活教育"，提出了"教学做合一"的思想。"活动"在现代教育中被赋予了重要的意义。"体验教学"和"在做中学"都强调了"活动"的重要性。这些教学理念在外语教学中也被充分地吸收并践行着。从"我做，你看"（教师示范），到"我做，你跟我做"（老师示范，学生模仿），到最后"你做，我看"（学生自主进行语言活动），最终让学生在活动中能够通过不断的体验实践，达到教学目标。

2. 建构主义的支架式教学

最近发展区（zone of proximal development，ZPD）是维果茨基于 20 世纪 30 年代提出的一个重要概念，是指"儿童独立解决问题的实际发展水平与在成人指导下或在有能力的同伴合作中解决问题的潜在发展水平之间的差距"。建构主义学者根据最近发展区理论提出的支架式教学（scaffolding instruction）方法，也是课堂活动的重要理论基础。

支架式教学是由美国著名教育心理学家布鲁纳提出的教学模式（王海珊，2005）。"支架"原意是建筑中使用的脚手架，布鲁纳用以形象地说明一种教学的模式：通过支架（教师的帮助）把管理学习的任务逐渐由教师转移给学生自己，最后撤去支架。支架式教学应当为学习者建构对知识的理解提供一种概念框架。这种框架中的概念应该是学习者对问题进一步理解所需要的，所以教师要在教育行为展开前把复杂的学习任务加以分解，以便学习者自己能沿着"支架"逐步攀升，从而完成对复杂概念意义的建构。支架式教学表明教师在教学初期需要为学生提供大量的支持，一旦学生的能力得到较大的提高时，教师的支持可以逐渐退出。在二语课堂小组活动中，教师的支架作用体现在为学习者提供一定的框架、规则、范例等，为学习者建构自己的语言体系提供帮助。其教学环节可分五步：①搭建支架；②进入情境；③独立探索；④协作学习；⑤效果评价。在教学的开始阶段，将学生引入一定的问题情境，并提供可能获得的工具。教师先为学生确立目标，让学生探索尝试，教师会对探索的方向加以控制。此时教师可以给予学生启发引导，可以做演示，提供解决问题的原型，也可给学生反馈等，但要逐步增加问题的探索性成分，逐步让学生自己去探索。最后教师放手让学生自己决定探索的方向和问题，选择自己的方法，独立进行探索。这时不同的学生可能会探索不同的问题。

二、课堂活动设计的基本原则

1. 目标性和针对性相结合，匹配教学目标，适应学生特点和教师性格

在汉语教学的课堂上普遍存在着两种现象：一是课堂充斥着很多有趣的教学活动，但是没有明确的教学目标，不知道做活动是为了什么，空有热闹的课堂却没有好的教学效果。二是有清晰的教学目标，但是没有好的教学活动，让学生觉得非常无聊无趣。课堂教学活动的设计要始终围绕有效落实教学目标进行，教学目标的实现必须依靠准确的学情分析，以及科学、合理、高效的教学活动设计和实施。

2. 交际性与实用性相结合，注意真实语境的创设，加强互动

琼丽安（2005）指出，"语言学习的目标是交流，要达到这一目标最行之

有效的方法除了学习语言规则外，便是真实的交流"。如何在课堂活动中营造这种真实生活交际的氛围？教师应以互动性的教学策略为活动设计基础，有意识地在课堂上创造更多对话式、交谈式、协商式的真实语用环境，使学生有大量机会进行真正意义上的信息交流。

3. 知识性与趣味性相结合，寓教于乐，在玩中学

知识性、趣味性相结合的课堂活动可促进教与学、师生之间和学生之间的互动。教师应避免单调枯燥的课堂讲授形式，设计开展丰富多样、新颖有趣的课堂活动。一方面，注重语言知识的系统传授，另一方面，注意调动学生的学习热情，特别是在对外汉语教学中词汇解释和语法讲授的阶段，教师应充分考虑这一点，以帮助学生完成语言知识的最大输入并有效吸收。

4. 挑战性和任务性相结合，由易到难循序渐进，搭好脚手架

大部分学生喜欢完成带有挑战性和任务性的活动。这些活动可以促进他们把新学的词汇和语句积极地应用到实践中，给他们带来新鲜感和成就感，充分发挥他们的学习潜力（王晓钧，2005）。但是除了语言难度外，活动的规则和活动的步骤本身也存在难度等级。在语言水平较低的阶段，活动的难度不宜过高，以免花费大量时间在解释活动规则上。需要谨记，学生的汉语水平与其智力水平并不是一个概念。对于初级水平的成年学生，活动难度不宜过高，也不宜过低，太过容易或者不符合年龄段的幼稚活动，会让学生失去参与活动的兴趣。在同一个教学时间内的多个活动，最好也由易到难、循序渐进地进行，为学生搭好活动的脚手架，保证学生对活动任务的理解，能够按照老师的指导按部就班地进行。

5. 多样性和适量性相结合，控制活动数量和时间

活动的形式最好有一定的固定性与多样性。相对固定的活动形式，可以使学生对活动的规则十分熟悉，不用浪费大量的时间在规则解释和活动过程的推进上。然而如果活动形式少，过于单调，再有趣的游戏玩多了，也会令人感到厌烦。在同一教学时间段内，最好能够采用五六种相对固定的活动形式，每次课使用 2—3 种，轮流更换，这样既有一定的变化，活动形式也相对固定，易于操作。课堂活动最大的一个问题就在于时间的控制，如果教师对活动的控制能力不够，课堂时间就可能浪费在活动的程序控制中，降低了课堂的学习效率。教师应精心设计，在课堂纪律和气氛都有所保证的情况下，再切入活动，并用规则和活动设计保证活动的顺利开展。活动切入的时机、活动的时间控制以及单位时间内的活动数量都应该是精心设计和准备好的。

三、课堂活动设计的要素

　　课堂活动设计包括以下基本要素：①活动主题；②活动目标；③教师活动，如信息传递、提问、布置学生活动任务、观察记录学生活动过程、回顾活动、活动点评总结，等等；④学生活动，如提问、记录、完成教师布置的活动任务、自主学习、分组讨论、实验实践练习、代表陈述、成果展示，等等；⑤活动形式：单人活动、双人活动、小组活动或全班活动；⑥活动时间；⑦活动工具，如教师和学生开展教学活动所需要的工具，如多媒体设备、黑板、海报、实验实训设备、教材/手册/各种工具书，等等；⑧活动反思，如教师针对整个教学过程中的各个教学活动实施后的反思与改进。见表 6-4。

表 6-4　课堂活动设计要素表样例

活动	主题	目标	教师活动	学生活动	形式（单人、双人、小组、全班）	时间	工具	反思
1								
2								
3								

四、课堂活动设计的环节

　　设计课堂活动大体可以分为四个环节（丁安琪，2013）。

　　（1）明确目标。考虑一下你为什么要组织这个课堂活动？是要练习语音、词汇、语法、汉字，还是要进行听力、口语、阅读、写作的技能训练？或者是让学习者体验中国文化？确立活动目标时，我们可以从以上的角度来考虑，也可以从话题功能的角度来考虑，如让学生掌握关于购物的各种说法等。

　　（2）设计步骤。一个精心设计的课堂活动要有清晰的操作步骤，学生知道如何在教师的指导下一步一步完成活动任务。一个有效的课堂活动步骤一般不能太多、太复杂，如果你设计的活动需要超过七八个步骤才能说明白，请认真考虑该活动是否真正适合你的课堂教学需要。

　　（3）准备资源。对活动资源的准备包括物质的准备，如活动需要用到的图片、剪刀、胶棒等，也包括对活动的语言准备，即这一活动需要学生用到的语言形式。

我们要在活动开始前对这一内容予以充分考虑，比如学生要完成该任务，需要用到哪些词语？我们要练习的语法句型学生是否已经掌握？这跟物质准备一样，是活动能顺利进行的重要保障。

（4）拓展活动。有些活动在课堂上进行后，还可以在课下通过另一种形式进一步使学生掌握活动练习的语言内容及相关知识。有些活动可以通过拓展，转换成另一个相关的活动。

五、课堂活动的有效性评估

设计各种课堂活动，最终的目的是帮助我们提高教学效果，帮助学生更好地提高汉语水平。因此课堂活动设计的有效性是我们对课堂活动好坏评价的重要指标。通常我们可以从如下几个方面来对自己设计的课堂活动有效性进行评价：

（1）活动目标是否明确。课堂活动可以提高课堂趣味性，但教师不能只注重选择学生感兴趣的活动，而忽视了汉语教学的本质性问题：设计此活动到底要达到什么目的？通过此活动要培养学生什么能力？如果活动内容与教学内容几乎无关，无法帮助学生提高能力，那么该活动的设计则是无效的。

（2）活动内容是否有意义。好的课堂活动是根据所讲解的知识和技能而选择的，每项活动内容都要围绕所讲的功能、话题展开，而不能仅仅是结构、词汇的练习，要尽量为学生创设有意义的活动情景，使学生能在教师创设的语境中运用汉语，使活动的内容意义化。只有这样才能提高学生的语言运用能力，帮助学生真正掌握汉语。

（3）活动形式是否多样。趣味性再强的活动，如果反复使用，学生也会失去兴趣，进而影响其活动参与的积极性。因此在课堂教学中，教师要了解和掌握不同形式的活动，经常变化活动形式，激发学生的学习兴趣，提高其学习积极性。

（4）活动参与是否广泛。有效的课堂活动应该能使学生积极、广泛地参与。这就要求教师在设计和实施活动时充分考虑学生的经验、学生的生活、学生的水平、学生的兴趣，等等，把活动的过程变成学生自己解决问题、发现规则与规律的过程。

（5）活动指令是否简洁。教师的活动指令准确、清晰、简洁，可以提高课堂的有效性，使课堂教学时间得到更充分的利用。

（6）活动时间是否合理。教师在设计和实施每项活动时，要充分考虑活动所花费的时间和如何在有限的时间内达到教学目标。要使时间安排更合理，教师就必须控制活动的节奏，精练教学的语言等。

第三节　课堂活动设计案例

一、汉语教学的课堂活动设计分类

1. 根据教学内容划分

从国际汉语教学的教学内容来看，汉语要素教学包括语音教学（声母、韵母、声调、语流）、汉字教学、词汇教学、语法教学、文化教学。从技能教学的角度来看，包括听说读写译等各种不同技能的教学。从交际任务的角度来看，包括人际交流、理解诠释和表达演讲三种不同的人际交往模式。活动设计可以从这些角度出发，开发适合不同内容要素的活动。如"国际汉语教师自主发展丛书"中《我的课堂活动设计笔记》分为语言要素篇、语言技能篇和话题功能篇，是一套比较全面介绍课堂活动设计的丛书。该书在每个实例的后面，设计了一些选择题，旨在引导读者对整个活动设计实例进行思考，自行发现适合自己教学风格的活动设计方式，并能将其运用于自己的课堂活动设计。

2. 根据课堂环节或功能划分

从课堂的各个环节、步骤入手，开发适合开场、导入、课堂管理、改善师生关系等各个不同环节的课堂活动。例如，普莱文（2019）《从备课开始的 100 个课堂活动设计：创造积极课堂环境和学习乐趣的教师工具包》将课堂活动设计分为了以下七个章节：课堂游戏为课堂教学和学习增添乐趣、吸引学生注意力的有趣方法、深化课堂学习的体验式戏剧活动、密切师生关系的魔术时刻、快速增加课堂幽默的 20 种方法、改善课堂纪律的趣味活动、激发学习动力的课堂活动。

3. 根据主题功能话题划分

课堂活动的设计也可以根据不同的主题和话题来进行分类。例如，《主题式教学：中小学汉语课堂教学设计》介绍了主题式教学的理论基础及所需的教学环境，还提供了八个实用的主题教学设计案例，例如中秋节、环境保护等，为读者详细示范了具体的课堂教学步骤；《中文百宝箱》是为小学和幼儿园的中文教师设计的教学活动资源手册；《汉语教与学必备：教什么？怎么教？》则主要面向 6—12 年级中学汉语教学提供有效的教学经验和技巧。

二、不同教学内容的课堂活动案例

1. 语音课堂活动案例

（1）模仿朗读。

大小声——老师大声，学生小声。老师小声，学生大声。老师也可变声读，如用爸爸的声音，用妈妈的声音，用大象的声音，等等，避免单调重复的枯燥性。

猜猜猜：适用声母或韵母教学。游戏准备：相关的卡片。游戏过程：老师提出要求，如"看看我的口型，猜猜我发的是什么音？"老师可以请一位学生来猜，也可以请全班学生举起自己手里相对应的卡片，并说"我猜，我猜，我猜猜猜"。这个游戏可帮助学生熟悉声母或韵母的发音方法和口型。

（2）听音辨音。

声韵举示——老师读出一个音节，男生举声母卡，女生举韵母卡。

填调号，辨音节——老师说单词，学生说声调或者举手指。

听音改读——老师读 z\c\s，学生读 zh\ch\sh；老师读一三声，学生读二四声。

听音填表——竖列是声母，横列是韵母，老师读出音节，学生在交叉处标上调号。

合作拼音节——将学生分组，一组听声母，一组听韵母，一组听声调，三组混合后拼出正确的音节。

（3）音节拼合。

拼音分类：利用图片拼音卡，每张卡片都有与拼音有关联的卡通形象，方便儿童记忆。采用形象记忆法，每天教儿童认 1—2 个拼音，让儿童进行分类。谁和谁是一组的，它们都叫"声母"；谁和谁是一队的，它们都叫"韵母"；等等。

钓鱼游乐场：将所有拼音卡片混合，充分洗牌后，每位玩家抓取 8 张牌。第一名玩家翻开一张牌，如果能够跟自己手中的牌凑成一个拼音音节，就要展示给大家看，大声读出来，读音正确即可获得这两张牌。按顺序依次从牌池中翻牌。如果翻牌玩家不能钓鱼成功，钓鱼权移交给下一位玩家。翻开的牌如果是声母，可用手中的韵母进行钓鱼。翻开的牌如果是韵母，可以用手中的声母进行钓鱼。每位玩家需要保持自己手里只能有 8 张牌，作为鱼竿。多余的牌存放在自己的"鱼篓"中，不能用来钓鱼。玩家可以在每一次钓鱼成功后，选择要不要更换手中的鱼竿，其他时间不允许更换。这个游戏可以用来检验学生拼音节的能力。

（4）技术辅助语音教学。

自动判分语音的 APP：此类 APP 为汉语教材配套了生词朗读，由机器自动评分，并用颜色和声调的高低形象地来表明哪里读得好，哪里读得不太好，声调是高了还是低了。

角色配音我们行：利用趣配音的 APP，首先，老师可以找一小段动画，然后将动画的声音关掉，让同学们来配音。以两人为一组进行配音。给同学们一定的练习时间。可以在课文的基础上改动台词。然后让同学小组起来表演，评选出配音读音最佳小组、口型对应最佳小组、最有创意最佳小组。在娱乐中熟悉课文对话与句型。

2. 汉字课堂活动案例

（1）汉字书写。

彩色黏土比赛拼字：展示拼音汉字，让学生用黏土完成复制任务，任务完成给予奖励；对于在词或句中认读的汉字，则可以将其他汉字标上拼音，由学生补充目标汉字的拼音，再用黏土复制拼音汉字。此活动可帮助学生熟悉汉字的笔画笔顺，免去重复抄写的枯燥，也可让学生进一步巩固形音联系。

笔画报数：给出汉字和拼音，进行笔画计算，最快报出笔画数且正确的积 1 分，然后将拼音擦去，进行汉字声韵调轮换书写，即由教师书写声母，学生补全韵母，然后轮换书写角色。

"汉字接力"：用不同颜色的笔共同完成一个汉字的书写，一人一画轮流进行，最后一笔是谁写的，这个汉字就归谁并积一分，先拿到比较多分数的人获胜，这部分游戏关注的是汉字的细节特征，通过笔画构成来识记汉字字形。

"找朋友"：将汉字的各个部件做成小卡片，让学生进行汉字组合，以此强调汉字字形中的部件构成，通过各组合部件加深对汉字字形的印象。

（2）汉字认读。

"扔沙包"游戏：教师将制作好的句子卡片贴在墙上，然后给学生分发教师自己制作的小沙包，由教师念出汉字或词语，学生听到后，就用沙包扔到墙上，选出对应的汉字或词语。例如汉字"双""眼""睛"，就用"他有一双大眼睛"的句子，先跟读一遍后，教师说"一双"，学生就将沙包扔向"一"和"双"，教师说"眼睛"，学生就需要将沙包扔向"眼睛"。

"撕名牌"练习。由老师制作词卡，开始游戏之前，将所有词汇都带读一遍，然后将词卡贴在黑板上，由电脑闪现生词，学生根据看到的生词快速拿走黑板上对应的词卡。有些动作性比较强的生词或语块，可以由教师做动作，学生选择词卡，答对即可以累积一分。

"词语寻宝"游戏（图 6-4）：教师发给学生一张印有汉字的表格，教师随机说出一些词语或者语块，学生在表格中圈出对应词语或语块，每圈对三个就可以进行小红包抽奖，每个小红包里写有对应的奖励，小红包里如果是空白字条则无奖励，重新开始圈词语。

又	热	情	现	在
是	好	热	力	努
总	是	吃	年	轻
年	轻	现	在	聪
看	着	照	片	现

图 6-4　"词语寻宝"游戏示意图

（3）技术辅助汉字学习的活动。

"拼图汉字"：利用 APP 把汉字打乱，让学生在 APP 上把汉字重新组合。这个活动可强化学生对字形的记忆。

玩转汉字："找呗"（图 6-5）。

一组汉字中，大部分字是相同的，只有一个字有细微不同。给你十秒钟找出不同的那个汉字，课堂上使用，可以让学生用行列的字母与数字组合说出答案。这个游戏可以帮助学生进行形近字的比较。教师可在课堂上开展分组抢答计分，答对者计一分，答错者扣一分。或者在规定时间内找到的累计字最多者赢。

大	大	大	大
大	大	太	大
大	大	大	大

图 6-5　"找呗"示意图

"大家来找词"（图 6-6）：用汉字四宫格、九宫格让学生从中找出自己学过的词，既是汉字认读练习，也是词语记忆再现的练习。九宫格模板部分是要从九个字里找出四组词语。

学	老	见	学生
你	早	上	老师
			再见
再	师	生	早上

学	下	我	学校
们	室	天	下课
			我们
校	课	教	教室

暖	凉	和	暖和
度	温	天	凉快
			温度
快	春	热	春天

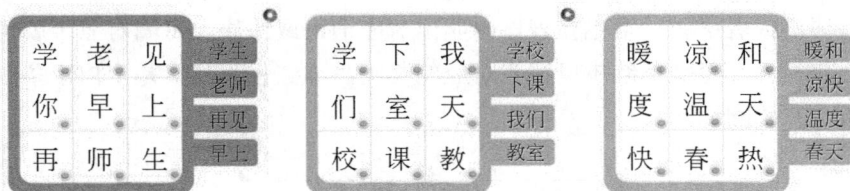

图 6-6 "大家来找词"示意图

3. 词汇课堂活动案例

（1）词汇记忆。

"苍蝇拍"游戏：适合任一课的新词记忆。首先将词语卡片贴在黑板上，两名学生上台，当教师说一个词语，学生就迅速用手拍该卡片，先拍到的人得一分，首先累积得到一个"正"的学生就赢得该轮游戏的胜利。

"萝卜蹲"游戏："萝卜"可以更改成其他新课词语。例如，当学完食物类词汇后，每轮游戏 6—8 名学生参与，每位学生选择一种食物，选择"点心"的同学念口诀，口诀是"点心蹲，点心蹲，点心蹲完，糖果蹲"，选择"糖果"的同学开始蹲并继续念口诀，如有做错的便被淘汰下台，坚持到最后一个或两个的为胜者。

"Bingo"游戏：教师在游戏开始前发给学生每人一张空白的 Bingo 游戏图，给出与 Bingo 表格数量相同的新课词语（比如 16 个词），学生各自将词语随机填进表格里。教师同样随机读出 16 个词语，最先连成一条完整的横线、竖线或斜线的学生胜出，教师给予适当的奖励或加分。

（2）词汇理解。

"你比我猜"或"你画我猜"游戏：夯实学生对词义的理解。此游戏可作为团队竞赛游戏，教师将新课词语做成卡片，答题者需背对卡片，另一位学生进行肢体语言表演或在黑板上进行绘画，答题者以此猜出词语。将全班调整分为若干小组，请同一个小组的两名学生合作完成，相同时间内答题数量最多或答完所有题用时最少的一组获胜。

"我说你指"游戏：适用于理解具体事物的词语。以人体词语为例，将全班学生按所坐位置的每一竖列分为一组，适当调整，平均每组的汉语水平。一种游戏规则是一个组全员依次参与，教师说出人体的部位名或器官名，如眉毛、眼睛、鼻子、嘴、耳朵、头发、左手、右脚等，该组成员需用手指到自己身上对应的这一部位。全组正确加两分，一半及以上成员正确加一分，正确率低于一半不得分。另一种游戏规则为一组的一位学生 A 说人体的部位名或器官名，指名另一组的学生 B 做。若学生 B 正确，则其对应小组得分，若不正确则 A 对应小组得分。此游戏可以帮助学生理解并熟悉人体的各部位的名称，活跃课堂气氛，适合初学者和儿童。为增加难度和趣味性，还可改为"我说你不指"，即听到什么不指什么，如听到"眼睛"，就必须指眼睛以外的部位。

（3）词汇运用。

"我在北京，你在××"游戏：练习时间的表达。当学生学完时间的相关知识后，教师讲解该游戏规则并告诉学生北京和曼谷的时差是一小时。全班分为 A、B、C、D 四组，一轮游戏两个小组参与，面向对方呈竖列站好，A 组和 B 组为一轮，C 组和 D 组为一轮。游戏开始，A 组第一位学生先对 B 组第一位学生说："我在北京，你在曼谷，北京现在 8 点，曼谷几点？"B 组第一位学生需立即回答"7点"，接着向 A 组第二名学生提问："我在曼谷，你在北京，曼谷现在 9 点 40 分，北京几点？"以此类推，直到最后一名学生回答完问题，A 组和 B 组交换地点再进行一次问答。答对者该小组得一分，答错不得分，根据分数累计相加判定最终获胜组。其间教师应及时纠正错误以及鼓励学生主动发现错误，观察总结学生最易出错的地方，游戏结束后进行强化练习。随着操练次数的增加，可以逐渐增加游戏难度，加上"上午""中文""下午""晚上"的表达，教师还应控制学生回答问题的时间，加快游戏速度。

"角色扮演"游戏：例如，扮演海关和入境人员，可以用于自我介绍、国家国籍等相关话题的运用练习。老师设计并打印几张"海关报关表"，上面写有名字、年龄、国籍等项；并准备多于总人数的纸条，上面写上世界名人或者近期的热点人物的相关信息，由学生抽签选择自己的"身份"；老师指派学生轮流充当海关人员，用学过的句型提问，如"你叫什么名字？""你多大？""你是哪国人？"等，其他学生以新身份依次过海关、回答问题。

量词搭配游戏：小卡片分成两叠，一叠名词，一叠量词。每张卡片上只写一词，背面朝上放在讲台上。两个学生上来分别抽取一张名词和一张量词，并随意说出一个数词，若刚好搭配，例如"一、双、筷子"，则先说出来的一方得分。若不搭配，如"三、双、盘子"，则需说出"三双筷子"和"三个盘子"，方能得分。

（4）技术辅助词汇教学的活动。

希沃白板和汉语圈网站都准备了大量的词语游戏的模板。如趣味分类和超级分类可用于给词语分类（可按词性分类，也可按语义分类），见图 6-7 至图 6-9。

图 6-7　希沃白板词语游戏

选字/词填空可以有很多种变形玩法,如"捕鱼达人""飞镖达人"等。可将学生分为两组,玩通关游戏,率先通关者赢。

图 6-8　汉语圈词语游戏

词语搭配则可以用"连连看""知识配对""对对碰"这样的模板来进行教学活动。

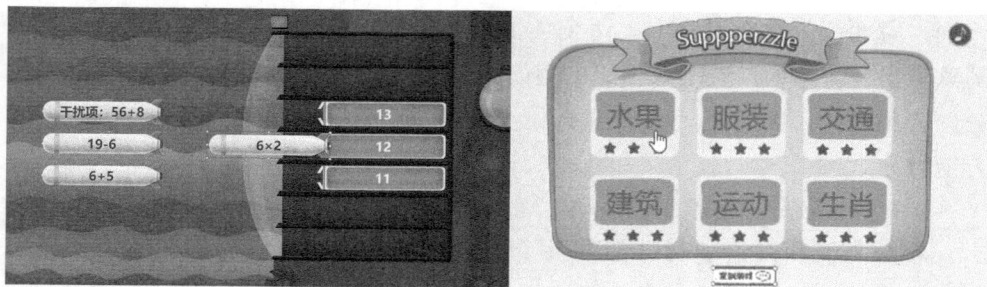

图 6-9　希沃白板和汉语圈上的词语游戏

Quizlet.com 是知名的词语练习的网站,也配有移动 APP,教师将生词录入后,配上拼音、英文、学生母语或中文注释、图片，即可自动生成单词卡、拼写、听写、测试、配对、重力等多种词语活动模式（图6-10）。课堂游戏模式下可在线进行比赛，先达成任务者赢。

图 6-10　Quizlet 上的词语练习

4.语法课堂活动案例

（1）语法理解。

游戏：抽签表演。在一个大纸箱里放上一些纸条，里边写上含有语法点的句子。如"把灯打开""把门关上""把窗户关上"等，学生上来抽签，按看到的纸条进行表演，下面的学生根据表演说出句子。如果说出来的句子跟纸条上的相同则为赢。

传声筒：将学生分组，第一个同学看到指令，然后用悄悄话告诉后面的同学，直到最后一个同学。最后的同学能够到白板前找到相应的指令则为赢，得一分。

（2）语法运用。

制作班级通讯录

活动目标：学生通过调查其他学生的联系方式和地址，熟练掌握号码的表达方式，并学习用中文询问地址和联系方式。

活动时间：20分钟左右。

活动准备：

1.资源准备

设计一张调查表，用于填写学生的电话号码、email 和地址。

2.语言准备

教师以几个学生的联系方式和地址为例进行问答练习，练习表达式"你的电话号码是多少？"和"你住在哪儿？"。例如：

教师：你的电话号码是多少？

学生：我的电话号码是 139×××6678。

教师：你的 email 是什么？

学生：66×××567@qq.com。

教师：你住在哪儿？

学生：××市××区××路××号××小区×栋（座）×××房间。

……

活动步骤：

1. 教师给每个学生发一张事先准备好的调查表，要求每个学生按照语言准备阶段的问答方式，调查班里若干学生的联系方式及地址并记录在调查表中。

2. 调查完后，请几个学生使用句式"____的电话号码是____"，"email 是____"，以及"他住在____"汇报他们的调查结果。

3. 学生汇报时，请其他学生一边听一边在自己的调查表中把全班学生的信息补充完整，最后制作成班级通讯录。

（3）技术辅助语法学习的活动。

连词成句，模板主要提供 3—6 个词的句子内容排序。按照句子的正确顺序点击词就可以完成句子排序。点击不正确则无法完成排序，完成一个句子后，点击箭头进行下一个句子的排序（图 6-11）。这个游戏有多种变形，如开火车、收南瓜灯等不同的情景游戏。Kahoot 等网站上也提供了此类游戏的在线版，学生可在线完成。

图 6-11　汉语圈上的连词成句模板

5. 文化教学课堂活动案例

在线上冬令营的活动中，学生们学习了岭南地区的醒狮舞。学生通过视频，学习了醒狮的外形以及它们的象征意义。图 6-12 和图 6-13 展示了课堂上的文化活动。

可以让学生通过做手工或涂色等活动来加深对醒狮舞蹈的理解和认识。

活动一：涂色

材料准备：印有醒狮图片的黑白卡、彩色笔

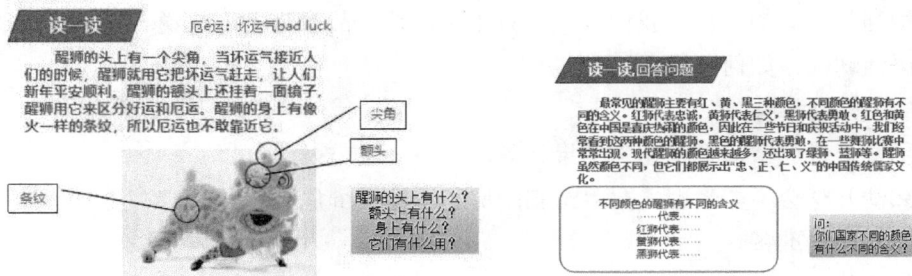

图 6-12　醒狮的外形及象征意义

　　活动程序：让学生根据自己的喜好来给醒狮涂上颜色，并且写上"我喜欢……色的醒狮，因为……色代表……"

　　活动二：手工制作醒狮小灯笼

　　材料准备：纸杯、胶水、彩色卡纸、白色毛线等

　　活动程序：让学生根据制作手工的视频用材料制作醒狮小灯笼，要求能够最后介绍一下醒狮的身体部件名称，以及它们有什么作用。

图 6-13　学做醒狮灯笼

三、不同教学环节的课堂活动案例

1. 故事类的课堂活动案例

　　故事是幼儿喜闻乐见的教学活动，幼儿出于好奇心和探索欲，对故事有浓厚的兴趣。故事包含内容较为丰富，同时还具有一定的教育意义。单词和句子就像珍珠一样，容易散落和遗忘。如果用故事把这些词语和句子串联起来，那么珍珠们就变成了珍珠项链。根据记忆的原理，大脑倾向于记住一个有头有尾、有情节的、完整的东西。在故事里还很容易出现同类句型的大量重复，有利于提高复现

率，增强学习者的记忆。我们以《三只小猪》这个故事为例，来说一说讲故事、学汉语活动应该如何开展。

（1）活动目标。

①复习说名字，把字句，结果补语，又……又……。

②幼儿学会不能偷懒，要盖结实的房子才能抵御危险。

（2）活动准备。

①图片：三只小猪、大灰狼、草、木头、砖头、房子、吹、撞、烟囱。

②头饰：三只小猪、大灰狼。

（3）活动过程。

①"猪妈妈的三个孩子分别是老大呼呼，老二噜噜，还有一个老三嘟嘟。"指着图片和头饰问学生，这只猪猪叫什么名字？"是呼呼！""他叫噜噜！""他叫嘟嘟！"幼儿自由回答。最先答对的学生，可以让他戴上头饰。

②教师讲述故事，边讲述边出示相关的图片，帮助幼儿理解故事内容。

③讲述第一段后提问："小猪呼呼用什么盖房子？""小猪噜噜用什么盖房子？""小猪嘟嘟用什么盖房子？"答对的小朋友可以把相应的图片拿给戴头饰的小朋友，一起搭建草房子、木头房子和砖头房子。"他们盖了多长时间？"引导幼儿在生活中不能偷懒，工作要认真。要学会选择合适的材料。

④讲述第二段后提问："大灰狼是怎么把草房子弄倒的？"——做动作"吹"。"大灰狼是怎么把木头房子弄倒的？"——做动作"撞"。带孩子们说"把草房子吹倒了！""把木头房子撞倒了！""那砖头房子倒了吗？"——没有，为什么呢？因为很结实，大灰狼又吹又撞，可是砖头房子都没有倒！再请一个小朋友来扮演大灰狼。

⑤请幼儿试着分段复述故事内容，教师可以利用图片提醒幼儿。请幼儿戴头饰表演故事，指导幼儿表现出不同动物、各种动作的区别特征。

2. 情境角色表演类的课堂活动案例

学习童谣：展示童谣《走路》的歌词[①]

小鹿　走路　跳跳跳

小鸭　走路　摇摇摇

乌龟　走路　爬爬爬

小花猫　走路　静悄悄

---

① 改编自 2019 届本科韩国学生柳佳永的毕业论文《童谣在韩国幼儿园汉语课堂中的应用——以广州 Hana 幼儿园为例》。

知道怎么走了吗　再来一遍

小鹿　走路　跳跳跳

小鸭　走路　摇摇摇

乌龟　走路　爬爬爬

小花猫　走路　静悄悄

活动步骤一：看视频，跟着视频一边做动作一边唱童谣

问学生动物怎么走？跟着老师一起唱《走路》，同时一起律动。

学习：老师给他们看识字卡，教各个动物走路的特征。

运用视频让孩子唱童谣，老师先唱一个句子，然后学生跟着老师唱。

强调《走路》童谣中的动物怎么走。

活动步骤二：戴帽子，角色扮演

戴上动物的帽子，让孩子们表演各个动物的动作。要准备比较多的动物的帽子（图 6-14）。先对孩子说"我是狗"，然后做动物的动作。老师指导，孩子们都戴着多种类动物的帽子的时候分别出来，表演"爬""摇""跳""走路快的动物""走路慢的动物"等，同时让孩子们自己思考哪些动物会这些动作。

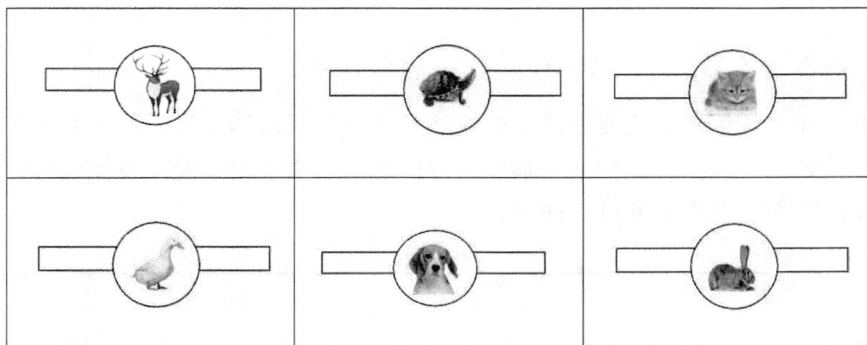

图 6-14　不同的动物帽子

3. 综合任务型课堂活动案例

博雅汉语初级综合第二十八课《考得怎么样》①

一、课程类型：初级汉语综合课

二、使用教材：博雅汉语（初级起步篇）

---

① 任教李瑞秋、黎婧、林颖娴、张运慧，华南师范大学国际文化学院 2017 届研究生。

三、教学对象：初级水平的成人学生

四、教学方法：任务型教学法

五、教学目标

1. 复习巩固本课生词

2. 复习本课语法点"带宾语的状态补语"以及"对……来说"

3. 通过任务练习上述语法点在真实交际中的运用

六、教具准备：调查表若干张、评分标准表若干张、面试问题表若干张

七、活动时间：30 分钟

八、任务：推选"汉语桥"比赛参赛者

（一）介绍话题（2 分钟）

一年一度的"汉语桥"比赛马上就要开始了，这节课我们要完成一个评选"汉语桥"参赛选手的活动。现在我们把全班同学分为四个小组，每组五人来开展这个活动。

（二）任务1：调查（7 分钟）

1. 导入

要想在"汉语桥"比赛中获得好成绩，不仅要汉语学得好，还要多才多艺。所以，请每个小组在 7 分钟之内调查组内同学的汉语学习情况以及他们有什么才艺，完成下面的调查表并进行评分。

调查表						
						调查人：_____
序号	姓名	听力 （20 分）	口语 （20 分）	阅读 （20 分）	写作 （20 分）	才艺 （20 分）	得分 （100 分）
1	李娜	听汉语听得 很明白	说汉语说得 很流利	看汉字看得 很快	写汉字写得 很漂亮	唱京剧唱得 很好听	100
2							
3							
4							
5							

2. 知识储备

（1）词汇：为什么、报告、阅读、汉字、难、慢、记、流利、京剧、唱歌、跳舞。

（2）句式：主语 Sub＋动词 V＋宾语 O＋动词 V＋"得"＋补语 C。

（3）你们可以这样进行对话：

　　A：你好，李娜。你说汉语说得怎么样？

　　B：我说汉语说得很流利。

　　A：那你有什么才艺呢？

　　B：我唱京剧唱得很好。

（三）任务2：面试（7分钟）

1. 导入

通过刚才的调查，每组有一个获得最高分的同学，我们会让这四个同学进行面试，剩下的同学一起来选出最适合的参赛者，给你们 7 分钟进行面试，请你们完成下面的打分表。

面试评分表					
					面试官：_____
序号	姓名	喜欢汉语	口语表达	了解中国文化	总分
1					
2					
3					
4					

2. 知识储备

（1）词汇：信心、担心、放松、紧张、难、简单、了解、熟悉、帮助。

（2）句式：对……来说/挺……的/有点儿……

（3）你们可以这样进行对话：

　　A：李娜，对你来说，汉语难吗？

　　B：对我来说，汉语挺难的，但是……

　　A：对你来说，参加"汉语桥"比赛有什么帮助？

　　B：对我来说，参加"汉语桥"比赛可以让我……

（四）报告任务结果（10分钟）

请你们根据调查和面试的结果，每组推选一名代表向全班同学报告本组选出的最佳参赛者，并说明你们推荐他的原因。

你可以这样说：对我们组来说×××最适合参加"汉语桥"比赛，因为他……

（五）任务后：评价（4分钟）

教师总结学生在对话时出现较多的错误，并复习词汇与句式，对做得好的学生给予表扬与鼓励。

第四节　课外活动

一、课外活动的相关理论

在国际中文领域，课外活动的作用尚未得到充分的重视。实际上，在教育学中很早就已经开始讨论"教育环境""隐性课程"的作用。

1. 教育环境与隐性课程

对于教学的要素，不同的学者持有不同的看法，田慧生和李如密（1996）认为教学是由三个构成要素和三个影响要素整合而成的，三个构成要素是指教师、学生、教学内容，三个影响要素是指教学目的、教学方法和教学环境。其中构成要素是"骨架"，影响要素是"血肉"，二者在教学过程中的地位和作用是不同的。吴文侃教授在其主编的《比较教学论》中提出"2＋2＋5要素模式"，认为教学过程由教师、学生、教学物质条件、教学精神条件、教学目的任务、教学内容、教学方法和手段、教学组织形式、教学效果的检查评价九个基本要素构成。归纳起来如图6-15所示。

教学环境中融洽的师生关系、生生关系、班级的学习氛围等，只靠课内知识学习是很难达到的。要想达成这些目标，就必须使各种教育因素实现良好的、全面的有机结合，而隐性课程（也称非正式课程、非正规课程、潜在课程、隐蔽课程）则涵盖了正式课程涉及不到的方方面面（杨晶，2014；冯宏伟，2002），对学生的知识、情感、意志、行为习惯等起着潜移默化的影响作用，并直接影响学生对正式课程的学习态度与效果等，而且这种影响是深刻而持久的。隐性课程实际

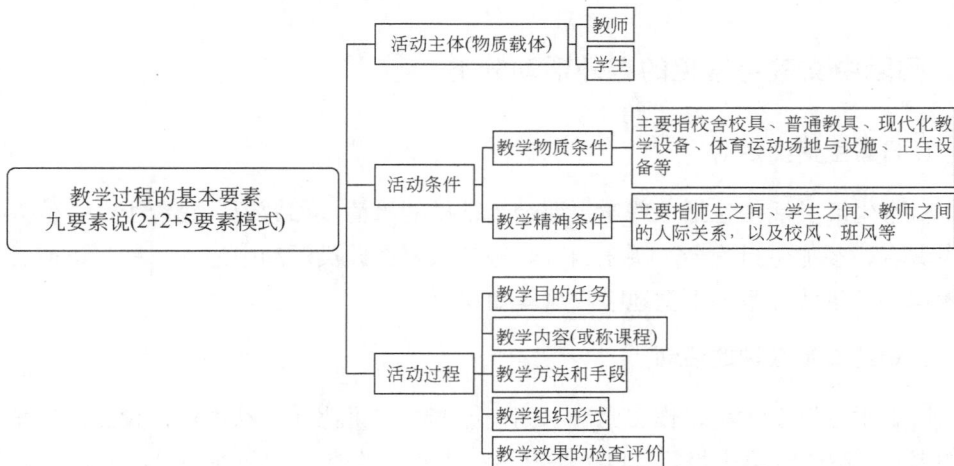

图 6-15　教学过程的九要素说

上指的就是教育环境，它包括物质环境、文化环境、人际环境，主要通过感染、暗示、同化、激励和心理调适等多种功能改变着学生的情绪与情感、行为规范和生活方式，对学生起着潜移默化的作用。

2. 隐性课程的主要表现形式

（1）观念性隐性课程：包括隐藏于显性课程之中的意识形态，学校的校风、学风，有关领导与教师的教育理念、价值观、知识观、教学风格、教学指导思想等。

（2）物质性隐性课程：包括学校建筑、教室的布置、校园环境等。

（3）制度性隐性课程：包括学校管理体制、学校组织机构、班级管理方式、班级运行方式等。

（4）心理性隐性课程：包括学校人际关系状况，师生特有的心态、行为方式等。

不论是国际中文教师、学习者还是学校，都应增加对课外活动的重视程度，教师和学校应：①利用真实社会、网络和校园资源，为汉语学习者提供丰富多彩的课外活动，培养学习者思想、情感方面对汉语学习的兴趣和热爱，在潜移默化中提升学习者的学习体验。②增强课外活动的针对性，为留学生"量身定制"课外活动，满足留学生对课外活动的需求。③为学生建立有效的学习共同体（如各种学习社团），利用学生自己的主观能动性，鼓励学生自主开展团体活动。学生则应提高对课外活动的认识和热情，主动参与各项活动。

二、国际中文教育常见的课外活动分类

1. 日常生活类活动

日常生活类活动包括一些学生课余经常做的事情，如做饭、包饺子、去他人家中做客、参加生日晚会、买东西等。教师只要在此类活动中注入一些汉语或文化知识，学生就会不知不觉地吸收这些知识。

2. 辅助课堂教学的活动

比如举办汉字大赛、作文比赛、朗诵比赛、演讲比赛，结语伴，设立汉语角和图书角，编辑汉语小报等。也可举办各种讲座、学期汇报晚会、中文电影巡演，为学生提供自主学习室等。

3. 体育才艺文化类活动

这类活动既可以是通用类的，如篮球比赛、大合唱、画画等，也可以是带有中国文化色彩的，如学习太极拳、中国功夫、武术活动（体育类）、中国结、剪纸（才艺类）、各种民族舞蹈、中国戏曲表演（文艺类）等。体育才艺文化类的活动不仅携带大量的文化知识，而且包含了一些保持身体与心理健康的思想，对学生来说是十分重要的。在此类活动中应鼓励多元文化的交流与互鉴。著名的"汉语桥"活动就十分强调学生的汉语水平与个人才艺的平衡，鼓励选手们展现自己的最佳风采。选手们也可以通过参加"汉语桥"活动，自愿练习、重复练习，达到提升自我的目的。

4. 文化实践、社会调查、参观、游览类活动

参观、游览、采访、调查都是课外进行的比较特殊的教学活动，这些活动把学生和社会、生活紧密联系起来。参观、游览相对比较轻松，广受欢迎，也可让学生了解中国的区域性特色文化。但是在参观、游览的过程中要注意让学生搜集资料、做笔记、拍照等，活动结束后，要让他们认真总结，以达到巩固和积累知识的目的。采访、调查难度较大，在活动之前，教师应对学生有充分的指导，形成完善的采访提纲和调查计划。

5. 网络活动：鼓励学生建立各种网上汉语学习社群

网络生活已经成为现代人生活中不可或缺的一部分，充分利用网络生活空间扩展汉语的运用范围，开展网络上的活动也是应该着力拓展的。如中国的教师们

可通过微信建立班级的微信群，大家在群内交流生活中的所遇所思所感，用汉语打字或语音进行交流。Flipgrid 是一个让教师通过建立数字社区，以短视频为工具，让学生进行社交学习的应用，被称为课堂里的 Snapchat。每一位老师都可以在Flipgrid 建立自己的教室，并在教室里发布讨论主题，学生可以通过制作短视频来分享自己的观点，视频内容可以被教室里的所有用户看到。Flipgrid 的模式特点是将课堂搬到了线上，鉴于线下课堂的时间限制，能参与课堂讨论的学生数量有限，该平台使得所有学生都有机会参与每个话题的讨论，并且可以通过点赞等方式激发大家的参与热情。

参 考 文 献

崔永华，杨寄洲，2002. 汉语课堂教学技巧［M］. 北京：北京语言文化大学出版社.

丁安琪，2012. 我的课堂活动设计笔记：话题功能篇［M］. 北京：高等教育出版社.

丁安琪，2013. 我的课堂活动设计笔记［C］//世界汉语教学学会. 世界汉语教学学会通讯. 北京：世界汉语教学学会，（3）：38.

丁安琪，2014. 我的课堂活动设计笔记：语言技能篇［M］. 北京：高等教育出版社.

丁安琪，邓秀均，2015. 我的课堂活动设计笔记：语言要素篇［M］. 北京：高等教育出版社.

方小燕，2013. 海外少儿汉语课堂教学与研究［M］. 北京：科学出版社.

冯宏伟，2002. 谈"非正式课程"与改善教学效果［J］. 社科纵横，（5）：81.

傅海燕，2007. 汉语教与学必备：教什么？怎么教？［M］. 北京：北京语言大学出版社.

姜丽萍，李俊芬，2014. 课堂活动设计指南［M］. 北京：北京语言大学出版社.

靳玉乐，1996. 潜在课程论［M］. 南昌：江西教育出版社.

柯顿，达尔伯格，2013. 美国中小学外语课堂教学指南：第4版［M］. 唐睿，等，译. 北京：外语教学与研究出版社.

李海鸥，1999. 情境在对外汉语教学中的作用及其运用［J］. 语言文字应用，（3）：31-35.

李松林，2011. 教学活动设计的理论框架：一个活动理论的分析视角［J］. 教育理论与实践，31（1）：54-57.

林宛芊，马慕贞，傅爱玫，2009. 中文百宝箱［M］. 不详：圣智学习出版集团.

卢蒂文，斯瓦尔，2013. 88种美国中小学经典课堂教学活动［M］. 田丽，王淑花，张黎黎，译. 北京：中国青年出版社.

卢福波，2017. 语法｜老师这样讲"V 着"句，学生才容易理解！［EB/OL］.（2017-05-18）［2023-01-18］. https://mp.weixin.qq.com/s/5or5VdBlJgBlfmWUeeaeeg.

吕必松，1993. 对外汉语教学概论（讲义）（续五）第四章 教学过程和教学活动［J］. 世界汉语教学，（3）：206-219.

吕必松, 1997. 对外汉语教学概论（讲义）（续十七）第八章对外汉语教学的学科性质和学科建设 [J]. 世界汉语教学，（1）：64-68.

普莱文, 2019. 从备课开始的 100 个课堂活动设计：创造积极课堂环境和学习乐趣的教师工具包 [M]. 邓亚琼，译. 北京：中国青年出版社.

琼丽安, 2005. Western experiential pedagogy in study-abroad [J]. 世界汉语教学，（1）：71-86，115-1165.

单中惠, 2002. 现代教育的探索：杜威与实用主义教育思想 [M]. 北京：人民教育出版社.

孙宁宁, 2004. 支架式教学法及其在对外汉语中级口语教学中的应用 [J]. 华文教学与研究，（4）：37-43.

索德曼，李筠，贾浦江, 2016. 主题式教学：中小学汉语课堂教学设计 [M]. 北京：外语教学与研究出版社.

田慧生，李如密, 1996. 教学论 [M]. 石家庄：河北教育出版社.

王海珊, 2005. 教与学的有效互动：简析支架式教学 [J]. 福建师范大学学报（哲学社会科学版），（1）：140-143.

王晓钧, 2005. 互动性教学策略及教材编写 [J]. 世界汉语教学，（3）：106-112，116.

吴文侃, 1999. 比较教学论 [M]. 北京：人民教育出版社.

夏家发，彭近兰, 2010. 教学活动设计 [M]. 武汉：华中师范大学出版社.

杨惠元, 2007. 课堂教学理论与实践 [M]. 北京：北京语言大学出版社.

杨晶, 2014. 对外汉语隐性课程与留学生语言文化习得的关系个案研究 [D]. 北京：中央民族大学.

周健, 1998. 汉语课堂教学技巧与游戏 [M]. 北京：北京语言文化大学出版社.

周健, 2009. 汉语课堂教学技巧 325 例 [M]. 北京：商务印书馆.

周彦卓，舒一兵, 2010. 游戏学中文 [M]. 北京：北京语言大学出版社.

Bao V S，Bao S，Tian J, 2010. 中文游戏大本营：课堂游戏 100 例. 上册 [M]. 北京：北京大学出版社.

Viktor K，2011. 对外汉语课外活动的种类及设计 [D]. 石家庄：河北师范大学.

第七章　国际中文课堂教学组织管理

第一节　教　学　组　织

课堂教学组织是指在课堂教学中，教师通过管理课堂秩序，集中学生注意力，激发学生学习兴趣，调动学生学习积极性，来创设适宜的教学情景，提高教学效率，达到教学目标的一种行为方式。

教学组织能力是一种综合能力，需要教师灵活、恰当地运用各种教学技巧，组织课堂，调控课堂。课堂教学组织能力的好坏事关教学质量的高低和教学效果的好坏。善于组织教学的教师，在课堂上能根据教育规律和学生心理特点，巧妙运用各种教学手段，对教学内容做出合理安排，形成适宜的教学情景。相反，如果教师不善于组织教学，学生在课堂上就会秩序混乱，注意力分散，兴趣不高，被动听课，这种状态势必影响教学效果。

教师的组织能力包括以下几个方面：教学内容组织能力，班级组织能力，课内外活动组织能力，与学生、家长、同事沟通交流的能力及突发事件的应变能力。

一、教学内容组织

教学内容组织是指教师根据教学大纲或课程标准的要求、教材的特点、学生的实际情况，确定课堂教学的目标、具体教学内容的安排和准备教学活动所需要的其他材料。对一学期的教学来说，如何将教学内容均匀地分布到各个教学周去，制定合适的教学计划？对于一堂课来说，如何开头导入新课；重点如何突出，难点如何突破；什么时候演示，什么时候展示板书；哪些问题在课上练习巩固，哪些问题留作课后思考解答；采用什么方法活跃课堂气氛，运用什么手段激发学生的学习积极性，以及怎样完美地结束一节课等。这都是教学内容组织能力的体现。教师的教学内容组织能力还表现在课堂上对学生的因材施教上。同一个班级的学生，有着很大差异，因此教师应该对不同的学生实施不同的教学对策。这些内容在前面教学设计和教学环节中已经有所涉及，在此不再赘述。

二、班级组织

一个班集体成立之后，如果形成了良好的班风和班级氛围，往往会起到"1＋1＞2"的效果。而作为一名教师，尤其是担任班主任的教师，如何促进积极向上的班级文化、良好班风的形成，也是教师组织能力的一种体现。

李老师在海外教汉语，他认真准备教案，上课的时候却有很多学生缺勤，上课不准时，学生回答问题也很不积极，同学之间也很陌生，一下课就都回家了。

一个班级中，师生之间、生生之间的熟悉和信任程度，对于整个班级氛围的影响很大。案例中的李老师应该首先努力与学生建立起良好的关系，了解学生缺勤、迟到的原因。积极组织一些班级课内外活动，帮助学生彼此熟悉，建立起良好的关系。同时注意培养班上的小助手（有组织、领导能力的学生），帮助自己起到沟通的作用。当然，李老师也应反思是否是因为自己教学的问题，令学生们失去兴趣。建立起学生对教师教学能力的尊重，是树立教师权威的最佳方式。

国际中文教师还需要注意跨文化管理的问题。

王老师在美国的一所初中教汉语，他发现有学生下课后在教室外亲吻。你觉得王老师应该如何处理？

在处理此类班级学生问题的时候，教师应注意了解当地的管理规则和习惯。美国初中生谈恋爱，并不像中国一样被认定为早恋。王老师在不熟悉当地规则的情况下，应该首先通过各种渠道了解所在国、学校以及家长对此类问题的态度，再根据当地规则进行适当的处理。

在上课和组织活动时，常常需要将学生分组，来做伙伴活动（pair work）或小组活动（group work）。如何给学生分组，也是教师组织能力的一种表现。

陈老师在中国一所大学教汉语言的外国本科生。她在本科三年级时接手了一个班级的商务汉语精读课。因为这个班的同学已经彼此熟悉，她就让班长对学生进行了分组。结果在分组活动时发现，班长把学习不积极、作业经常欠交的学生都分到了一个组，导致这个组的小组活动无法开展。陈老师应该怎么办呢？

陈老师在接手一个新班级时，没有进一步了解学生，完全依赖班长开展分组是不恰当的。当出现这种情况时，在完成第一次课堂活动后，应该主动向班长了解班级情况，并做出积极的调整。新的分组应是好差搭配，每个组都应该有好的学生和差的学生。每个组指定一个负责能力强的组长，好带差。同时宣布小组活动得分的规则，不是做多做少每个人的得分都一样。小组活动由组员内部评分＋活动展示相互评分两部分组成。如果有同学没有参与，或者参与得少，个人的评分就会低。

三、课内外活动组织

这里的活动包括课堂教学活动，也包括课外活动。课堂教学活动应是一个有序的活动。为了保证课堂教学活动的有序性，教师在课堂教学的过程中，就要对课堂教学活动保持控制。这主要体现在三个方面：一是使课堂教学活动按照教学目标的指向展开；二是使学生在课堂教学的过程中始终处于良好的情绪状态，既不过于兴奋、激动，又不会觉得枯燥无聊；三是根据学生学习的结果反馈，对课堂教学活动进行调控。

课外活动的开展同样是班级凝聚力形成的重要途径，也是第二语言练习的第二课堂。各类表演、比赛可以激发学生学习的兴趣，使学生通过合理的竞争和合作学习，提高语言水平。如何开展学生感兴趣，又合乎学生现有能力水平的活动？如何平衡课外活动与课内学习的时间？如何让学生们都尽量参与到课外活动中来？这些都是教学课外活动组织能力的一种体现。具体可参见第六章课堂活动和课外活动中的案例。

四、沟通交流

国际中文教师不同于一般的教师，所面对的学生是以汉语为第二语言的其他国别的学生。无论是在汉语的目的语环境中还是非汉语环境中，作为一名合格的国际中文教师，都要具有民族责任感和使命感。从站在外国人面前的那一刻起，国际中文教师的一举一动都代表着中国，某种程度上来说，国际中文教师是中国的缩影。同时，国际中文教师也是中华文化的传播使者，让外国人了解中国文化也是国际中文教师的职责所在。

国际中文教师应该具备与外国学生、家长、同事进行良好沟通的能力。由于文化差异，教师在与周围的人进行沟通的过程中可能会遇到文化冲突，这就需要设法进行有效的沟通，与他们进行有效的沟通也有助于自己顺利地进行教学工作。

王老师在韩国一所中学教汉语，她有一位韩国的合作教师，但是这位教师除了上课之外，并不愿意和王老师交流。平时王老师想和她沟通一下对教学的看法，但她总是说没有时间。

如果你的合作教师上课时经常迟到怎么办？

李老师在海外一所孔院的孔子课堂教小学生汉语。他认真负责，给学生布置了一些课外作业。不久，他收到了学生家长的投诉，认为他给学生布置的作业过多，影响了孩子的健康成长。

张老师在上课时组织学生学唱中国歌，可是有一个学生说这首歌不好听，他不想学。

这些案例都涉及到和外国同事、家长和学生的沟通交流问题。在遇到这些问题时，教师首先应该控制好自己的情绪，不能以自我为中心，认为自己已经做得很好了。应该从对方的角度出发，积极寻找对策。做到有礼有节，不卑不亢。与海外的合作教师沟通，千万不能认为自己是母语国教师，教学能力就肯定比对方强。应该本着虚心求教的态度，多与对方交流。不一定总是就教学问题进行交流，平时生活中一起吃饭、交朋友，建立起亲近感。主动分担教学中的任务，虚心向对方求教。在对方有需求时，主动提供汉语教学方面的一些资料。如果对方的确存在问题，如经常迟到等，首先应直接与对方沟通，表示自己愿意在对方有困难时提供帮助，但是希望不要迟到影响教学。在直接沟通无效时可寻求校方的帮助。而在面对家长的投诉时，应首先表示歉意，没有了解所在国家对小学生作业的相关要求，但是也应向家长和学校解释自己布置作业的目的，争取对方的谅解。同时保证以后将会按照所在国和学校的要求，尽力在提高学生汉语水平和控制作业量之间寻求好平衡。在面对学生对抗、不合作时，教师要控制好自己的情绪，不能与学生发生正面对抗，应机智地化解矛盾，不能影响到课堂。如老师可以让学生推荐一首他觉得好听的中国歌，由他来教同学们唱。或者请他来打拍子、做指挥等，不可强迫学生学唱。如果学生还是不合作的话，可以进行一些冷处理，比如让学生暂时在旁边完成一些其他的任务，下课后再与学生深入交流，看看学生不合作的真正原因是什么。

五、突发事件应变

教学中学生千差万别，表现各异，必然会发生一些意想不到的问题，这就需要教师机智灵活，善于应变。

老师不小心摔了一跤，学生们哈哈大笑怎么办？

教师准备了丰富的多媒体课件，可是在上课时电脑突然出现了问题，播放不了，怎么办？

在上课的时候，两个学生突然产生矛盾，打起架来，教师应如何处理？

在遇到此类突发事件时，教师首先应保持冷静，控制好自己的情绪，用灵活幽默的方式来进行处理。比如，第一种情况下，开玩笑地说，哎哟，你们今天表现太好了，老师都折服了（摔倒了）！第二种情况下，应请技术人员来帮助自己尽快排除障碍，同时，快速寻找备用教学计划（plan B）开展教学，而不是让学生一直空等。让教学尽快回到正常的轨道上来。第三种情况，首先要尽快制止两个学生，将二者分开，尽快平复学生的情绪，恢复上课的正常秩序。如果学生当时无法恢复平静，影响到了正常上课秩序，可请求学校督导、主任等的帮助，将两个学生带到其他地方单独进行疏导。课后可再就具体的原因，与学生、家长和学校相关管理部门进行沟通解决。

第二节　课　堂　管　理

课堂管理是指教师为了有效利用时间、创设良好的学习环境、减少不良行为而采取的各种活动和措施。在课堂教学中，教师除了"教"的任务外，还有一个"管"的任务，也就是协调、控制课堂中各种教学因素及其关系，使之形成一个有序的整体，以保证教学活动的顺利进行。这一活动即为通常所说的课堂管理。

课堂管理包含的内容非常广泛，普遍认为课堂管理应该落实以下四个方面的基本内容：课堂环境管理、课堂纪律管理、课堂时间管理和课堂问题行为管理。

一、课堂环境管理

涵盖教学活动全部过程之中的客观物理环境以及学生的主观心理环境。物理环境主要体现在教师的教学、教学场所的布置、噪声条件、光线、色彩等。学生的主观心理环境是学生在教学活动之中的参与性以及积极状态，二者共同构成了良好的课堂氛围。

1. 物理环境管理

传统的教室桌椅摆放是以教师为中心，下面的桌椅成排摆放的形式［如图 7-1（a）］，比较适合传统知识传授型的课堂。现在的教室布置更为灵活，有小组式摆放［如图 7-1（b）半圆形小组和图 7-1（c）方形小组］，便于小组合作学习，分享讨论，也便于教师随时走到学生中间，检查学习进度。也有组合型摆放［如图 7-1（d）］，将教室进行分区，每个区域适用于特定的教学活动，有授课区，也有小组讨论区。还有的智慧教室可以方便地进行动态式布局，桌椅可以根据课堂的需要，很方便地变换摆放方式，建立想要的学生互动方式。

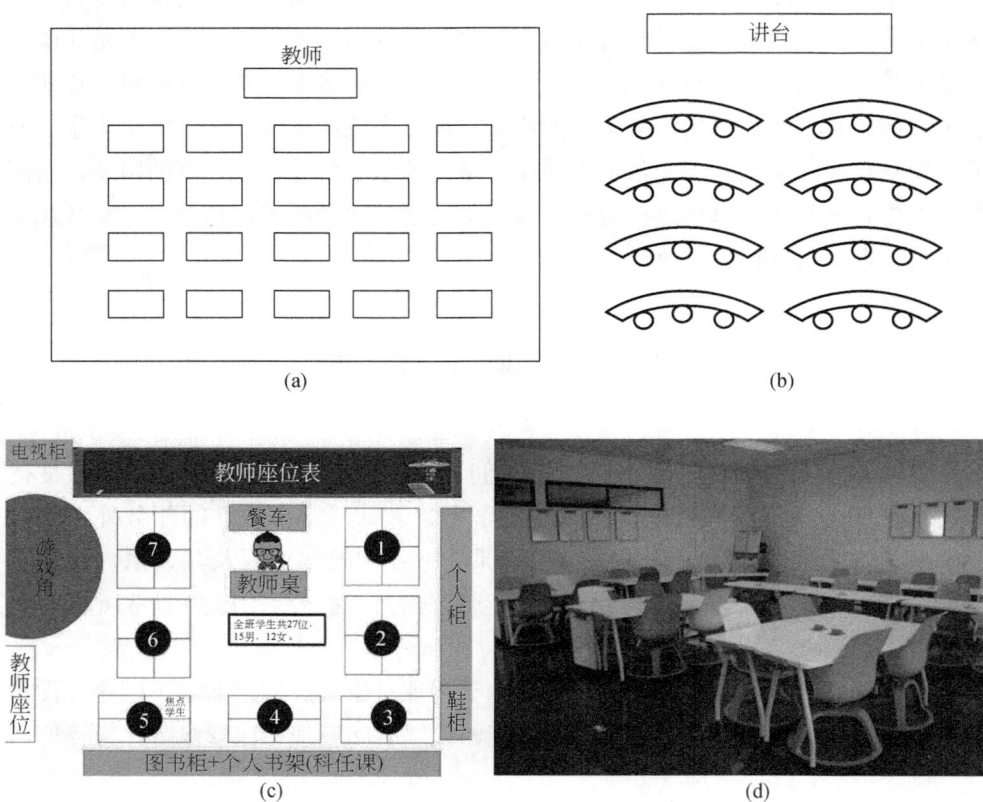

(a)

(b)

(c)

(d)

图 7-1　教室桌椅摆放方式

　　除此之外，教室的布置也同样与教师的教学设计息息相关。用什么样的挂图？有没有学生的作品展示区？适当留白开放空间，供学生自主决定如何装饰，增强主人翁意识。设置供学生反省的冷静区、阅读区等。这些空间设计都会影响课堂教学的进行。

　　线上教学的物理环境则包括了网络是否通畅，教师和学生是否打开摄像头，所处的教学环境是否安静，师生是用电脑上课还是手机上课，学生在观看 PPT 演示时是否能看到教师和同学等。研究表明，教师打开摄像头、有演示时能看到教师，有助于提升在线学生学习时的注意力。而虚拟的学习场景，能够创造身临其境的沉浸感，也有利于提升学生兴趣，增强学生的参与度。

2. 心理环境管理

积极课堂心理环境的内涵是十分丰富和复杂的，美国学者里德利和沃尔瑟（2001）分别考察了学生和教师对"积极课堂环境"的认识。学生认为，积极的课堂环境包括：对学生个人观点、兴趣、感受的尊重，集体归属感和同学间的依恋感，共享和参与，自治和独立，积极的师生关系，有意义和有挑战性的学习任务，使人自信，学习过程有乐趣，自己的努力和成功得到认可，信任、合作、安全感，详细准确的反馈，教师愿意提供额外的帮助，公平，教师合理的期望，等等。教师的观点则主要表现为：学生间的合作以及师生间的合作，师生间的相互尊重，课堂上学生的主动参与，学生之间适度的竞争，清楚且公正的规章，有合理的期望和待遇，对课堂走向和结果的可控制感，等等。综上所述，郭成（2006）所总结的积极的课堂心理环境就是能够激励师生主动投入教学活动、产生愉悦教学情感体验、提升教学效率的一种集体心理氛围，体现为民主平等、合作交流、和谐宽松的课堂气氛。在这种课堂心理环境中，师生双方是一个自由开放的系统，他们的需要都能得到满足，教师的主导作用和学生的主体性能得到有效发挥，师生共同参与、彼此合作，形成一种积极向上的心理状态，最终促进教学相长、共同发展。

良好的课堂氛围有利于学生在积极友好的心理条件下，发挥出自己的最佳学习状态，达到互相促进的效果。从学生的角度，创造良好的课堂氛围，需要唤醒学生的学习心理状态，处于适度的准备状态，同时保持适中的焦虑水平。从教师的角度，教师的教学风格（民主式、专制式、自由放任式）会形成不同的课堂教学心理氛围。教师应尽量使自己的领导风格趋于民主，形成生动和谐、积极踊跃的课堂心理气氛。教师在教学过程中对于教学组织和方法的选择以及课堂的调控，也会影响课堂氛围。有经验的教师会关注到个别学生对课堂氛围的影响，及时进行调整，保持课堂氛围的和谐生动。教师的人格魅力也对学生情感有很好的激发作用。从班级文化的角度来看，良好的课堂氛围有赖于良好的师生关系、确立的群体规范以及和谐的同伴关系。教师要了解学生、关心学生、帮助学生，同时保证教师的权威感。信任学生，给予学生恰当的期望；尊重学生，平等对待每一位学生，保持良好的沟通。师生需要相互尊重，相互信任，面对问题要通过民主协商和集体讨论的方式来解决，而不是教师单方面压制。班级共同的事情，要结合学生的兴趣，尽量让学生参与其中，比如在教师的指导下，让学生自行设计教室布置、班级活动形式等。同学之间友好而又良性的竞争关系对班级的学习氛围也有很好的促进作用。良好的班级文化会形成特有的班级凝聚力，对班级成员形成无形中的约束力，使他们自觉地遵守班级规范。

教学案例：教室布置篇①

美国老师们每个暑假都会花很多时间去精心布置自己的教室，不仅仅为了美观，让学生有归属感，更是为后续的课堂管理以及教学管理打下坚实的基础。

我的教室分为列队区、教学区、"隔离区"、活动区、冷静区、手工区、书法区。在第一节课我就详细地给学生们将整个教室的分区、构造和功能讲解了一遍。

学生需要了解自己所处的环境，这样会让学生有安全感，也知道自己什么时候该做什么，而不是一进教室就带着"我是谁，我在哪儿，我在干吗"的疑惑，这对于快速进入学习状态非常不利。

整个教室的布置也是为了给学生在有限的时间内最大化地提供中文输入环境。

列队区：

美国小学生是由班主任统一带队到每个非主课教室的，课间没有休息时间，这就要求排队快、准、稳。

我在教室门口笔直地贴了一串数字，这样也方便我用中文指示的时候学生能听得明白，并且快速做出反应，同时兼顾到数字的练习。

教学区：

我采用的是分组教学的座位摆放。美国小学生好动，让他们一个小时都坐着听课是非常难的，所以要经常让他们动起来，也要经常安排小组活动，以学生为中心，让他们自主学习和练习。

隔离区：顾名思义，如果一个孩子经过小声提醒多次还是不停地影响课堂，那么就要考虑将他与其他学生隔离开来，以免影响他人的学习以及老师的教学。这算是比较严厉的惩罚，要注意不让学生丢面子的同时意识到问题的严重性。

---

① 作者张扬，曾任美国肯塔基大学孔子学院公派教师，毕业于华南师范大学汉语国际教育硕士专业。
https://www.sohu.com/a/348370945_100150488。

活动区：

也是地毯区，供学生做活动的时候有足够的空间，避免拥挤造成事故。

冷静区：

这里我放了一个小沙发，还有发泄球、熊猫宝宝、中文阅读书籍等。美国的公立小学也会有些需要特殊照顾的孩子。一旦有孩子的情绪需要控制和稳定，这个冷静区就是为他们平复情绪而准备的。保证课堂的安静和安全，冷静区必不可少。

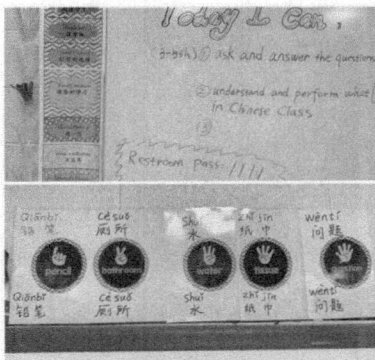

手工区、书法区：在这个区域我设置了小展台，让孩子们有机会能做一些手工活动，比如学习编中国结、画脸谱、学书法等。展台上面就是展示区，用于展示学生作品，这是对孩子们最大的认可。

教室内的标识也是非常重要的。利用图片和色彩搭配的标识，加上中文词汇，在吸引孩子眼球的同时，增加中文输入。标识一定要简单直白不复杂，孩子们是不会想去看过多解释和词汇的。

比如，一个手指指铅笔（表示我需要铅笔），两个手指指厕所（表示我需要去厕所），三个手指指喝水，四个手指指纸巾，五个手指指问题（我有问题要问）。很多美国老师都会用这样的标识，所以很多学生一看就懂，省去了很多麻烦。

二、课堂纪律管理

现代的课堂管理观念和传统课堂纪律观不同，其根本目的不是为了控制学生的行为，而是为了促进学生的全面发展，追求学生思维的活跃和自由，预先排除可能导致问题行为的诱导因素。课堂纪律管理主要涵盖规则的制定和规则的落实两个基本方面。

1. 规则的制定

教师在第一次上课时就应该与学生约定必须共同遵守的课堂规则。让学生参与到规则制定中是一个好主意，由学生参与制定的规则，会让学生更愿意遵守。

由教师单方面监督实行的课堂管理方式容易导致学生处于消极被动的状态，使得课堂缺乏内在的动力和活力，真正有效的课堂管理是学生自我的内在管理。从语言上看，课堂规则应简短、明确、合理、可行。少而精，内容表述以正向引导为主，多用积极的语言，如"希望……""建议……"等，少用或不用"不准……""严禁……"等语句。

2. 规则的落实

一旦规则制定好，教师就必须保证要按照规定去执行，不能因人而异或者有时执行，有时又不执行。如果执行不到位，规则就会丧失威信，最后大家都不再遵守。但更重要的是规则只是静态的，要将其转变为课堂纪律，必须通过合理的教学结构组织"程序"。"程序"指的是学生在教室里完成各项活动和任务的方法以及步骤。合理有序的"程序"可以保证教学的流畅性，让学生形成一种好的行为习惯，使之成为惯例，尽量减少问题行为发生的机会。

合理组织课堂教学结构，维持学生学习的注意力和兴趣，争取更多学生把更多的时间用于学习，既是课堂纪律管理的重要目标之一，也是课堂纪律管理的有效策略之一。因此教师应该合理组织课堂教学结构，优化时间意识，注意课堂时间管理的策略，维持学生学习的注意力和兴趣，从而提高课堂教学效率，并且有意识地将这种"程序"教给学生，持之以恒坚持下去，使之形成惯性，成为课堂教学的惯例。具体的策略有增加参与、保持动量、保持教学的流畅性、管理过渡、上课时维持团体的注意焦点。

增加参与要求教师的教学内容符合学生的需要，生动有趣，有参与性，与学生兴趣有关，学生愿意积极参与。教学方法要能激起学生的兴趣，如可采用设置悬念、精心提问和讨论的方法，不断变换刺激角度，集中学生的注意力。

保持动量是指课堂教学要有紧凑的教学结构，避免打断或放慢，使学生总有学业任务。要求教师课前要做好充分准备，如确定教学目标、精心设计教案、选择教学策略、准备好教具等；课堂上要合理安排教学进度和节奏，选择适宜的课堂密度、课堂强度、课堂难度、课堂速度和课堂激情度；此外，教师要讲究语言艺术，精练而不拖泥带水。

保持教学的流畅性是指不断注意教学意义的连贯性，即课堂上从一个活动转向另一个活动时所花的时间极少，并且能给学生一个注意信号。教师要保持教学的流畅性，就必须在课堂教学中给学生以有效足够的信息量，形成序列刺激，激活学生的接受能力，以维持学生学习的注意力和兴趣。

管理过渡是指从一个活动向另一个活动的变化，如从讲授到讨论、从一门课程到另一门课程等。过渡时应遵循三个原则：①过渡时应给学生一个明确的信号；②在过渡之前，学生要明确收到信号后该做什么；③过渡时所有人同时进行，不要一次一个学生地进行。

上课时维持团体的注意焦点是指运用课堂组织策略和提问技术，确保班上所有的学生在课堂教学的每一部分都投入学习中去。

三、课堂时间管理

和其他事情需要时间观念一样，教师上课同样需要时间观念。教师要有时间管理意识，备课时不仅准备教学内容，更要细化时间安排，做好科学的时间规划。另外，教师要不断地在课堂实践中反思自己的课堂时间利用率，提高课堂效率。

心理学研究表明，学生在课堂上学习效率最高的时间段是上课后的 5 到 20 分钟，这就启示教师在进行课堂设计时注意把重点向前集中一些，把最重要的内容集中在学生注意力强的时候讲，更有利于课堂效率的提升。对低年龄段的课堂教学来说，对学生进行纪律管理是一种浪费时间的行为。这就要求教师采用灵活多变的方式，巧妙地把学生的注意力拉回到课堂学习之中。常用的方法有变换语速、语调，设计简单有趣的游戏或者进行正向表扬激励等。

四、课堂问题行为管理

学生的课堂问题行为按照其表现严重程度的差别，可以进一步细分为日常不良行为（如走神、跟同学聊天）、不严重行为（如迟到、插话、抄袭作业、乱写乱画）、严重行为（如干扰其他同学、与教师发生冲突等）三个类别。按照不同的行为表现程度，教师应该使用不同的管理方法。

对于日常不良行为，应该应用较少干预的管理原则（如眼神示意、走到学生身边、轻敲桌子等）。合理地进行管理以及规范，保证在不影响班级正常的教育活动以及课程进度的根本实际下，尽量维护课堂秩序，发展学生的有意注意力。而对于较为严重的问题行为，则应在保护学生尊严的前提下，及时制止，课后与学生谈心，及时了解问题行为的原因，并为学生提供机会和帮助。教师也应及时进行自我反思，课堂活动是否有意思，能否吸引学生的注意力？如何改进，提高教学趣味性？所采取的惩戒措施是否适度、合理？

教学案例①：

有效的课堂管理是课堂成功的基石，一个井然有序的课堂即一个有效率的课堂，会让学生和老师都身心愉悦，而第一节课则是重中之重。

以我的体验和观察，课堂管理能够成功实行，重点有三：

第一，第一节课就跟学生一同制定规则（适用于 3 年级以上的学生）；

第二，严格实施；

第三，课堂规则简单明了，张贴在学生可视范围。

Q：为什么第一节课要跟学生一同制定规则？

A：第一次见学生，大家都是一个相互了解的过程。一同制定规则，表达了你对学生的尊重，那么学生也会尊重你。这不代表学生说的都是对的，要商量出一个统一的结果。还可以让学生们和老师都签上名字，责任感和契约精神就体现出来了。以后每次有学生犯错，就可以指着规则说，这是我们商量过的哦。

我目前最重要的规则就是：在中文教室只能说中文，除非你到了英语角。为了公平，我也只能说中文，除非我穿上有他们签名的 T-shirt，上面写了"Jane 老师，你可以说英文了！"你问我怎么实施？比赛呀！谁说英文说得少谁就赢，学生们乐此不疲。

Q：为什么要严格实施？

A：学生是非常聪明的，第一节课就会"疯狂"试探老师的底线在哪里。如果第一节课不制定规则，并且无下限地容忍学生，那么就会造成后续的课堂管理非常困难。同理，制定了规则之后，如果不严格实施，学生就会知道老师只是说着玩儿，并不当真，学生们也就会把规则抛诸脑后。

Q：为什么要简单明了？

A：美国小学生专注力不强，爱动爱闹。如果一张纸上的信息量太大，成人尚且还需专注力去阅读，孩子就不要指望他们会认真看了。简单明了，最好一句话或者三五个词表达清楚即可。张贴在醒目的位置，方便随时提醒。

第三节　线上教学的组织管理

线上的课堂组织与管理是比较难解决的问题。因为教师与学生有空间阻隔，教师很难观察到学生线上的学习行为，课堂上的问题行为更为隐蔽，为课堂管理

---

① 作者张扬，曾任美国肯塔基大学孔子学院公派教师，毕业于华南师范大学汉语国际教育硕士专业。本内容来自课堂管理分享。

带来了难度。虽然教师在课前都会备课，但教学过程是瞬息万变的，而且线上课堂可能发生的问题层出不穷。线上教学始终受限于网络环境，常出现网络信号中断、卡顿、学生未关闭麦克风等情况。因此，教师要有一定的课堂管控能力，及时发现课堂互动中存在的问题，随机应变，灵活应对突发事件，从而让互动达到预期目的，尽可能地保证课堂互动的有效进行。

一、课前制定针对网络教学的课堂管理规则

例如：①学生应于上课前十分钟提前登录网络教学平台，调试设备，做好上课准备，遇到网络技术问题应及时寻求帮助，暂时不能解决的，应提前向任课教师说明。②上课时打开摄像头。③在安静、网络信号良好的环境下上网课。④不要随意设置影响上课的虚拟背景，如干扰注意力的视频、动图等。⑤上课实名，不要使用各种网名登录。⑥在不回答问题的时候，关闭麦克风。⑦不挂机，不在聊天区随意聊天，刷屏。

二、利用技术手段记录学生上课表现

对于学生"浑水摸鱼"的情况，如提问无人应答、挂机离开等情况，从课堂管理的角度，教师一方面可将学生的考勤与平时成绩挂钩，加大形成性评价分数占比，降低大考的分数占比，以改变评价的方式来监控学生的听课状态，这样就可以较客观、准确地反映学生的表现。另一方面从技术的角度来看，已经可以做到在后台自动统计学生在线上课堂的参与时间、挂机情况，教师们也需要参加相关的技术培训去辅助线上的课堂管理。

三、增强线上课堂活动互动方式

从目前的技术手段来看，已经有不少可以在线上教学中开展的活动。只有增强课堂活动的互动性和趣味性，才能进行有效的课堂组织与管理。如利用腾讯会议中的投票或小鹅云课来发放即时反馈的测试题，给表现好的学生或小组奖励小星星；发送弹幕或评论，通过文字的互动生成词云；在线会议中分组讨论，通过在线共享白板或共享文档，让学生共同编辑，合作完成一些课堂活动或任务，等等。

参 考 文 献

陈坚林，2000. 现代英语教学组织与管理［M］. 上海：上海外语教育出版社.

陈学军，2004. 复杂性思维：一种新的课堂教学组织观［J］. 当代教育科学，（3）：26-28.

董洪亮，2004. 新课程教学组织策略与技术［M］. 北京：教育科学出版社.

傅海燕，2007. 汉语教与学必备：教什么？怎么教？［M］. 北京：北京语言大学出版社.

郭成，2006. 课堂教学设计［M］. 北京：人民教育出版社.

黄晓颖，2005. 对外汉语教学的课堂组织管理艺术［J］. 云南师范大学学报（对外汉语教学与研究版），3（4）：14-18.

黄晓颖，2008. 对外汉语课堂教学艺术：来自教学实践的微技能探讨［M］. 北京：北京语言大学出版社.

寇志晖，张善培，2011. 论对外汉语教学的课程组织［J］. 海外华文教育，（3）：31-37.

里德利，沃尔薇，2001. 自主课堂：积极的课堂环境的作用［M］. 沈湘秦，译. 张厚粲，审校. 北京：中国轻工业出版社.

罗红玲，2018. 复杂动态系统视域下的对外汉语课堂教学组织观［J］. 海外华文教育，（4）：122-128.

唐志颖，2022. 来华留学生线上课堂管理问题探析［J］. 课程教育研究，（2）：4.

田艳，2010. 国际汉语课堂教学研究：课堂组织与设计［M］. 北京：中央民族大学出版社.

王静，2005. 论网络教育中的网络课堂管理［J］. 教育信息化，（4）：21-22.

王永德，史初例，2004. 从学习的角度看对外汉语教学组织［J］. 宁波大学学报（教育科学版），26（4）：4-7.

闻亭，常爱军，原绍锋，2013. 国际汉语课堂管理［M］. 北京：高等教育出版社.

吴子宜，2018. "互联网＋"背景下学校课堂教学管理模式的优化策略［J］. 中国多媒体与网络教学学报旬刊，（10）：39-40.

薛琳，2021. 教师网络课堂管理能力提升的对策研究［J］. 学园，14（19）：48-50.

颜湘茹，廖晶琰，2015. 汉语课堂管理中奖惩案例分析：以广州美国人国际学校小学部为例［J］. 海外华文教育，（3）：377-388.

第八章　国际中文教学评价

第一节　国际中文教学评价的定义和作用

一、国际中文教学评价的定义

　　国际中文教学评价（评估）是一种外语或第二语言的教学评估，是教学评价和汉语作为第二语言教学的一个交叉领域。盛炎（1990）认为："评估是决定一件事情或一个人的价值。第二语言教学评估是决定整个第二语言教学设计方案的价值。评估不是测试的同义词，它是一个系统而复杂的过程。评估的内容包括教学过程中的所有因素，如教学目标和目的、教学内容、教学环境、教学设计、教学方法、教材、教师、学生、教学效果等。""第二语言教学评估是根据系统收集的数据资料对整个第二语言教学质量的鉴定……评估有一套理论和方法。"（盛炎和沙砾，1993）汉语教学评价对整个汉语教学过程各个环节不断地检查和评估，以提高教学效率和质量。

　　杨翼（2008）这样描述"评价""评估""测试""考试"之间的区别与联系：评价（evaluation）是为了决策而系统地收集信息，评估（assessment）也包含收集语言数据的意思，二者的概念含义非常接近。只是在学术著作中多用"评价"，而教育管理部门多用"评估"。汉语教学评价是评价者为了做出决策而系统地收集信息，对语言教学中的任意元素的价值做出判断的过程，既包括定性的价值判断（如观察学生课堂表现、建立学生档案等），也包括定量的测量。语言教学中常见的测量手段有测试（test）和考试（examination）。从广义上看，考试也是一种测试，但是从观念上看，学生和教师认为"考试"更正规、更严格，规模和题量更大（如期中、期末考试，汉语水平考试）；而测试较为随意、松散，题量、规模较小（如随堂小测、单元测验）（图8-1）。

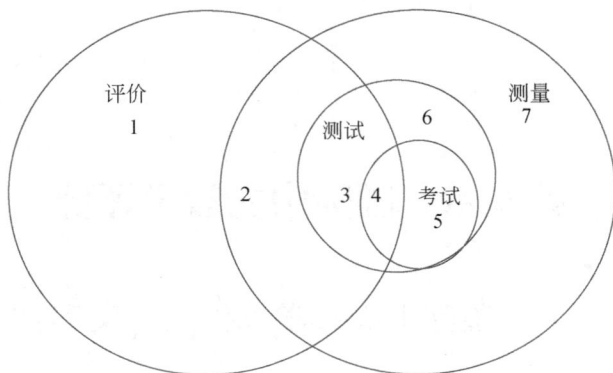

图 8-1　评价、测量、测试与考试的关系图

二、国际中文教学评价的三个层面

国际中文教学评价有宏观、中观和微观三个层面。

宏观层面，如国家召集海内外的专家、学者对国际中文教学的总体目标、教学对象、教学内容、教学方法、教学大纲、教材编写等方面进行评价。

中观层面，如学校内部对国际中文教学工作进行教学评价，某个教学或培训项目对教学计划、课程设置、教学管理等进行教学评价。

对大部分普通教师而言，其教学评价是微观层面的。教师在教学过程中常见的微观评价应该包括以下几个方面：①对学生提供评价与反馈；②对教师课堂教学的评价（包括自我评价、同行评价、学生评价）；③对大纲、教材和课件的评价。

三、教师评价素养

20 世纪 90 年代初教育测量学界最早提出"评价素养"这一概念，指的是测试从业人员所需要具备的知识与能力（Stiggins，1991），例如测试方法的设计和选择、施测、评分等方面的能力。"近年来，随着教育评价逐渐由实证心理测量学向社会建构主义以及学习为导向的评估方向发展，评价素养的内涵发生了根本性的变化，开始强调评估的社会属性，根据教学情境设计、实施评价的能力，运用评价结果反馈、决策的能力，以及评估者的自我认知能力。"（廖建玲，2021）

"教师评价素养"成为各国教师专业标准中非常重要的组成部分。"教师评价素养即选择并运用适当的评价方式收集、分析和使用评价信息促进学习、改进教学的意向、知识和能力。"（周文叶和周淑琪，2013）各标准中的教师评价素养集中体现了以下基本理念：①评价促进学生的学习；②评价引领教师的教学；③评价贯穿于教与学的始终。教师应养成"以评为学，以评促学，以评促教"的理念。

廖建玲（2010）指出，国际中文教师评价素养的内容应充分体现中文教学的独有内容和发展特点，侧重于课堂评估相关的理论知识和实践能力，展示语言评价由实证心理测量学转变为建构主义、以学习为导向评估的发展特点，并反映数字化时代语言评价的最新发展情况。

盛慧晓（2017）指出，"外语教师评价素养的内涵框架包括评价目的和目标，评价方法，评价实施、评等和解释，评价汇报和交流，评价结果的运用，评价伦理和公平，学生参与评价以及评价反思 8 个方面"。

具备一定的评价素养能够帮助教师建立更为合理、可测量的教学目标，实施有效的评价方案，并利用评价的正面反拨效应促进教学。但是良好的评价素养并非一蹴而就。本章只介绍对国际中文教师来说，最基本的一些评测理论和相关实践案例。

第二节　多元的教学评价观

教师应建立起一个全过程、多维度、多形式、多主体、多标准的多元评价观。

一、全过程评价

教学评价包括诊断性评价（学期初）、形成性评价（学期中）、终结性评价（学期末）三种类型。

1. 诊断性评价

诊断性评价是在学期开始或一个单元教学开始时，对学生现有发展水平进行的评价，如摸底考试。其目的是检查学生的学习准备程度、对学生进行适当安置、辨别造成学生学习困难的原因。

2. 形成性评价

形成性评价是"对学生日常学习过程中的表现、所取得的成绩以及所反映出的情感、态度、策略等方面的发展"做出的评价，是基于对学生学习全过程的持续观察、记录、反思而做出的发展性评价。注重学习过程，其目的是"激励学生学习，帮助学生有效调控自己的学习过程，使学生获得成就感，增强自信心，培养合作精神"。评价的主体可以是教师、学生本人或同学。在教育技术日新月异的今天，也可以通过技术让大数据做出评价。通过形成性评价，教师可以随时了解学生在学习上的进展情况，获得教学过程中的连续反馈，为教师随时调整教学计划、改进教学方法提供参考。受到建构主义和多元智能理论的影响，现代的教学评价观是一种动态的形成性教学评价观，而不是仅在教学结束后提供简单的终结性评价。

学生的学习能力是在学习过程中逐步建构起来的，所以教学评价也应在活动中、任务中、表现中不断进行。对学生的评价不应该只看期中、期末考试成绩，而应比较全面系统地评价学生各方面的表现，如出勤、听写、课堂表现、背诵、作业、小测、口头报告、调查报告、小组表演等各个方面。每个方面都在总评成绩中占适当比例，而不是期中、期末考试就占了一半以上的比例。总评的标准要在开学之初就告诉学生，对每类活动的反馈也需要及时。

3. 终结性评价

终结性评价是对一个学段、一个学科教学的教育质量的评价，其目的是对学生阶段性学习的质量做出结论性评价，评价的目的是给学生下结论或者分等。注重学习结果，一般一个学期 1—2 次，如期中、期末考试。评价主体为教师。传统的教学评价多为终结性评价。

二、多维度评价

从内容上看，智力是多元智能中的一组能力，评价也应该是多维度的。教学评价反馈的内容不应该仅仅是语言知识和语言技能，而应该帮助学生更好地获得汉语交际能力，为其提供语言能力上有优势和不足的信息，帮助学生将来进一步的学习。教师对学生的评价既应包括语言知识层面的评价，也应包括语言技能和跨文化交际方面的评价，还应包括学生的学习态度、道德品质、学业进步等各个维度的评价。

三、多形式评价

从形式上看，评价手段应该多样化。客观评分的标准化考试只能测出一小部分能力，非正式的反馈手段（如旁人观察、小组讨论、教师评语）等同样重要。除了传统的听写、作业、测试外，可以通过观察学生汉语行为表现（教师观察或同伴观察）、帮助学生建立自己的学习档案等方式来进行。

　　观察是一种很常用的评估策略。老师们可以在课后把学生能否用汉语完成某个任务的相关表现记录下来。比较实际的做法是每次选取若干位学生进行记录。记录的主要内容必须是教学要求或者沟通能力的要素。例如，参与课堂活动的表现、反应能力、表达水平等。记录可以有很多种方式：写卡片、画表格……见表 8-1。

表 8-1　五岁班观察评价

课程主体：节日
评价对象：五岁班学生（17 名）
学习目标：认识中国传统节日——元宵节
观察日期：2 月 15 日
1=差　2=平均以下　3=平均　4=平均以上　5=优秀

评价	1	2	3	4	5
1. 孩子懂生词的意思			o		
2. 会讲学过的童话、故事的内容	o				
3. 按声调唱童谣		o			
4. 跟随童谣节奏一起律动		o			
5. 老师提问的时候说正确的答案		o			
6. 在没有老师的帮助下自己唱童谣	o				
7. 注意听老师的课		o			
8. 在课堂活动中表现出自信心			o		
9. 在课堂活动中会表达自己的意见		o			
10. 在课堂活动中遵守纪律			o		

　　学生们互相评价是一个好方法，能够相互促进和鼓励。但因学生的能力所限，评估形式设计要清晰、明确、容易操作（表 8-2）。

表 8-2　同伴评价表格示例

请为你的同伴的 D 语发言打分，在合适的分数前打 o

（　　）	5	我们很容易理解你的意思
（　　）	4	我们理解你的意思还不太难
（　o　）	3	需要老师或其他同学帮忙，才能理解
（　　）	2	经过老师或其他同学很大帮忙，才能理解
（　　）	1	你没怎么努力，我们完全不懂你说的意思

　　学习档案既可以连续记录学生的语言学习成果，而且具有展示性和个性化的特点。档案袋评价（表 8-3 和图 8-2）和自我评价（图 8-3 和 8-4）都能够促使学习者对自己的学习负责，增强学习者动机，提高内省能力。

表 8-3　学生汉语学习档案

项目	A 级	B 级	C 级	个人	同学	教师
听课情况	认真听课，没有走神、讲闲话等现象	听课比较认真，偶尔有走神、讲闲话等现象	听课不认真，走神、讲闲话现象比较严重			
发言情况	积极举手发言，并有自己的见解	能举手发言，答案中自己的思考较少	很少发言，不表达自己的观点			
合作学习情况	善于与人合作，虚心听取别人的意见	能与人合作，能接受别人的意见	缺乏与人合作的精神，难以听进别人的意见			
课堂作业情况	认真迅速地完成作业，作业质量高	能完成作业，速度比较慢或质量一般	不能完成作业			
我这样评价自己：						
伙伴眼里的我：						
老师的话：						

图 8-2　成长档案袋

Are you satisfied with your own performance?

Very good　good　not so good　bad

Your own evaluation

A　B　C　Your willingness to state your opinions

A　B　C　Your willingness to raise your questions

A　B　C　Your enthusiasm to gather useful information

A　B　C　Your willingness to speak Chinese in class

图 8-3　活动自我评价

总结与评价（Summary and evaluation）

一、你知道一般怎样开始介绍自己和别人吗？你学会了哪些找问题和提要求时常说的话？利用正面的表格复习一下，有机会别忘了试一试。

情况Situations	可以说的话What to say
xiàng chū cì jiàn miàn de rén jiè shào zì jǐ 向 初次见 面 的人介绍自己	
xiàng bié rén jiè shào zì jǐ de péng yǒu huò lǎo shī 向 别人介绍自己的朋 友 或老师	
xiàng lǎo shī tí wèn tí 向 老师提问题	
xiàng mò shēng rén tí wèn tí 向 陌 生 人提问题	
xiàng lǎo shī tí yāo qiú 向 老师提要 求	
xiàng lǎo shī tí yāo qiú 向 老师提要 求	
xiàng lǎo shī tí yāo qiú 向 老师提要 求	

图 8-4　单元总结与评价（陈作宏，2010）

四、多主体评价

从评价主体上看，除了教师的评价反馈，学生也可以成为评价的主体。教师可以为学生提供一定的评价指标，让学生对照指标，进行自我评价（图 8-5）；或让学生与学生互相评价（图 8-6 和图 8-7）。在英语教材中，学生自评板块相当普

*姓名

*1.你对自己在这次活动中的表现感到满意

很不满意　○1　○2　○3　○4　○5　很满意

*2.你觉得自己在这次活动中收获很大，与同伴之间互相学到很多

很不满意　○1　○2　○3　○4　○5　很满意

图 8-5　活动自评表

遍，在汉语教材中还不太常见。学生自评对成绩的提高并无直接作用，但是对学生的自主学习意识和学习策略的培养有一定的帮助。师生合作评价有利于学生学会学习，培养自主学习能力。

*1.你所在的小组成员他们认真完成自己应该准备的部分吗? (请只评价自己小组的其他成员)

组1

崔龙浩	0　1　2　3　4　5　6　7　8　9　10
许嘉泇	0　1　2　3　4　5　6　7　8　9　10
傅楷玲	0　1　2　3　4　5　6　7　8　9　10
唐子清	0　1　2　3　4　5　6　7　8　9　10

*2.你所在的小组成员有没有积极地和大家一起讨论? (请只评价自己小组的其他成员)

组1

崔龙浩	0　1　2　3　4　5　6　7　8　9　10
许嘉泇	0　1　2　3　4　5　6　7　8　9　10
傅楷玲	0　1　2　3　4　5　6　7　8　9　10
唐子清	0　1　2　3　4　5　6　7　8　9　10

3.你所在的小组成员有没有主动提出一些有创新性的想法和建议，让小组活动准备得更好? (请只评价自己小组的其他成员)

组1

崔龙浩	0　1　2　3　4　5　6　7　8　9　10
许嘉泇	0　1　2　3　4　5　6　7　8　9　10
傅楷玲	0　1　2　3　4　5　6　7　8　9　10
唐子清	0　1　2　3　4　5　6　7　8　9　10

4.你所在的小组成员是不是合作友好?会不会总是选简单的任务，不愿意做难的任务? (请只评价自己小组的其他成员)

组1

崔龙浩	0　1　2　3　4　5　6　7　8　9　10
许嘉泇	0　1　2　3　4　5　6　7　8　9　10
傅楷玲	0　1　2　3　4　5　6　7　8　9　10
唐子清	0　1　2　3　4　5　6　7　8　9　10

图 8-6　活动组内互评表

*1.小组准备充分，资料很充实，能帮助我看懂

	1	2	3	4	5	6	7	8	9	10
组1	○	○	○	○	○	○	○	○	○	○
组2	○	○	○	○	○	○	○	○	○	○
组3	○	○	○	○	○	○	○	○	○	○
组4	○	○	○	○	○	○	○	○	○	○
组5	○	○	○	○	○	○	○	○	○	○

*2.小组汇报声音响亮，发音清楚，解释明白，让我听得懂

	1	2	3	4	5	6	7	8	9	10
组1	○	○	○	○	○	○	○	○	○	○
组2	○	○	○	○	○	○	○	○	○	○
组3	○	○	○	○	○	○	○	○	○	○
组4	○	○	○	○	○	○	○	○	○	○
组5	○	○	○	○	○	○	○	○	○	○

*3.他们能很好地回答老师的问题，让我思考，能对这个问题有更深的理解

	1	2	3	4	5	6	7	8	9	10
组1	○	○	○	○	○	○	○	○	○	○
组2	○	○	○	○	○	○	○	○	○	○
组3	○	○	○	○	○	○	○	○	○	○
组4	○	○	○	○	○	○	○	○	○	○
组5	○	○	○	○	○	○	○	○	○	○

请为这几个小组的表现排个顺序?你最喜欢的排1(排名最高的得20分，其他组依次递减1分)【排序题】

组1
组2
组3
组4
组5

图 8-7　活动组际互评表

五、多标准评价

从评价的标准来看，有相对性评价、绝对性评价、增值性评价。

1. 相对性评价

相对性评价是一种内部评价，运用常模（多采用平均数为常模）参照性测验对学生的学习成绩进行总体评价。注重学生与学生之间的横向比较，以整体学生

的学习水平去看待某个个体的学习水平，具有甄选性强的特点，可以作为选拔人才、分类排队的依据，比如考试的分数排名等。

2. 绝对性评价

绝对性评价也称标准参照评价，是找一个客观的、固定的标准来作为比照依据，从而对学生的成绩进行合格评定，注重的是目标达成与否，不考虑个体的相对位置，只考虑是否达成了目标，适用于毕业考试和合格考试等，如驾照考试、大学英语四六级考试等。

3. 增值性评价

个体内差异评价也叫增值性评价，即跟自己比，将自己的过去与现在比，在不同方面进行比较。增值性评价是国际上最为前沿的教学评价方式，不以学生的考试成绩作为评价学生、教师和学校的唯一标准，引导学校多元发展。关注学生的学习过程，通过对个体的学习进程实施连续性的监测，既可以有效发现学生日常学习中存在的问题，也可以使学生观察到自己所取得的点滴进步，从而增强学习动机和主动性。同时，增值性评价便于教师对学生提供过程性指导。

第三节　积极反馈和纠正性反馈

在语言教学的课堂上，教师即时的反馈（feedback）有"积极反馈"与"纠正性反馈"两种。教师给学生提供反馈时，应该注意学生不同的文化背景和个体差异，保护学生的自尊心和自信心，对其优势多给予积极评价，而对其处于弱势的方面，要激发学生的主动意识，使其自我有意识地去改善。评价学生时不仅要保证学生能够掌握所学知识，也要维系学生对学习的情感。

一、积极反馈

积极反馈主要指对学生进行正面、赞扬、肯定的语言行为反馈，以期望学生建立信心，增强学习动机。

表扬的对象：个人表扬、小组表扬和全班表扬。重点可加强小组表扬，以促进小组合作和适当竞争。个人表扬除了表扬能力（语言知识、技能能力强）外，还可注重多表扬学生的努力。在对学生进行个人表扬时最好不要将两个学生进行对比，可将学生个人自身发展进行对比，关注学习过程、平时表现、学习态度和行为。

表扬的原则：注重公平性、区分性、真实性和多样性。公平性：指表扬不能集中于小部分优秀学生，要覆盖整个班级，强调公平对待。区分性：指反馈要因人而异，不能一概而论。真实性：指表扬要针对学生真实表现，不夸大，不缩小，不为了讨好学生编造虚假表扬；表扬时要有真情实感，发自内心，激发学生学习的快乐。多样性：指表扬的内容不能模式化。针对的对象可在全班、小组和个人间轮换；形式上，可有言语和非言语相配合；内容多元化，需涉及学生学习成绩、课堂表现、作业情况、行为品质、学习态度等各个方面，避免单一，促进学生多元发展。

二、纠正性反馈

纠正性反馈则是针对错误进行的反馈，又分为显性反馈（明确纠错）和隐性反馈两大类。显性的纠正性反馈，即直接告诉学生"不对，错了，你再说一遍"这样的形式，在语言教学中一般教师除了这样的反馈外，多会采用"重复""重述"（又称重铸）"引导"（又称诱导）"元语言反馈"（或元语言线索）"请求澄清"等隐性的纠正性反馈方式（祖晓梅，2008），引起学生注意，提升学生对正误形式的对比意识，让学生自行修正答案。通过对比正确和错误形式之间的差异，逐步向正确形式发展。例：

生："我昨天没写作业了。"

师（反馈1）："你昨天没写作业了？"（重复学生的话，但是用疑问的语调，引起学生注意）

师（反馈2）："你是说你昨天没写作业。"（对学生的话用正确形式重述，让学生进行对比）

师（反馈3）："你昨天写作业了，negative 应该怎么说？"（用肯定形式进行引导）

师（反馈4）："昨天没……了？对吗？'没'后面不能加'了'。"（直接告诉学生语言规则，元语言反馈）

师（反馈5）：应该怎么说？再说一遍，好吗？（请求澄清）

教师也可能混合使用几种方式，如"'没'后面不能加'了'。再说一遍，好吗？"（元语言反馈＋请求澄清）。

不同的语言内容，不同的语言阶段，教师所使用的反馈方式都会有所变化。

如在语音教学中，使用最多的纠正性反馈方式是重述。而在词汇教学中，则更多使用"明确纠正＋元语言反馈"作为线索。语法偏误的纠正则显示出多样化的特征。在初级阶段，老师对语音的纠正会比较多，而到中高级阶段语音纠正会逐渐减少。在机械练习阶段，教师对语法错误的反馈较多，而在交际练习阶段，对词汇错误的反馈较多。教师应根据教学内容、教学阶段灵活运用多种反馈手段。

第四节　作业和测试

一、作业

作业是形成性评价重要的组成部分，教师在课后给学生布置的需要完成的练习就是作业。作业是课堂练习的延伸，也是对学生学习情况的一种检查和反馈，在课堂教学时间不足的情况下，作业还可以成为学生自主学习的一种方式。

1. 作业的分类

从形式来看，包括书面作业和口头作业两种形式。

从完成的主体来看，又可分为自主型作业或小组合作型作业。

从性质来看包括准备型、练习型、拓展型和创造型作业（图8-8）。准备型即为了预习而做的作业，练习型则属于复习性质，拓展型和创造型则是在打好基础后，向纵向延伸的作业，可培养学生的综合能力和创新能力。常见的语言书面作业：抄写生字词（准备型），词汇搭配和语法练习（练习型），写作文、课外阅读

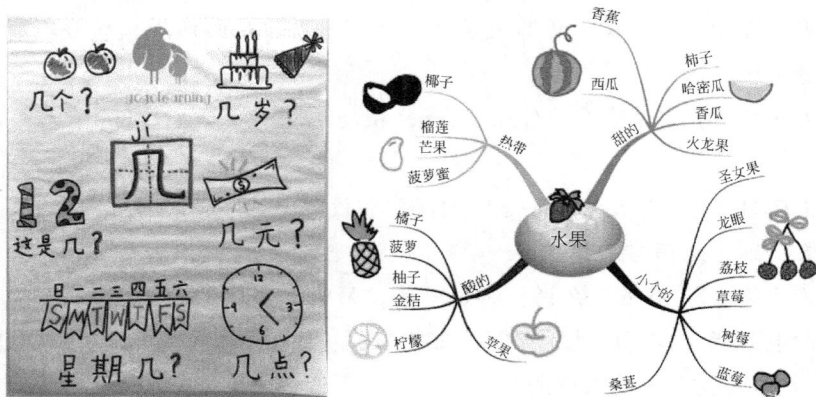

图8-8　创造型作业

并摘抄或写大意（拓展型），写调查报告（创造型）。从口头作业来看：听读课文（准备或复习），跟读课文并录音、背课文（复习），学唱中国歌、自己编对话或讲故事（拓展型）、表演（创造型）。教师要根据学生的能力布置适当水平的作业，类型也要丰富多样一些，以激发学生写作业的兴趣。机械性的练习作业一般较简单（如抄写），但是也较枯燥。而创造型的作业比较有趣，难度却也相对较大，教师需要做好"脚手架"，提供模板，帮助学生完成。对于班级水平特别参差的情况，教师有时还需要给不同的学生布置不同层次的分层作业。

2. 作业量

中国的教师一般习惯于每天布置作业，但是并非每个国家都是如此，作业的数量也需要根据学生所在国的习惯以及学生的年龄、汉语课的性质进行适当调整，并非越多越好。

3. 作业的要求

教师在布置作业时，需要有明确的要求。如提交截止时间、是否接受晚交、晚交是否扣分、提交形式是纸面的还是电子的等。收到作业后，教师需要及时批改，给学生提供反馈，并根据班级的整体情况，针对共同性的问题及时讲解，查漏补缺。对于学生掌握不好的弱点问题，再进行针对性的讲解和练习。

二、测试

测试包括平时的小测验（形成性评价）和期中、期末这样的较重要的考试（终结性评价）。

1. 测试的分类

测试从不同的角度有不同的分类。

从测试的目的来看，有分班（又称分级或安置性）测试（placement test）、诊断性测试、成绩测试、水平测试。

分班测试：学生在学校报名时，根据其汉语水平将其分入合适的班级，这样的测试就是分班测试。试题应该有一定的区分度，难度分布均衡，既有容易的题，也有中等难度和较难的题目，以便分班。对于成人学生来说，除考虑汉语水平外，性别、民族的平衡也常常是考虑因素。而对于未成年学生来说，除了汉语水平，心理成熟度也是需要考量的因素，不能仅凭汉语水平分班。

诊断性测试：其目的是看学生在学习中存在哪些问题，如学生在学完"把"

字句后，教师看学生掌握情况而对学生进行的小测验就属于诊断性测试。一般来说，诊断性测试题量较小，而且针对性强，形式较为灵活，常用形式有听写、填空、完成句子、造句等。诊断性测试的平均成绩应在 80 分以上，以有效地鼓励学生。诊断性测试是形成性评价的一部分。

　　成绩测试（学业成就测试）：是一种正式的回顾型测试，目的是了解学生在过去较长一段时间（半学期、一学期、一年、两年、三年）学业上的成就。期中、期末、毕业（结业）考试都属于此类。成绩测试一般以教学大纲和教材为依据，测试题量比较大，知识覆盖面比较广，以提高信度和效度。出题人可以是一位教师，也可以多位教师联合出题。成绩考试属于"过关"性考试，其目的不在于选拔，一般及格以上的学生应该占到大多数。学业成绩一般用于学生的终结性评价。

　　水平测试：是一种选拔性考试，如升学考试、出国人员选拔、职业招聘考试等。如国家汉办的志愿者考试、研究生入学考试就属于一种水平测试。水平测试的内容不局限于某一本大纲或教材，涵盖面积较广泛，如语言水平考试需要设立听力、阅读、口语、写作等内容。

　　从测试的形式来分，有分离式测试和综合性测试。分离式测试的原则是每个题目只考查一个语言点。常见题型如单项选择、选词填空、用指定词语完成句子等。综合性测试则是使用一种测试方式同时测试学生综合运用多个方面的语言能力。常见的题型有完形填空、阅读理解、听后写大意、写作、口语等。

　　从测试的评分方式来分，有主观测试和客观测试。主观测试评分时需要评卷人的主观判断，阅卷人需要经过专业训练，才能对试卷的质量做出准确的判断。最常见的就是写作和口语考试。写作和口语考试这样的主观测试，也可以通过分立式评分，提高测试的信度。如口语，可分为发音准确度、口语流利度、语法准确度、语言多样性、语言逻辑性等各个方面分项评分。而作文则可分为卷面美观度（书写工整、汉字书写、标点符号）、中心是否突出、结构是否清晰、语言准确性丰富程度。客观性测试指答案是唯一的，可由机器快速评分的测试。最常见的题型就是单项选择。

　　从测试分数的解释来分，有标准参照测试和常模参照测试。标准参照测试就是在对测试结果进行评价时不是以常模为标准，而是根据特定的操作标准和行为领域，对个体做出是否达标或达到什么程度的判断，而不考虑他人分数的测试。这种测试是将被试的分数与某种标准进行比较来解释，常常用来检验学习效果，看对指定的内容范围掌握得如何或达到某一标准，衡量测试优劣的主要指标是内容效度。成绩考试一般来说都是标准参照测试。常模是测试分数的总体分布形态，一般用测试分数的平均数和标准差表示。用常模可以确定一个被试测试分数的相对高低，即他在所属群体的能力或知识连续体上的相对位置。常模参照测试就是以常模为评价测试分数优劣标准的测试，常模被视为测试分数的参照，它关心的不是一个人能力或知识的绝对水平，而是他在所属群体的能力或知识连续体上的相对位置。这种测试是将一个人的分数与其他人比较，看其在某一团体中所处的位置。也就是把受测者的成绩与具有某种特征的人所组成的有关团体做比较，根据一个人在团体内的相对位置来报告他的成绩。以国际中文教师证书考试和汉语教师志愿者考试为例，这两种考试内容虽然很相似，但是国际中文教师证书考试是标准参考测试，只要达到标准，无论占考生人数的比例是多少，都可合格，拿到证书。而汉语教师志愿者考试则是一种常模参照测试，会根据考生报考的岗位、国家的要求，对考生的成绩进行比较、排序。

2. 测试的分析

测试是否可信有效，需要对试卷进行分析。在分析试卷时，一般会从难度、区分度、信度和效度这几个方面进行分析。

难度是指试题的难易程度，它是衡量试题质量的一个重要指标参数，它和区分度共同影响并决定试卷的鉴别性。难度常见的计算方式为：最小值为 0，最大值为 1，$P=1-x/w$（P 是难度，x 是一题的平均分，w 是这一题的最高分）。数值越小越容易，越大越难。一般认为试题的难度在 0.3—0.7 之间比较合适，整份试卷的平均难度最好在 0.5 左右，高于 0.7 或低于 0.3 的不宜太多。

区分度是区分应试者能力水平高低的指标。试题区分度高，可以拉开不同水平应试者分数的距离，使高水平者得高分，低水平者得低分。而区分度低则反映不出不同应试者的水平差异。试题的区分度与试题的难度直接相关。一般来说，中等难度的试题区分度较大。另外，试题的区分度也与应试者的水平密切相关，试题难度只有等于或略低于应试者的实际能力，其区分性能才能充分显现出来。区分度的基本计算方法：$D=(H-L)/N$，D 代表区分度指数，H 代表高分组答对题的人数，L 代表低分组答对题的人数，N 代表一个组的人数即高分组与低分组人数之和。区分度指标的评价 $-1.00<D<+1.00$，区分度指数越高，试题的区分度就越强。一般认为，区分度指数高于 0.3，试题便可以被接受。

信度是指测得结果的一致性或稳定性，稳定性越大，意味着测评结果越可靠。如果用某套试题对同一应试者先后进行两次测试，第一次得 80 分，第二次得 50 分，结果的可靠性就值得怀疑了。信度通常以两次测评结果的相关系数来表示。相关系数为 1，表明测评工具如试卷完全可靠；相关系数为 0，则表明该测评工具完全不可靠。一般来说，要求信度在 0.7 以上。评价信度有几种方法：再测信度

（同一试卷对同一批对象测试两次）、复本信度（用两份内容、结构、难度、题型、题量都相同的平行试卷进行测试）和内部一致信度（一份试卷分两半，计算一半与另一半的相关系数）。

效度是一个测试能够测试出它所要测试的东西的程度，即测试结果与测试目标的符合程度。任何测试工具，无论其他方面有多好，若效度太低，测试的结果不是它要测试的东西（如用英语试卷测试学生的数学能力），那么这个测试将是无价值的。在难度、区分度、信度和效度中，测评的效度尤为重要。效度是一个相对概念，即效度只有高低之分，没有全部有效和全部无效之分。效度从种类上可分为卷面效度、内容效度、构想效度、预测效度和共时效度。

下面是汉语精读测试常见的题型（表 8-4）和试卷分析模板（表 8-5）。

表 8-4　汉语精读测试的常用题型

题型大类	题型小类（按使用频率的高低排列）
单项选择题 （1 个题干，4 个选项，其中 1 个正确）	1 选择指定的词语在句中的位置 2 选择句中画线部分的意思
匹配题 （在 A 列选项和 B 列选项之间建立起相应的联系）	1 根据拼音写出汉字并填空 2 选词填空 3 近义词辨析 4 在适当的词语之间连线
填空题 （不提供选项，根据要求填写答案。有的答案是唯一的，有的不是）	1 词语填空 2 词语搭配 3 根据意思写出成语 4 填写课文中缺少的词语 5 填写成语中缺少的字 6 用语素组词 7 多音字组词 8 写出具有相同部首的汉字
写作题 （以句子或篇章的形式完成题目的要求）	1 完成句子或对话 2 根据课文内容回答问题 3 造句 4 改写句子 5 改错 6 用所给的词语写一段话 7 解释词或句子的意思 8 就句中画线部分提问
综合题 （以多种形式考查不同的技能）	1 阅读理解 2 听后写出句子

资料来源：（蔡云凌，2010）。

表 8-5　试卷分析模板

课程名称＿＿＿＿＿＿＿＿＿＿＿＿　　课程性质＿＿＿＿＿＿＿＿＿＿＿　（必修/选修/兴趣）

任课教师＿＿＿＿＿＿＿＿＿＿＿　　　班级名称＿＿＿＿＿＿＿＿＿＿＿＿＿

考试形式＿＿＿＿＿＿＿　　　考试日期＿＿＿＿＿＿＿＿　　　考试人数＿＿＿＿＿＿＿

统计分析	成绩分布	等级	优秀（90—100分）	良好（80—89分）	中等（70—79分）	及格（60—69分）	不及格（<60分）
		人数					
		比例					
	平均成绩				标准差		
	难度	适中（0.20—0.29）	偏易（0.15—0.19）		偏难（0.30—0.35）	太易（<0.15）	太难（>0.35）
	区分度	优（>0.40）		良（0.30—0.40）	中（0.20—0.29）		差（<0.20）

效果分析	1. 从各个分数段学生人数分布情况看成绩是否与预期相符，如不符合，分析其原因。 2. 结合教学大纲和试卷试题，分析考试内容与教学大纲和考核大纲要求的符合程度（可以用百分比表示），有无超纲现象，效果如何。 3. 结合难度系数，分析试卷难度是否与教学大致要求相符，有无偏题、怪题以及降低试题难度的现象等。 4. 分析学生对知识点的掌握情况，对学生失分较多的题目和失分较少的题目，分析其原因。

参 考 文 献

北京语言大学汉语水平考试中心，2006. 中国汉语水平考试大纲：初、中等［M］. 北京：现代出版社.

贝兰卡，查普曼，斯沃茨，2004. 多元智能与多元评价：运用评价促进学生发展［M］. 夏惠贤，等，译. 袁玲玲，审校. 北京：中国轻工业出版社.

蔡云凌，2010. 对建立“对外汉语各课型题型库”的思考：从汉语精读课的试卷分析谈起［J］. 云南师范大学学报（对外汉语教学与研究版），（6）：7-13.

陈光磊，2002. 对外汉语教学评估问题探讨［C］//《第七届国际汉语教学讨论会论文选》编委会. 第七届国际汉语教学讨论会论文选. 北京：北京大学出版社：25-31.

陈作宏，2010. 体验汉语口语教程. 1［M］. 北京：高等教育出版社.

邓海龙，2018. “产出导向法”与“任务型教学法”比较：理念、假设与流程［J］. 外语教学，39（3）：55-59.

郭成，2006. 课堂教学设计［M］. 北京：人民教育出版社.

金艳，2010. 体验式大学英语教学的多元评价［J］. 中国外语，7（1）：68-76，111.

李孝贞，2011. 对外汉语教学作业的布置与批改研究［D］. 长春：东北师范大学.

廖建玲，2021. 中文教师评价素养培养框架［J］. 国际中文教育（中英文），6（2）：45-54.

刘镰力，1997. 汉语水平测试研究［M］. 北京：北京语言文化大学出版社.

刘晓颖，2015. 对外汉语教学作业布置的研究：针对泰国中学生［J］. 课程教育研究，（36）：13-18.

陆熙雯，高立群，2015. 对外汉语课堂互动中纠正性反馈对习得的影响［J］. 世界汉语教学，29（1）：95-110.

潘永庆，2004. 多元评价：创新教育的有效机制［M］. 济南：山东教育出版社.

盛慧晓，2017. 教师专业标准视角下的外语教师评价素养［J］. 上海建桥学院学报，（4）：7-14.

盛炎，1990. 语言教学原理［M］. 重庆：重庆出版社：362.

盛炎，沙砾，1993. 对外汉语教学论文选评：第1集（1949—1990）［M］. 北京：北京语言学院出版社：330.

王添淼，2014. 发展性教学评价在国际汉语教学中的应用［J］. 海外华文教育，（1）：66-71.

杨翼，2008. 汉语教学评价［M］. 北京：北京语言大学出版社：2-7.

张欢，2006. 对外汉语课堂教师纠正性反馈研究［D］. 北京：北京语言大学.

赵洋，2012. 多元评价体系构建与外语教师评价素养提升［J］. 浙江树人大学学报（人文社会科学版），12（3）：103-106.

周文叶，周淑琪，2013. 教师评价素养：教师专业标准比较的视角［J］. 比较教育研究，（9）：64-68.

祖晓梅，2008. 汉语课堂更正性反馈的调查与分析［J］. 汉语学习，（1）：93-100.

Stiggins R J，1991. Facing challenges of a new era of educational assessment［J］. Applied Measurement in Education，4：263-273.

第九章　国际中文教学中的教学资源

第一节　教学资源的定义和作用

一、教学资源的定义

从广义上来讲，教学资源可以指在教学过程中被教学者利用的一切要素，包括支撑教学的、为教学服务的人、财、物、信息等。从狭义上来讲，教学资源（学习资源）主要包括教学材料、教学环境及教学后援系统等。

国际中文教育的网络教学资源是指互联网上能够用于国际中文教与学的各种资源，是为教学的有效开展提供的各种可被利用的条件，它主要包括各类网络媒体素材、网络题库、试卷、网络课程、教学案例、常见问题解答、资源目录索引以及文献资料等。[①]

二、教学资源的分类

国际中文教育网络教学资源分为媒体素材、网络课件、网络课程和工具平台四大类。

（1）媒体素材类：包括文本（如作业、试卷、题库、文献资料、案例）、图形/图像、音频、视频。

（2）网络课件类：是指以解决专业课程的重点、难点为基本目的，并以多媒体形式呈现的教学用演示软件。除了常见的 PPT 课件外，也包括一些具有互动性的 H5 课件、flash 课件、动画课件等。

（3）网络课程类：是指通过网络表现的某门学科的教学内容及实施的教学活动的综合。如：慕课、微课等。

（4）工具平台类：是指可以在国际中文教学中直接用于促进互动、提升教学质量的平台或软件。如用于课堂管理的 Google Classroom、课堂派、雨课堂，拼

---

① https://www.renrendoc.com/paper/171427378.html。

音、汉字学习的 APP 等。

三、学会选取、运用、建设教学资源的重要性

1. 时代的需求

2020 年被称为国际中文教育转型元年（李泉，2020），在线教学成为新常态，对适应网络教学的教学资源、教学方法的需求大增。在新冠疫情全球蔓延大背景下，教育生态的改变使得国际中文教育产生了新的教学模式和业态。线下授课悄然被线上教学、线上线下相结合的混合式教学所替代。早在 2005 年第一届世界汉语大会后，国家汉办就提出国际中文教育未来应当做到"六大转变"：发展战略从对外汉语教学向全方位的汉语国际推广转变；工作重心从将外国人"请进来"学汉语向汉语加快"走出去"转变；推广理念从专业汉语教学向大众化、普及型、应用型转变；推广机制从教育系统内推进向系统内外、政府与民间、国内外共同推进转变；推广模式从计划经济向政府推动的市场化运作转变；教学方法从以纸质教材面授为主向充分利用现代信息技术、以多媒体网络教学为主转变。这一系列举措使得国际中文教育能够在新时代克服障碍，得到迅猛发展。

北京大学对外汉语教育学院院长赵杨建议，教师要提升信息化素养，了解线上教学特点和线上学习规律；研发适合线上教学的各种资源，根据线上资源碎片化、素材化、可视化、叙事化特点，化整为零、化零为整，打造完备的线上教学生态；以教学实践为依托，形成线上教学模式和教学方法；要满足不同国家、不同受众、不同硬件条件学习者的差异化需求，做好需求分析和教学生态分析，提高中文教学针对性，提高教学效率。北京语言大学原校长、世界汉语教学学会副会长崔希亮表示，"中文教学资源平台建设为国际中文教育可持续发展奠定了基础。在线上教学环境下，教师要探索更加合适的教学法。这些都对国际中文教师的信息化素养提出了很高的要求"（张译心，2022）。

2. 教学环境的需求

线上的汉语教学对教学资源的需求量巨大，处于非汉语环境下的线下汉语教学同样需要大量的多媒体教学资源。与汉语目的语环境下的汉语教学不同，海外的汉语教学资源不足，学生普遍缺少汉语的目的语语言环境，缺少使用汉语的实践机会，学生整体的学习积极性相对较低。利用网络教学资源，可以创设虚拟的汉语沉浸式环境，提高学生汉语的输入量，为学生创造网上使用汉语的实践机会。如，通过微信与中国人交流，浏览中国的网站，在讨论区用汉语交流等。

3.教学观念的转变

20世纪30年代视听教育兴起以来，媒体的种类越来越多，应用也越来越广泛，教育观念也正在发生变化。早期，教师被看成学习唯一的信息源，媒体只起单向传递作用，把知识传授给学生，学生处于被动学习状态。70年代，人们认识到学生是学习活动的主体，媒体成为师生相互沟通的中介物，师生应该更多地交流。80年代，媒体不仅仅是传递信息的"通道"，而是构成认知活动的实践空间和实践领域，人们更加注意和关心媒体环境了。90年代以后"教育技术是对与学习有关的过程和资源进行设计、开发、运用、管理和评价的理论和实践"，教学资源已经被提到了非常重要的地位，关心教学资源建设，加强对教学资源的认识和研究是极其迫切的任务。

四、国际中文教师的信息化素养

1.师范生信息化教学能力标准中的要求

我国《教育信息化"十三五"规划》提出到2020年，中国要基本建成与国家教育现代化发展目标相适应的教育信息化体系，教师的信息化教学能力成为评判一个学校办学水平的指标之一。2016年，美国颁布最新版的教师教育技术标准，将教师视为7种角色的集合：学习者、领导者、公民、协作者、设计者、主持人、分析者，涉及的教师能力包括自主学习/专业发展的能力、支持学生个性化学习需求的能力、培养学生信息道德与安全意识的能力、交流合作—促进专业发展的能力、学习活动设计的能力、基于数据的分析能力等。除了传统教室里的知识传授者的角色，教师角色设定的更重要的目的在于帮助学生转变学习方式，使学生成长为自主学习者，实现个人能力的发展。

我国《师范生信息化教学能力标准》里制定了信息化教学能力标准（图9-1），也可以供国际中文教育参考（任友群等，2018）。

"在'中小学教师能力'中，'计划与准备'以及'评估与诊断'的设计部分均指向'教学设计'，而随着新技术的发展，基于资源的学习（resource-based learning）渐趋常态，自主学习、翻转课堂、混合学习、慕课、SPOC学习等从不同视角描述的创新学习模式无一不将优质的'学习资源'作为取得成效的核心要素，为此'教学设计'部分分解出'资源准备'和'过程设计'；而'教学实施'与'评估实施'合并，根据师范生的特点确立了'实践储备'维度。"信息化教育技术不再仅仅是传统教育模式下多媒体技术对教学的一种辅助和支持，而是对整个教学环境、教学模式、教学方法、学习方式的改变（祝智庭和闫寒冰，2015）

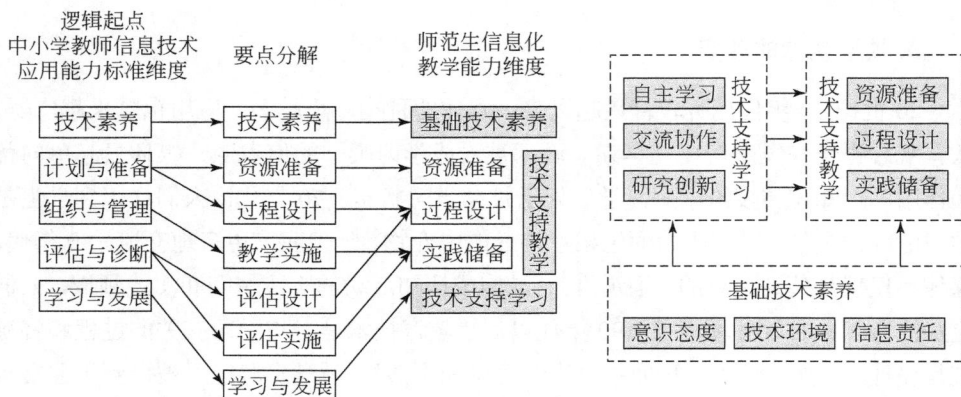

图 9-1　师范生信息化教学能力标准框架

（表 9-1）。教师需要具备基本的技术素养，不断更新自己的技术知识储备，以用技术有效地支持自己的教学和学生的学习。

表 9-1　传统教学情境与信息化教学情境的对比

比较要素	应用信息技术优化课堂教学	应用信息技术转变学习方式
教学环境	简易多媒体教学环境、交互多媒体教学环境	网络多媒体教学环境、移动学习环境
教学模式	以授导式、启发式为主	项目学习、基于资源的学习、探究学习、基于问题的学习
应用目的	提高教学效率、支持集体学习	提高学习成效、促进合作交流、提供社会参与的渠道、支持个性化学习与合作学习
应用形式	利用信息技术支持讲解、启发、示范、指导、评价	利用信息技术支持学生开展自主、合作、探究等学习活动
学生行为	观看、思考、模仿、少量人机互动	动手操作体验、应用、合作、交流、参与
代表技术	办公室软件（WPS、Microsoft Office）、通用工具、学科工具（以展示、呈现为特点）等	社会性软件、思维工具、建模工具、教学平台、学习平台等，学科软件（以体验、交流、分享为特点）等

2. 国际中文教师标准中对教师信息化素养的要求

《新教师标准》对"现代教育技术及运用"方面的要求是：教师熟悉并掌握有关计算机的基本知识与操作方法，了解常用的现代化教学手段及网络技术，并能应用于汉语教学实践。但这里所提到的大多是基本的信息化素养，如熟悉计算机的软件、硬件、安装、卸载、汉字输入法等，教学与资源结合得并不多，仅简单提到了合理利用各种网络资源服务于教学。

《国际中文教师专业能力标准》更加突出并细化了教师数字技术应用能力。在专业技能和专业实践模块中，设定了"教育技术与教学计划"这个一级指标，下面有"信息化教学能力"、"网络资源运用与线上教学能力"和"教学资源选择与利用"三个二级指标。详见表9-2。

表 9-2　《专业标准》中教育技术与教学计划下的二级指标节选

A.2.1.3.3.1　信息化教学能力
a）能够了解教育技术在中文教学中的作用，具有将信息技术与中文教学过程深度融合的意识。
b）能够根据教学目标、教学内容和学习者特点选择合适的信息化教学手段。
c）能够了解常用信息化教学设施使用方法，掌握教学所需的信息化技术，具备设计、制作课件等教学资源的能力。
A.2.1.3.3.2　网络资源运用与线上教学能力
b）能够检索、采集、选择网络教学资源，具备在教学中运用资源库的能力。
c）能够利用网络平台开展线上及线上线下相结合的中文教学与管理。
A.2.1.4.1.2　教学资源选择与利用
a）能够根据教学目标、教学内容和学习者特点，选择合适的教材、教辅材料、教具、中文教学平台以及现代化教学手段。
b）能够根据学习者中文水平和需求，灵活使用和改编教材。
c）能够在现有资源无法满足教学需求时，开发新的中文教学资源。
d）能够运用恰当的融媒体教学资源和教学辅助工具实现教学目标。

综上所述，国际中文教师必须具备一定的信息化素养，能够把现代教育技术应用于国际中文教学实践，以丰富教学手段，提高教学的质量和效率。就教学资源而言，应具备搜索、选取、使用甚至制作教学资源的能力。

第二节　国际中文教育教学资源

马箭飞等（2021）指出："教学资源建设是国际中文教育事业发展和学科建设的重要内容，对中文和中华文化国际传播发挥积极作用。经过近70年努力，国际中文教材达19 530种，涵盖80个语种，年均发行世界101个国家的1 200余个中文教学机构，融入20余个国家国民教育体系；数字教材近4 000种，慕课微课近2万节，数字应用近1 000个。"

目前汉语的数字化教材数量仍较少，仅有"长城汉语"系列资源、"快乐汉语"APP、"汉语900句"多语种网站等，对于广大国际中文教师而言，仍需要从网络搜寻合适的教学资源。网络上的教学资源虽然数量众多，却较为杂乱，分散在各处。教师搜寻选用时往往耗费大量的时间、精力。在此我们仅介绍国际中文教师们普遍使用较多、较专业规范的资源。

一、教学资源类型

1. 媒体素材类

（1）网站类：Twinkl（www.twinkl.com.cn）是英国最大的教育资源网站，里面有海量的教学资源，包括教学计划、教学 PPT、各种游戏与练习、手工制作教程、用于教室张贴展示的海报、横幅等，不仅适合幼儿园及中小学课堂教学，也适用于家长进行课后辅导。其中包括中文学习的教学资源。该网站可以按照年龄进行筛选，分为学前班、小学低年级、小学高年级，在搜索框里还可以输入关键词。其中有免费的资源，也有收费的会员资源。

（2）图片类：Pinterest 是一个图片分享网站，有很多汉语老师和汉语教学机构将自己总结的汉语知识点以图片形式发布在上面，是一个很好的汉语教学图片搜索网站。免费有版权的专业图片网站推荐 Pixabay（pixabay.com）、无背景免抠图网站推荐觅元素（www.51yuansu.com），而千库网（588ku.com）则提供大量 GIF 动图。

（3）音频类：喜马拉雅 APP 上面不但有大量的故事、评书，也有很多汉语教材的录音音频。

（4）视频类：国外推荐 YouTube，国内推荐好看视频和哔哩哔哩上的视频，无广告易下载。下载视频推荐使用傲游浏览器或者硕鼠视频下载软件。

2. 课件类

汉语圈（www.zzchinese.com）是国际中文教育最大的课件类教学资源网站，里边包含了各种分类齐全的 PPT 模板，还有部分 H5 的互动课件。微信公众号"何老师教学锦囊"也会不定期推出各种契合时令、节日的教学模板，有丰富的中国文化元素。这两个都有免费和收费会员之分，部分免费课件可直接下载，收费课件需购买会员后方可下载。

3. 网络课程类

中文联盟（www.chineseplus.net）是国际中文教育界最大的课程教学资源平台。它有丰富的课程资源、多样的教辅素材和成长课程，汉语教学、资源库、全球孔院项目三个模块涵盖范围非常广。截至 2022 年，中文联盟平台已经汇聚了 400 多家院校、机构的 340 多门、1.6 万多节网络课程。既有直接面向不同水平的外国学生的各种不同类型的中文课程，如 HSK 标准会话课程、中国概况、快乐汉语等；也有面向教师群体专业发展的各类慕课、微课，如普通话 1000 句、国际中文教师培训等。课程资源分为五个部分，分别为汉语学习、汉语考试、中国文化与当代国情、教师发展及中文＋职业教育。其中，汉语学习课程分为 K12 汉语学习，有《快乐汉语》《寓言故事》《诗词歌赋》《国学启蒙》《成语故事》《Cool Panda》《七色龙汉语分级阅读》等教材资源；成人汉语学习则有《当代中文》《长城汉语》等课程资源；专项技能汉语学习则有《中国汉字解码》《汉字的智慧》等课程。汉语考试课程，则有 HSK 及 YCT 标准教程课程资源。以 YCT 标准课程 2 为例，每节课都有生词、课文、汉字及歌曲模块，能够满足日常的教学讲解、游戏和练习操练等要求。中国文化与当代国情课程，有《中国历史常识》《中国文化常识》等课程资源，是教师进行文化课备课的好帮手。教师发展课程，主要是国际中文教师笔试、面试等讲解课程。中文＋职业教育课程，主要分为职业汉语学习及职业教育模块。

中国华文教育网（www.hwjyw.com）有不同版本的华文教材（如《汉语》《中文》《华文》《幼儿汉语》《汉语拼音》）及课件、课程可以免费下载，还有很多历史、地理、中国文化课程。除了华文教材外，还有教师培训、实景课堂、动漫中文等多个板块，既可帮助教师提高教学水平，也可从中下载大量的视频、动画、课程资源，供老师课上作为素材使用。

将慕课、微课作为教学资源有不同的使用方式：①最简单的就是把慕课课程中的资源和素材下载下来，作为自己的教学资源。如图片、视频、教学设计、习题、动画、阅读材料、案例等。②将同步开课的慕课和自己的课程整合，开展混合式教学。线上（慕课）＋线下（教师的课堂）＝混合教学。③用慕课促进自身的专业成长和发展，一边学习，一边实践，一边成长。为设计开发自己的课程资源累积经验。

4. 平台工具类

（1）教学管理类。

课堂派（www.ketangpai.com）上汇集了收尾作业、资料上传、管理、课前互动视频（中间插测试题）、课中弹幕、点星星互动等多项功能，大大增强了线上课堂的互动性。学生可在微信端实时接收教师发来的通知、参与各类测试、签到、参与课堂互动。雨课堂（www.yuketang.cn）则是一款 Office 插件，安装后可直接在 PPT 中插入试题，做到上课时即时互动、即时反馈。

（2）互动平台类。

国际中文智慧教育云平台（e.chinese-learning.cn/#/web，图 9-2）由北京语言大学于 2021 年 11 月正式启动实施，旨在通过全面改革提升传统国际中文教育模式，集成研发人工智能等先进信息技术，全新构建面向全球的国际中文智慧教育体系，为全世界中文学习者和教师提供不受时空限制的全周期、全流程、智能化的语言教育平台、产品和服务。

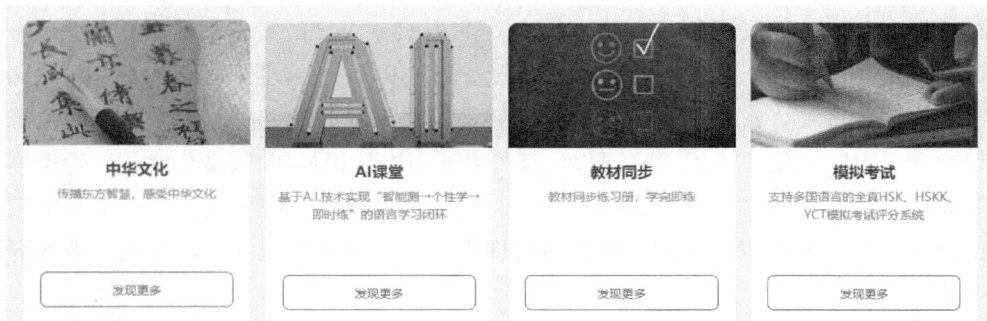

中华文化
传播东方智慧，感受中华文化
发现更多

AI课堂
基于A.I.技术实现"智能测→个性学→即时练"的语言学习闭环
发现更多

教材同步
教材同步练习册，学完即练
发现更多

模拟考试
支持多国语言的全真HSK、HSKK、YCT模拟考试评分系统
发现更多

图 9-2　国际中文智慧教育云平台

唐风汉语国际教育云平台主要面向国内各大高校，以及泰国、韩国、俄罗斯等国的海外汉语机构，形成了一套汉语教育信息化云平台整体解决方案（图 9-3）。

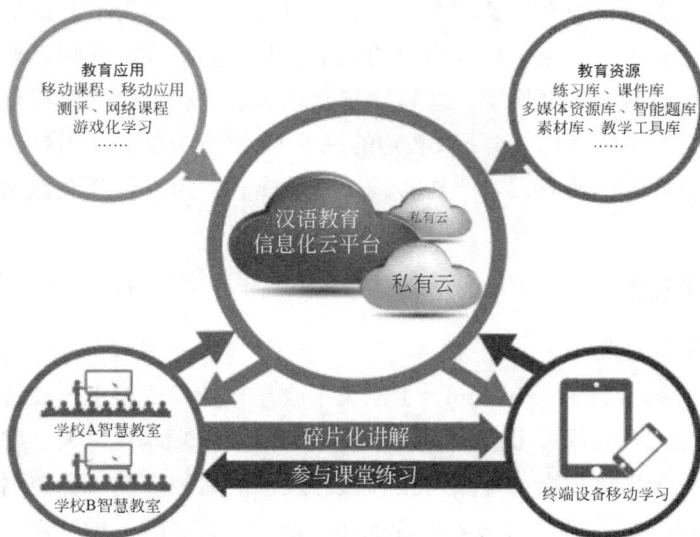

图 9-3　唐风汉语国际教育云平台的架构和模式

云平台集教学教务、教学资源、测评、教育应用于一体，将云服务个性化定制、租用模式与各类自建独立系统有机结合，实现区域教育资源的最佳组合。各高校或机构购买唐风汉语国际教育云平台服务后，可架构属于自己的云平台页面，建立本单位内部的教材库、题库、课程库，智慧教室可实现碎片化、自动化微课录制。目前在国内外 500 余所院校广泛使用。唐风汉语在全国已经举办了四届国际中文微课大赛，以赛促教，而且投资制作了中国概况、中级精读等多门精品课程，具有较大的影响力。

希沃白板（easinote.seewo.com）是针对信息化教学而设计的互动教学平台。为教师提供云课件、学科工具、教学资源等备授课工具。希沃白板提供 5 类课堂活动：趣味分类、超级分类、选词填空、知识配对、分组竞争，平均制作一份课堂活动仅需要 3 分钟。针对 K12，希沃白板提供了覆盖大部分学科学段的备授课工具，对于国际中文教育来说常用的工具有：汉字、拼音、古诗词等。语文古诗文资源覆盖小学、初中、高中必修部分，提供了有声朗读、原文翻译及作者百科，还有大量的课件、2100 多个视频课程资源和 30 万道题库。

（3）APP 类。

全球中文学习平台国际版 APP 支持中、英、日、韩、俄、泰 6 种语言，是面向海外学习者的中文学习工具。目前设有学前儿童、中小学生、大学生/成人、少数民族、海外学习者、港澳台学习者、中华文化等学习板块，具有"译学中文""普通话模拟测试"等特色功能。还开放了大量书法、成语、古诗词、经典诵读等中文学习资源。

JUZI 汉语 APP，是一款外向型汉语学习 APP，汇集《新时代中文学习词典》等多部工具书，还有词典、学习、工具等多种功能。可供国际中文教师和全球中文爱好者使用。有生字词查询，帮助认字、学词、写字、会话等功能。

（4）网页游戏类。

Quizlet（小测试）是一款非常实用的英语单词卡片学习平台，可用于创建和归类在线记忆卡。使用者能够通过单词卡片轻松学习单词发音和意思。

Kahoot（谐音 cahoot，意思是伙伴）是一款基于答题游戏的课堂互动网络学习平台，可以创建、分享和玩学习游戏，提高学习的参与度。可用于创建互动型的语音、词语和句子的游戏化练习。既可创设课堂上的在线抢答，也可设置课后的闯关练习。

Wordwall（单词墙）最大的特色是只需输入一次材料，便能自动生成很多种练习生词的练习题，或者说在线游戏。网站里有 18 种常见的检测词汇的小游戏，形式多样，有随机抽查类（转盘、开盲盒）、检查拼写类（打乱单词字母顺序让学生拼对）、性质分类（打地鼠、分组排序等），还有填字游戏和闪卡等各种有意思的选择。

课堂有点酷（ketang.cool）由华南师范大学焦建利教授创办，目前网站内有纸条范、倒计时、击鼓传花、快抢、3-2-1、思享汇、量规等极简工具。快抢可把课堂测验变成沉浸式游戏，击鼓传花可花式点名，倒计时可帮助教师规划课堂活动时间。各类小工具都极易上手，"让你的课堂有点酷！"

二、教学内容类型

随着网络教学的日益普及，以信息化技术辅助汉语教学成为普遍趋势。由于教学资源、课堂活动需要常换常新，老师们可利用网络资源获取专门为汉语教学设计的教学资源，如一些公众号和网站会不定时分享教学资源网站、APP、小工具，以及教师使用教学资源的经验分享。一方面，教师们可以及时下载、选择合适的游戏模板，加快备课速度，更好地呈现教学内容，增加课堂趣味性，使自己的教学方法更加丰富。另一方面，需要时时关注这方面的研究动态，参与相应的教师共同体或工作坊，通过同行交流获取最新的资讯和课堂设计思路。做到与时俱进，不断改进，提升自己的信息化教学能力。

1. 汉语要素类

何老师教学锦囊公众号里分享了拼音的教学网站、APP、工具，汉字教学的APP、小工具等。Patrick 徐老师公众号里则介绍了汉字墙的使用。这里仅以汉字教学资源为例，简单介绍一下。

查找动态或静态的笔画、笔顺。很多网站都可做到这点，如笔顺网、汉典网（www.zdic.net）等。在此仅列出一个查找动态笔顺的网站（forlang.fsa.mtsu.edu/hanzi/stroke）。如果想配套静态的笔画、笔顺，生成汉字描红练习纸，则可以利用字帖生成器（www.an2.net）自动生成田字格、带笔顺字帖、带拼音字帖、课文字帖、古诗文字帖等，如图 9-4 所示。

除了笔画、笔顺外，教师还可利用汉字六书的字源知识来帮助学生识字、记字。汉字的字源、字理可查阅汉典网和汉字全息资源应用系统（qxk.bnu.edu.cn）。汉字全息资源应用系统里可查阅汉字的造字方法、字形变化、结构类型。特别是动画展示字形变化，非常形象直观（图 9-5）。

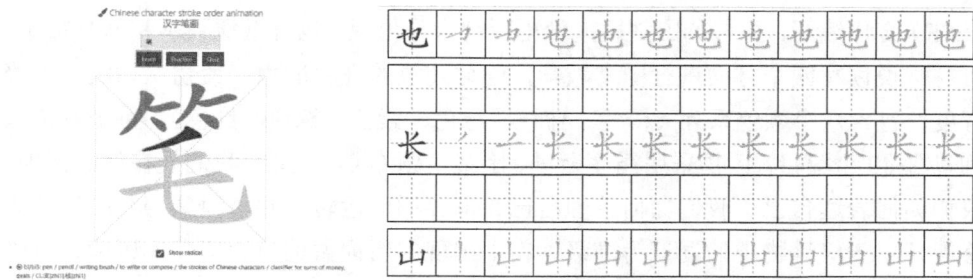

图 9-4　动态和静态的笔画、笔顺展示

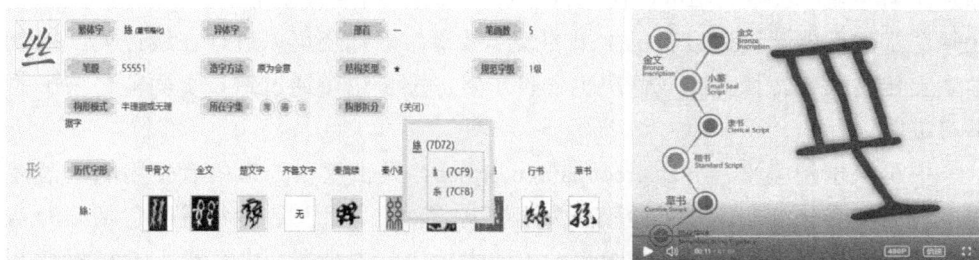

图 9-5　汉字全息资源应用系统中的汉字信息展示

2. 汉语技能类

除了关注这些公众号、网站外，我们也可根据关键词在网络中搜索相关文章，如以"中文分级阅读"为关键词，就搜索到了搜狐中的一篇推荐的文章，详细介绍了 15 个分级阅读的网站[①]。

Little Fox 小狐狸（chinese.littlefox.com/en/story）是来自韩国的一个网站，里面包含了大量的分级教材，包括绘本、动画、儿歌、音频等。动画故事一共有 9 个难度等级。每个难度等级的学习时间为 6—8 个月左右。每个难度等级最好学习系列动画/短篇动画 160 篇以上，每天可自由观看 30 分钟以上。在初级阶段的字幕是汉字带拼音，而且随着语音，光标会移动到相应的字幕上。中级以后字幕变为仅汉字。动画故事配备了丰富的配套资源，动画书可下载打印，音频可下载随时听。还配备了单词练习、文本翻译、小测试等。既可供教师课堂上使用，也可供家长、学生课后自学使用。

Mandarin Matrix（mandarinmatrix.org）专门为 3—16 岁的汉语学习者设计，支持课堂内外中文教学的系列产品，由 Mandarin Matrix 公司与香港英基学校协会

---

① 其他推荐可参阅 https://www.sohu.com/a/400039962_621112。

（ESF）合作编写，并与英国剑桥大学出版社合作出版，包含纸质版本和网络版本，可在听说读写四个方面进行中文教学，强化儿童的理解能力。读物从初级到高级程度，包含六个颜色系列（橙色、蓝色、绿色、紫色、棕色、红色），每个颜色系列包含 40 个篇目。读物采用循序渐进、围绕主题（我们是谁、我们处在何时何地、我们如何表达自己、我们如何管理自己、世界如何运转、共享地球等）的设计思路展开，初级读物中的词汇为高级读物中出现的新词做铺垫。这套汉语读物可供学生作为课外阅读，或在小班教学中用于辅导阅读。每本书的正文没有英语或拼音，在书的最后有英语、汉语及拼音的词汇表。网上课堂有专门的教育性游戏来加强汉语学习，老师们还可以在平台上管理班级，给学生制定个性化的阅读计划，让每个学生都能阅读适合自己水平的绘本故事。老师还可以进行在线评估，检查学生上传的录音，作业完成情况也一目了然。家长也可通过家长页面监督孩子的学习进度。

中少快乐阅读平台（zs.greengarden.org.cn）是供汉语为母语者使用的，语言难度较高，未分级，仅按年龄段分为了婴儿、幼儿、儿童、少年等。包括非洲动物库、中少报刊、中少动画和中少绘本四大板块。中少报刊中汇集了 5 种报纸、11 种杂志。动画则包括了安全自护故事、好孩子故事、认知故事、童话故事、益智故事、经典儿歌、快乐学知识等板块。绘本包括了国学绘本、益智绘本、情商绘本、童话绘本、安全绘本等。内容非常丰富。教师可根据需求选取、改造使用。

3. 汉语研究类

汉语语料库有语料库在线（corpus.zhonghuayuwen.org）、北京大学中国语言学研究中心汉语（现代/古代）语料库（ccl.pku.edu.cn:8080/ccl_corpus）、北京语言大学 BCC 语料库（bcc.blcu.edu.cn）。

汉语中介语语料库有全球汉语中介语语料库 1.0（qqk.blcu.edu.cn/#/login）、HSK 动态作文语料库 2.0（hsk.blcu.edu.cn/Login）。

对外汉语教材语料库：厦门大学国家语言资源监测与研究教育教材中心（ncl.xmu.edu.cn）研发，核心语料包括 12 套有代表性的国内对外汉语教材，涵盖长期、短期、口语等方面。

汉语助研（www.languagetech.cn/corpus/tools.aspx）：语料库建设统计一体化工具。"汉语助研"是自主开发的，面向语言研究者，特别是汉语、汉语教学研究者的一款软件。软件力图帮助语言研究者比较轻松地建设语料库，使用语言大数据进行语言研究。主要包括以下几个功能模块：①语料库建设；②语料库例句检索及例句分析；③用字用语统计分析；④字词对比、分布分析；⑤词语搭配抽取及分析；⑥语料库风格计算；⑦词语智能聚类；⑧其他语言统计工具。

第三节　如何搜索、选取、运用网络教学资源

"授人以鱼，不如授人以渔"，下面这一节主要探讨如何根据自己的需求，利用信息化搜索能力搜索、选取、运用网络教学资源。

一、Big 6 信息问题解决模式

"Big 6 信息问题解决模式"（Big6 model of information problem-solving）是一种主题探究模式，是一种问题解决式的研究学习。这种模式充分体现了对学生信息化素养的培养，有助于发挥学生的主观能动性，提高他们的信息化搜索能力和问题解决能力。

Big 6 主要包括六个流程：任务驱动—寻找搜索方法—收集信息—运用信息—表达信息—评价信息（图 9-6）。这充分体现了对学生信息化素养的培养，并且把重点放在对信息的搜索、阅读和理解上。Big 6 特别注重让学生学习和了解："我怎样找到需要的信息？在什么地方用什么方法找到信息？"而且把"运用信息"的要求，界定为让学生学会识别"哪些信息是我需要的？"这是设计 Big 6 课例必须解决的核心问题。

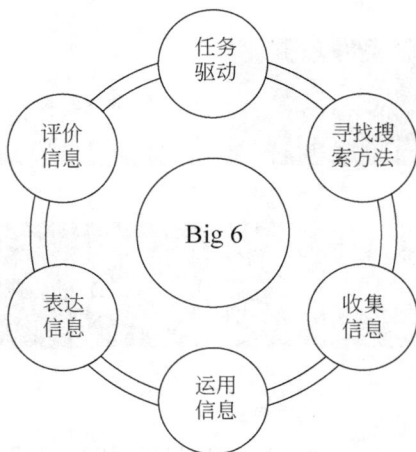

图 9-6　Big 6 的流程图

二、Big 6 的流程及案例

（1）任务驱动：我要做什么？包括两个问题：①界定信息问题（找什么？）②确定所需信息的要求（找什么样的？）

定义任务：学习《静夜思》，了解月亮及中秋节相关的故事。

《静夜思》的诗歌朗读、解释。

作者李白的生平介绍。

月亮在中国文化中的意蕴。

与月亮相关的节日：中秋节的相关传说。

与月亮相关的诗歌拓展。

（2）寻找搜索方法：我如何才能找到最需要的信息？①确定可能的信息源（都可以去哪儿找？）②对不同的信息源进行评价，确定优先项（最好去哪儿找？）

希沃白板 5（里边包含国内中小学语文大量教学资源，有字、词、拼音、诗歌）。

维基百科、谷歌、百度搜索：可查找李白、中秋节和月亮的相关信息。

YouTube、哔哩哔哩、好看视频：搜索相关视频。

（3）收集信息：我在什么地方、用什么方法找信息？①确定信息源（在什么地方？）②在信息源中查找信息（用什么方法？）

在希沃白板里找到了很多课件，有生字、词（笔画、笔顺）字词练习、诗歌唐诗、作者生平简介。

月亮的文化寓意：

https://haokan.baidu.com/v?vid=18249279318302868574

月亮的故事：

https://www.bilibili.com/video/BV1K24y1Z7Qm/?vd_source=d6d1ab43c4e9079

989fe9c9f13af1d82

月亮相关的诗：

https://haokan.baidu.com/v?pd=wisenatural&vid=12214799172958398927

（4）运用信息：哪些信息是我需要的？①感知该信息源中的信息（如聆听、阅读、观察、触摸等）；②选取相关信息（哪些是我需要的？），即要求能够批判性地选择、评价搜索到的信息。

根据课时和教学对象，最后舍弃了中秋节相关的部分，仅保留了李白的介绍，和李白另一首写月亮的诗，看看两首诗里月亮有什么不同的含义。

（5）表达信息（整合呈现）：我要完成的任务（或作业）是什么？①把来自多种信息来源的信息组织起来；②把组织好的信息展示和表达出来。

任务 1：会背诵诗歌，喜欢中国诗歌（结合诗歌的背景视频和音乐，帮助学生理解诗歌的意蕴，通过朗读、背诵，感受诗歌的韵律之美）；

任务 2：了解李白的大概信息，知道诗的创作背景，对唐诗有一定了解；

任务 3：通过李白的另一首诗，了解月亮在中国文化里的常见含义（思念故乡、家人团聚等，并要求学生能够对比中外月亮的不同含义。

（6）评价信息：我怎样知道做得好不好？①评价课件（效果）；②评价应用信息解决问题的过程（效率）。当自己的任务基本完成时，学习者对自己的学习过程进行评价，自己是否能够有效地利用媒体，是否在检索的过程中花费了大量的时间，是否在具体查找信息的过程中能很好地获取自己所需的信息等。同时，也还应对自己的学习成果进行评价，是否达到了预期的效果，是否得到大家的赏识，是否具有很高的价值等。将这些评价信息反馈给自己，以便自己在以后的学习过程中能够更好地改进。

评估效果：学生在看月亮的寓意时，视频中有些汉语解释比较难，可适当修改。视频没有字幕，可加上带有拼音的字幕，以便学生更好地理解。

评估效率：在找视频时花了大量时间，以后可进一步精准关键词，缩小搜索范围。下载可用傲游浏览器，加字幕可用剪映（有拼音字幕可选）。

三、选择、运用教学资源的原则

在万物互联的时代，资源往往不短缺，而是面临着资源过剩、信息爆炸的问题。但是过于丰富的教学资源可能是帮助，也可能是个负担。我们必须不断拓展视野、激荡教学理念，不断更新、形成自己的知识体系，根据自己的能力和需求来选取、运用这些教学资源，将其融入自己的教学设计之中（刘志刚老师，2021）。

在选取、运用网上的教学资源时我们需要注意的原则如下。

1. 极简技术原则

技术服务于教学，不是为了使用技术而使用技术。信息技术的发展日新月异，新的技术不断涌现，教学资源的数量也是日益增加。如果为了使用技术而使用技术，无疑会浪费大量的时间和精力。在 Big 6 评估时也有评估效率这一项。只有当教学需要时，才运用技术，而这个技术也应该是目前教师和学生都能够把控的。过于复杂的技术，有时反而会起到反效果。

2. 适宜适量原则

将教学资源运用于教学之中要适宜、适量。

（1）与教学内容、对象和学时相适宜。

如上文所说的案例中，原来考虑了中秋节的故事等，但是因为课时不够，内容太多，最后舍弃了这方面的内容。也要考虑教学对象的年龄、认知水平、汉语水平等因素。如上文案例，部分视频内容用词过难，应适当简化，加上拼音字幕，帮助学生理解。

（2）与现有的使用条件相适宜。

有些教学资源，需要的网速或电脑配备硬件较高，如果因教室里设施较老导致不能流畅播放时，应考虑其他更适宜的教学资源，如不播放视频，放图片等。

（3）与教师和学生的素质相适宜。

有些教学资源的操作较为复杂，需要教师和学生都具备较高的信息化素养，如果能力不够，在教学中会遇到较大的阻碍。例如，有些教师想尝试在虚拟现实（virtual reality，VR）游戏中来进行汉语教学，教师和学生首先要进行相关游戏的操作练习，熟悉常用的一些操作流程和方法，才能顺畅地进入正常的语言学习。

3. 清晰、准确、规范原则

网上搜索到的教学资源因为来源复杂，良莠不齐，需要搜索者具备分析、判断和甄别的能力，再进行批判性的选择和运用。在语言教学中所使用的教学资源必须要发音清晰、表达准确、规范，内容符合主流的价值观。郑艳群（2009）提到了评价课件的五大标准：内容的规范性与准确性、人机交互界面的简易性、版面设计的科学性、体现辅助性和真实性、处理重点和难点内容的有效性。可作为教师选择教学资源时的标准。

4. 化为己用的原则

对于不同类型的教学资源，教师不仅需要有分析、判断和甄别的能力，更需要有理解和再创作的能力，以及结合实际进行再思考的能力。

（1）加工改造。

教师在收集别人制作的教学资源时，不能直接拿来就用，要根据自己的教学内容、教学对象、教学环境对搜索到的资源做出改造加工，真正理解了消化了的才是自己的。

（2）积累总结，建立自己的分类资源库。

注意积累、总结自己的教学资源，建立自己的分类资源库。要时时根据自己教学的需求，对自己的教学资源做出分类和整理。

参 考 文 献

崔永华，2015. 试论后方法时代的汉语教学资源建设［J］. 国际汉语教学研究，（2）：71-76.

郭晶，吴应辉，谷陵，等，2021. 国际中文教育数字资源建设现状与展望［J］. 国际汉语教学研究，（4）：86-96.

焦建利，汪晓东，秦丹，2009. 技术支持的教师专业发展：中国文献综述［J］. 远程教育杂志，17（1）：18-24.

焦建利，钟洪蕊，2010. 技术—教学法—内容知识（TPACK）研究议题及其进展［J］. 远程教育杂志，28（1）：39-45.

李泉，2020. 2020：国际中文教育转型之元年［J］. 海外华文教育，（3）：3-10.

刘志刚老师，2021. 有一种不太有用的教学资源，叫"别人家的干货"［EB/OL］.（2021-08-19）［2023-05-04］. https://mp.weixin.qq.com/s/_ynHwyRUxgZmh08uKxUcPw.

马箭飞，梁宇，吴应辉，等，2021. 国际中文教育教学资源建设 70 年：成就与展望［J］. 天津师范大学学报（社会科学版），（6）：15-22.

任友群，闫寒冰，李笑樱，2018.《师范生信息化教学能力标准》解读［J］. 电化教育研究，39（10）：5-14，40.

沈锐，黄薇，晏青青，2013. 基于移动学习模式的对外汉语教学资源整合及利用［J］. 中国教育信息化，（7）：34-35.

世界汉语教学学会，2022. 国际中文教师专业能力标准：T/ISCLT 001—2022［S］. 北京：世界汉语教学学会.

王帆，2004. 信息素养培养模式——Big6——对两个 Big 6 课例的评述［J］. 信息技术教育，（11）：96-98.

吴应辉，梁宇，郭晶，等，2021. 全球中文教学资源现状与展望［J］. 云南师范大学学报（对外汉语教学与研究版），19（5）：1-6.

徐娟，宋继华，2006. 对外汉语教师信息素养的内涵、评价体系与培养［J］. 国际汉语教学动态与研究，（1）：26-31.

余胜泉，朱凌云，2002. 教育资源建设技术规范简介［J］. 中小学信息技术教育，（7）：80-84.

张纲，王珠珠，2017. 发挥信息技术支撑引领作用服务教育现代化发展大局：学习领会《教育信息化"十三五"规划》［J］. 中国电化教育，（2）：140-144.

张译心，2022. 国际中文教育呈现新气象［EB/OL］.（2022-03-08）［2023-01-18］. http://news.10jqka. com. cn/20220318/c637589418. shtml.

郑艳群，2006. 多媒体汉语课堂教学方法［J］. 语言文字应用，（1）：112-118.

郑艳群，2009. 汉语多媒体教学课件设计［M］. 北京：北京语言大学出版社.

郑艳群，2013. 世界教育技术现状和趋势对汉语教学的启示[J]. 世界汉语教学，27(2)：278-288.

周小兵，2010. 建设数字化国际汉语教学资源库［J］. 华文教学与研究，（1）：1.

祝智庭，闫寒冰，2015.《中小学教师信息技术应用能力标准（试行）》解读［J］. 电化教育研究，36（9）：5-10.

后　记

　　1999 年我在华中师范大学读研究生,也是从那一年开始接触汉语作为第二语言教学。当时母校的留学生不多,我们这些研究生就经常在下午下课后,去陪留学生练练口语,做做陪练。后来我有幸被选上,为中级班的留学生上口语课。那时候的我,年纪比许多学生都小,他们亲切地叫我小老师。那时候,其实不懂怎么教学,就是模模糊糊地跟着感觉走,教学生《西红柿炒鸡蛋》,就把宿舍里的各种调料、厨具都拿到了教室里。有时候学生问的问题答不上来,也硬着头皮凭着语感回答。学生们喜欢我,指导老师来听课时,他们积极表现,努力回答,班里年纪最大的同学甚至不让另一个学生向我提出难的问题,以免我答不出来,把指导老师都逗乐了,说他们太护短。

　　回想起那段时光,我依然心存感激,那个时候的我教学技巧肯定是青涩的,汉语的本体知识也是浅薄的,可是因为我对教学的热情,对学生的关心,让他们从心里接纳了我,愿意包容我的缺点,愿意陪着我成长。这让我意识到,在教学中,知识的储备和教学的技巧固然重要,与学生真心地交流,让学生接纳你才是站稳讲台的基础。

　　第二年,我被选派去韩国的一个补习班教汉语,对象是从幼儿园的孩子到高中生。我听不懂韩语,幼儿园的小朋友们也不懂汉语,在听不懂的时候,他们经常就会东倒西歪或在教室里跑来跑去。对成人的那一套不管用了,玩游戏、唱儿歌才是王道。隔一段时间一次的家长公开课更是大考,半小时的课却总让我满头大汗。为了应付课堂,我努力学习韩语,学会了用简单的韩语在教室里发布指令,维持秩序;开始学习用各种各样的教具,在上课时开展课堂活动。有个叫 Sean 的美国年轻男老师,上课特别有活力,总有层出不穷的游戏方法,孩子们都很喜欢他,一到办公室就 Sean、Sean 地叫,围在他身边问长问短,听他讲笑话,让我很是羡慕。这些不一样的经历,让我认识到了汉语教学的多样性和复杂性,也让我下定了将其作为终身职业的决心。

　　硕士毕业后,我选择去中山大学继续攻读语言学及应用语言学的博士学位,有幸师从周小兵老师,专业方向是第二语言习得。在周老师的指导下,博士三年里我系统地学习了第二语言习得的理论,了解了影响学生习得方方面面的因素,包括学习环境、年龄、态度、动机，等等。教师的教学顺序必须符合学生的内在大纲，如果符合这一顺序，教学可以加速学习的进程，反之则可能起到反作用。学习语言有"习得"和"学习"两种方式，学习效果大不相同……

博士毕业后，我在华南师范大学从事留学生的汉语教学工作，学校开始招收汉语国际教育硕士后，也常年教授汉语作为第二语言教学与第二语言习得这两门课程。教得越多，反而觉得自己不知道的越多。除了博士期间学习的第二语言习得外，我又自学了教育学和第二语言教学方面的很多理论知识，如追求理解的教学设计、建构主义、合作学习、体验学习、支架学习、美国 5C 外语学习标准和《欧框》的多元语言和多元文化观念等。我感觉到自己的教学方法时时受到这些教学观念的影响，不断地进行着调整。然而这些理论与教学实践之间却又总好像隔着点什么。给一线教师培训时，如果直接讲教育理论、教学法理论、第二语言习得理论，理论繁杂艰深，难以直接应用，他们往往喜欢能直接应用于教学中的方法、资源和技巧。但是这样的法子永远不会穷尽，用一段时间总得换，要不然就会令人生厌。如果换个对象，换本教材，方法也得跟着变。

作为第二语言教学基础的教育学、心理学、语言学的本体理论虽然有用，但总是隔靴搔痒，要转换成与汉语知识相结合的教学理论与方法，才能够直接指导学生学习、教师教学。从基础学科的理论到应用学科的应用，中间还需要一个消化、吸收和转化的过程。

我愿在理论与实践间架起这层梯。

陈　珺

2023 年 3 月